# 中东欧转轨25年观察与思考

**25 Years of Transformation in CEE Countries:**
Observation and Thinking

马细谱 李少捷／主编

# 序言：观察与思考

## ——写在中东欧转轨 25 周年之际

1989—1990 年起，原东欧国家先后开始向多元政治体制和市场经济过渡。这是 20 世纪发生的重大历史事件之一，是国际社会主义运动史上的一次重大挫折。中国学者称其为"东欧剧变"，并将剧变后的原东欧国家称为中东欧国家。原东欧各国社会制度变革始于波兰、匈牙利、民主德国和捷克斯洛伐克，旋即波及东南欧的保加利亚、罗马尼亚和阿尔巴尼亚，最后结束于南斯拉夫联邦。

原东欧国家的这种社会制度的根本性变化，有人说是西方策划和操纵的结果，也有人说是东欧自身问题爆发使然。不过，有一点十分明确，即早在东欧动荡未稳之时，欧洲联盟（欧盟）的前身欧洲共同体就向其发出了"邀请函"，请君入盟。而且，加入欧盟的条件一清二楚：原东欧国家必须彻底抛弃社会主义制度，取消共产党的领导，接受西欧价值观，使社会全盘欧化。欧美学者把这称作"融入欧洲一体化"过程，并美其名曰"欧盟东扩"。

"弹指一挥间"，25 年过去了！过去的这 25 年，是中东欧国家进行政治、经济和社会重大变革的时期。头10年，中东欧国家生产滑坡，经济崩溃，政局混乱，无政府主义泛滥，是苦苦求索而又痛苦的10年。它们在急流汹涌的江河中争先恐后地游泳，无法到达想象的彼岸。此时，欧盟的政治目的已经达到，经济上不愿慷慨解囊，中东欧国家"回归欧洲"的梦想可望而不可即；直到15年后的2004年和2007年，近半数中东欧国家才参加了北大西洋公约组织（北约）和欧盟。至今，仍有部分原东欧国家在争取加盟入约，需要苦苦哀求，耐心等待。

公正地说，25年来，大多数中东欧国家政局已经基本稳定，经济获得迅速发展，对外政策也日趋多元化。政治体制的转轨更是优于经济体制的变更。欧盟东扩为中东欧国家"回归欧洲"开启了一个历史上独一无二的融入欧洲的机会。但是，近年来，由于欧盟内部矛盾和机制问题，特别是2008年开始的全球性金融危机和2010年出现的欧债危机，欧盟东扩已经不再被列入欧盟的首要议事日程。同时，又由于2004年的"历史性东扩"和2007年罗马尼亚和保加利亚两个巴尔干国家的"突击入盟"所产生的后遗症，欧盟迄今仍心有余悸，特别是"老欧洲"国家从此患上了"扩容疲劳症"。

所以，欧盟近期内不会从西巴尔干国家中吸纳新成员，而是要稳住和巩固内部的"团结"。分析人士认为，除克罗地亚于2013年7月正式入盟之外，西巴尔干其他国家入盟均被推至2020年甚至2025年之后。目前，欧盟的"疲劳论"、"衰退论"、"前途未卜论"应运而生，今日之欧盟受到来自各方面的质疑。

同样，中东欧欧盟新成员国感到它们仍是欧盟里的"二流国家"、"二等公民"，其经济和生活水平要赶上西欧老成员国比原来想象的20—30年要长得多，至少得30—40年，甚至更长。它们在欧盟得到公正、平等的待遇的愿望一时难以实现，于是对欧盟的不满情绪上升，民粹主义和欧洲怀疑主义也在中东欧国家的精英、政党乃至整个社会中蔓延。20多年来，中东欧国家的社会经济转轨并没有因为它们参加北约、欧盟而结束。中东欧各国的转轨尚需要一个较长的时期来完成和完善。同时，尽管它们转轨的模式基本相同，但转轨所产生的效果却明显不同，而且各国、各地区之间的差距有拉大的趋势。正像一群学生中有优等生、合格生和后进生之分。造成这种状况的原因很多，既有历史的、传统的、文化的和宗教方面的原因，也有欧盟支持力度不同的原因，既有内在的原因，也有外在的原因。

中东欧这25年波谲云诡、大事频发、惊天动地。它们犹如一部部纪录片在我们眼前一幕又一幕掠过。中东欧国家经过动荡、疼痛、呻吟，在挣扎，在变化。一方面在朝着稳定和发展的方向前进，另一方面又遭遇经济困难和社会造成的裂痕，至今仍像一片乌云笼罩在人们的头顶，挥之不去。

20多年来，东欧剧变和欧盟东扩这两个形影相随的历史性事件不仅在中东欧，而且在世界其他国家和学术界引起广泛的关注，热烈的讨论，认真的研究，不同的评价和激烈的争论。在众多看法和观点中，对这两个事件既有人表示肯定和喜悦，也有人感到不满和担忧。如何评价和看待20多年来中东欧社会的走向，应该从中吸取什么样的经验教训？这是一切关心和从事中东欧问题研究的人必然会碰到和提出的问题。

正是在这种情况下，国务院发展研究中心欧亚社会发展研究所东欧问题的研究人员，与北京其他单位从事中东欧问题研究的专家学者合作，在多年来研究成果的基础上，决定出版一部类似纪念文集的著作，以展示我们的研究心得，阐述我们对最近25年来东欧剧变和欧盟东扩一些问题的基本看法和立场。特别需要指出的是，多位年轻学者参加了本书写作，他们的参与为我们今后的研究工作带来了希望。我们期盼本书起抛砖引玉的作用，渴望研究东欧问题和欧盟问题的专家学者发表更多的论文和专著，以彰显中国学者在这个领域的话语权。这里还需要特别重申，书中的看法和观点只是作者的个人见解，既不代表他们所在单位，更不代表任何官方，完全文责自负。

本书大体包括三部分内容：第一部分介绍中东欧国家转轨的过程和特点，欧盟东扩及其影响，以及中国与中东欧/欧盟关系的发展等问题；第二部分叙述中东欧国家的转轨进程和存在的问题；第三部分重点分析西巴尔干国家融入欧洲一体化的艰难道路和未来发展前景。

本书收录的稿件都是原创性文章，突出了问题的主题性和权威性。这在一定程度上有利于国内学界对中东欧国家真实情况的认识和了解，也有助于我们今后的研究工作。呈现在读者面前的这些第一手材料，将有助于他们了解中东欧转轨25年来的社会、政治、经济、文化、外交概况，也可为我国的改革开放和发展提供借鉴和启示。

当然，这只是我们的一次尝试。由于作者群体、知识结构和时间所限，未能反映中东欧国家里更多的重要问题。对书中可能存在的纰漏，尚望涵容。

敝帚自珍，谨以此序恭贺本书问世。

马细谱　李少捷

# 目 录

**第一章　中东欧国家转轨的共性和特性**　　1
　第一节　中东欧转型中的若干基本特征　　3
　第二节　对中东欧国家政治转轨的思考　　18
　第三节　中东欧转型研究中值得关注的几个问题　　31
　第四节　中东欧经济复苏的特点与前景　　48

**第二章　欧盟东扩及其影响**　　59
　第一节　剧变后中东欧社会民主党的执政经验与教训　　61
　第二节　理解中东欧国家的政治转型：新民粹主义的视角　　69
　第三节　文化认同和欧洲一体化：以中东欧转型为例　　81
　第四节　欧洲罗姆人是欧洲一体化中的难题之一　　90
　第五节　美欧俄土四强博弈巴尔干　　103

**第三章　中国与中东欧和欧盟的合作关系**　　119
　第一节　当前中国—中东欧关系发展的特点与趋向　　121
　第二节　中国—中东欧关系的发展有利于中欧关系
　　　　　进一步深化　　128

第三节　中国与中东欧国家经贸关系的特点和前景　　139

**第四章　中东欧转轨的优等生：波兰　　147**
第一节　波兰转型时期的政党制度变迁　　149
第二节　波兰经济崛起的原因和发展前景分析　　163
第三节　波兰外交政策的现状及其走向　　177

**第五章　中东欧转轨的合格生：捷克、匈牙利和斯洛伐克　　191**
第一节　捷克和斯洛伐克转型的成功与问题　　193
第二节　捷克政治生态中的左右翼错位　　215
第三节　匈牙利剧变再思考　　229
第四节　匈牙利与欧盟关系的新变化　　244

**第六章　中东欧转轨的后进生：保加利亚和罗马尼亚　　255**
第一节　保加利亚入盟后的发展及面临的问题　　257
第二节　罗马尼亚剧变的25年　　268

**第七章　西巴尔干国家入盟前途坎坷　　285**
第一节　巴尔干国家与欧洲一体化进程　　287
第二节　马其顿内忧外患，"加盟入约"受阻　　301
第三节　转型改制后的阿尔巴尼亚　　313
第四节　塞尔维亚入盟与科索沃问题　　324
第五节　波黑融入欧洲的道路艰难且遥远　　335

**后　记　　355**

# 第一章 中东欧国家转轨的共性和特性

中东欧国家转型迄今已 25 年，在转型过程中表现出不同于历史上其他转型的若干特征：其转型不是通过战争或外部占领实现，呈现出非暴力性；转型具有强烈的外部约束性，参加北约和欧盟成为转型的主要标志；转型主要向西方文明方向发展。有人称中东欧国家的转型是迄今为止历史上的"大转型"。

中东欧国家政治转轨的起点是 20 世纪 80 年代末 90 年代初的剧变，终点是民主制度；政治转轨进程大致经历了反对党派上台、左翼复兴和政权"两度易位"三个阶段，采用滚雪球与和平的方式；政治转轨既受到社会主义的历史、经济转轨，国家构建和外交转轨的影响，也影响着经济转轨、国家构建和外交转轨，并对欧洲和世界产生影响。

中东欧国家 2013 年的经济复苏进程有两个明显特征：一是缓慢且脆弱，二是国家间的发展不平衡。在欧债危机持续、欧元区经济仍不景气的情况下，中东欧国家的 GDP 增长比预期的要差。波罗的海三国相对较好，波捷匈等国发展遇到诸多困难，巴尔干半岛国家则处境艰难。观察家们普遍认为，2014 年可能会有恢复性增长。这些国家目前都在采取积极措施，克罗地亚 2013 年入盟,拉脱维亚2014年加入欧元区,也给沉闷中的欧盟带来些光亮。有迹象表明,中东欧地区2014年将会出现一些新的积极气象。

  国内对中东欧转型的研究成果丰硕,但是,也存在一些局限性:由于所掌握资料、研究对象国语言、国际交流与国际合作等方面的原因以及国情不同,中国学者与中东欧学者在诸多重要问题上研究的视角和观点亦有诸多不同。鉴于此,至少有六个问题有待中外学者追溯历史、跟踪转型发展变化、充分利用解密历史档案和多方面的文献,进行更加全面、系统、深入的探讨。

## 第一节 中东欧转型中的若干基本特征

到 2014 年，中东欧国家转型已经走过了 1/4 个世纪。中东欧国家的政治、经济和社会等领域发生了重大变化。在过去的 25 年间，中东欧国家的转型表现出不同于以往转型的若干特征。了解这些特征有助于人们更清晰地理解和更客观地评价中东欧国家的转型，进而得出接近现实的结论。中东欧国家转型过程中呈现出如下特征。

**特征一，转型主要向西方文明发展**。在政治领域，从一党制向多党民主制方向发展；在经济领域，中东欧国家的转型无一例外地从计划经济向市场经济方向转变。中东欧国家普遍放弃一元化的意识形态和高度集权的计划经济，在坚持宪政、法制和尊重人权的同时，实现政治多元化和经济多样性。

**特征二，转型具有全面性和同时性**。1989 年之后，中东欧国家开始在国家生活的所有领域进行转型，而且由于中东欧国家所具有的历史特性，不同领域的转型几乎同时进行（见表1）。最初，人们认为中东欧的转型属双重转型（民主化和市场化）①。随着转型的展开，中东欧许多国家出现弱国家特性（管理能力差）。一些研究者意识到，如不引入"国家性"这一要素②，就无法解释部分

---

① 研究中东欧国家转型的政治学者大多拥有研究拉丁美洲和南欧转型的学术经历。在这两个地区，研究者只关注两个领域，即民主化和市场化。因为这些转型发生在建立已久的国家内或其前帝国都市范围内，而且民族一体化已经实现。

② 所谓国家性（stateness）主要是指现代国家、现代民族主义和现代民主之间的三边关系。关于这一问题的杰出讨论参见［美］胡安·林茨等：《民主转型与巩固的问题：南欧、南美和后共产主义欧洲》，孙龙等译，浙江人民出版社 2008 年版，第二章。

中东欧国家发生的诸多问题。结果，部分中东欧国家的转型扩展为"三重转型"（民主化、市场化、国家性）①。在南斯拉夫联邦和捷克斯洛伐克联邦解体后，民族问题（和冲突）对转型的影响日益显现，在新独立国家中，民族认同和国家重建成为转型的一个重要内容，这类国家的转型进而扩展到四重转型（民主化、市场化、民族认同和建立国家）。民族认同和建立国家之所以重要，是因为"当民族革命尚未完成时，成功的民主转型便不可能"②。

表1 中东欧转型类型

| 双重转型<br>（民主/市场） | 三重转型<br>（民主/市场/国家性） | 四重转型<br>（民主/市场/国家/民族） |
| --- | --- | --- |
| 波兰、匈牙利、捷克 | 罗马尼亚、保加利亚、斯洛文尼亚、阿尔巴尼亚 | 马其顿、黑山、波黑、克罗地亚、塞尔维亚、斯洛伐克 |

资料来源：Taras Kuzio, "Transition in Post-Communist States: Triple or Quadruple?", *POLITICS*, Vol. 21 (3), 2001. http://www.taraskuzio.net/Economic%20Transition_files/economics-transition.pdf.

**特征三，转型非战争或外部占领的结果**。中东欧国家的转型并非外部军事占领强加于社会，而是苏联的革新、东欧国家内部政治力量对比变化和民众参与等因素共同作用的结果。它不同于第二次世界大战结束后德国的制度重建。第二次世界大战结束后，盟军对德国进行了长期占领。③ 联邦德国的民主改造和民主

---

① Offe, Claus, "Capitalism by Democratic Design? Democratic Theory Facing the Triple Transition in East Central Europe", *Social Research*, 58 (4), 1991. http://findarticles.com/p/articles/mi_m2267/is_3_71/ai_n6364142/.
② Roeder, Philip G., "Peoples and States after 1989: The Political Costs of Incomplete National Revolutions", *Slavic Review*, 58 (4), 1991, p. 856.
③ 1945年5月8日，德国战败投降。当年6月5日，美、苏、英、法四国代表在柏林签署了《关于击败德国并由德国承担最高权力的宣言》等三个文件，宣布四国分区占领德国。德国东部为苏占区，西北部为英占区，西南部为美占区，西部为法占区。1955年四国对德国的分区占领宣告结束。

德国建立的社会主义制度是由外部军事占领当局推动实现的,这成为两个德国开始进行转型的起点。

**特征四,转型呈非暴力性。**中东欧国家转型的一个重要特征是和平性,它表现在两个方面:其一,绝大多数中东欧国家转型开始后,前执政党领导人和新反对派领导人之间进行文明的对话和讨论,权力更迭没有发生流血。① 此后,社会主义时期的政治家既没有被处决,也没有被监禁,新政权没有展开大规模针对前共产党人的复仇运动。其二,民众大多持非暴力倾向。在一项衡量每个国家的价值观排序的国际民调中,中东欧国家绝大多数民众选择通过改革逐渐改变社会②,而不是通过革命行动迅速改组社会(见表2)。

表2 中东欧国家民众政治行为取向

| | 是否会以抵制活动方式参与(不会) | 是否会以非正式罢工方式参与(不会) | 是否会以占领建筑物和厂房方式参与(不会) |
|---|---|---|---|
| 波兰 | 72.0% | 79.4% | 81.4% |
| 捷克 | 60.0% | 61.0% | 88.8% |
| 斯洛伐克 | 66.8% | 76.7% | 84.5% |

---

① 1989年12月16日,罗马尼亚西部城市蒂米什瓦拉爆发了大规模群众游行、示威活动,迅速波及全国和首都布加勒斯特。1989年12月21日,由罗官方组织的万人集会演变成反政府和反齐奥塞斯库的大规模示威游行。第二天,齐奥塞斯库在宣布全国实行紧急状态后携夫人出逃,于当日被抓获。25日,齐奥塞斯库夫妇一起被特别军事法庭匆忙判处死刑并立即执行,至此连续执政长达25年的齐奥塞斯库政权和罗马尼亚共产党均不复存在。

② 阿尔巴尼亚是个例外。1997年初,"金字塔集资案"引发了全国性的社会动荡和政治危机。在整个骚乱中,至少1500人丧生、数万人逃亡国外。3月2日,阿议会通过了"紧急状态法"。4月15日,以意大利为首的8国6000人部队进入阿尔巴尼亚,帮助阿改组和训练军队,以及维护公共秩序。6月底阿新政府成立后,全国范围内的无政府状态才逐渐消除。

（续表）

| | 是否会以抵制活动方式参与（不会） | 是否会以非正式罢工方式参与（不会） | 是否会以占领建筑物和厂房方式参与（不会） |
|---|---|---|---|
| 匈牙利 | 78.8% | 89.6% | 95.2% |
| 罗马尼亚 | 81.4% | 90.6% | 94.0% |
| 保加利亚 | 69.3% | 74.4% | 82.8% |
| 斯洛文尼亚 | 37.7% | 63.6% | 74.5% |
| 克罗地亚 | 31.5% | 53.7% | 79.6% |

资料来源：见 http://uvtapp.uvt.nl/fsw/spits.evs.frmevsseriesdetail？。

**特征五，多数中东欧国家的转型速度快**。如果以加入欧盟为中东欧国家转型进程结束的标志[①]，多数中东欧国家耗时15年左右完成了转型的基本任务。世界历史进程显示，每次社会制度转型不仅耗时长（多则千余年，少则数百年），而且伴随着重大的人员和财产损失。以欧洲历史为例，从古罗马向封建社会过渡耗时近千年（前509年—476年），从封建主义到资本主义经历了大约1200年（476年—1640年），从近代到现代（1640年—1918年）走过了近280年。而部分中东欧国家从开始转型到按欧盟要求完成基本的政治和经济转型（2004年）仅用时15年。

**特征六，转型初期，所有中东欧转型国家的经济活动骤然萎缩，部分国家经济大幅下降**。经济转型开始，加之经济互助委员会（经互会）解体，所有中东欧国家经济都出现大幅下降（见表3）。中东欧国家转型初期的经济下降也挑战了这样一个理论：向市场经济转型立刻能够改善资源配置，实现经济增长。实践表

---

① 转型完成的标志包括经济指标、政治指标和机构指标。学者和政治家们对何为转型完成的标志并无一致看法。具体讨论可参见朱晓中：《转型九问》，载《俄罗斯东欧中亚研究》，1999年第5期。

明，经济转型需要时间。①

表3 经济转型初期中东欧国家经济发展一览表（%）

|  | 1990年 | 1991年 | 1992年 | 1993年 | 1994年 | 1995年 |
|---|---|---|---|---|---|---|
| 捷克 | -1.2 | -11.6 | -0.5 | 0.1 | 2.2 | 5.9 |
| 匈牙利 | -3.5 | -11.9 | -3.1 | -0.6 | 2.9 | 1.5 |
| 波兰 | -11.6 | -7.0 | 2.6 | 3.8 | 5.2 | 7.0 |
| 斯洛伐克 | -2.5 | -14.6 | -6.5 | -3.7 | 4.9 | 6.7 |
| 斯洛文尼亚 | -4.7 | -8.9 | -5.5 | 2.8 | 5.3 | 4.1 |
| 保加利亚 | -9.1 | -11.7 | -7.3 | -1.5 | 1.8 | 2.9 |
| 罗马尼亚 | -5.6 | -12.9 | -8.8 | 1.5 | 3.9 | 7.1 |
| 克罗地亚 | — | -21.1 | -11.7 | -8.0 | 5.9 | 6.8 |
| 阿尔巴尼亚 | -10.0 | -28.0 | -7.2 | 9.6 | 8.3 | 13.3 |
| 波黑 | -23.2 | -12.1 | -30.0 | -40.0 | -40.0 | 20.8 |
| 南斯拉夫联盟 | -7.9 | -11.6 | -27.9 | -30.8 | 2.5 | 6.1 |
| 马其顿 | -9.9 | -7.0 | -8.0 | -9.1 | -1.8 | -1.2 |

资料来源：EBRD, Transition Report, 1998。

特征七，在经历了大约四年的经济下降之后，1994年中东欧国家普遍实现了经济复苏和快速增长。1992年波兰率先实现恢复性增长，其他中东欧国家大多在1994年开始恢复性增长。在过去25年间，绝大多数中东欧国家的市场经济开始发挥功能，大多数国家实现了经济快速增长，国民的生活水平大幅改善。当然，要达到欧盟28国的人均GDP平均水平，大多数中东欧国家还有较长的路要走（见表4）。

---

① Andrei Shleifer, "Seven Lessons from Post-Communist Transition", CASE Network E-briefs No. 03/2012. http://www.case-research.eu/sites/default/files/publications/2012-03_Shleifer.pdf.

表 4　2012 年中东欧国家经济实力一览表

| | 2012 年① 1989=100 | 人均 GDP（美元）2012 年② | 人均 GDP（PPP）2012 年③ |
|---|---|---|---|
| 欧盟 28 国 | — | — | 100 |
| 阿尔巴尼亚 | 181 | 4,000 | 30 |
| 波黑 | 82 | 4,556 | 29 |
| 保加利亚 | 160 | 6,978 | 47 |
| 捷克 | — | 18,683 | 81 |
| 克罗地亚 | 100 | 13,881 | 62 |
| 黑山 | 92 | 7,041 | 41 |
| 匈牙利 | 126 | 12,531 | 67 |
| 马其顿 | 110 | 4,565 | 35 |
| 波兰 | 200 | 12,708 | 67 |
| 罗马尼亚 | 119 | 9,036 | 50 |
| 塞尔维亚 | 66 | 5,190 | 36 |
| 斯洛伐克 | 192 | 16,847 | 76 |
| 斯洛文尼亚 | 142 | 22,000 | 84 |

资料来源：①EBRD, Transition Report, 2012; ②The World Bank, GDP per capita, http://data.worldbank.org/indicator/NY.GDP.PCAP.CD; ③EUROSTAT, GDP per capita in PPS. http://epp.eurostat.ec.europa.eu/tgm/table.do?tab=table&init=1&plugin=1&language=en&pcode=tec00114。

**特征八，虽然转型之初存在有关转型方式和转型次序的激辩，但 25 年后转型的结果差异并非十分显著**。在转型之初，学者和政治家们就转型方式（"休克疗法"还是渐进方式）、转型特定战术（如制度是否应该先行、企业的私有化方案是否应该由政府制定，投资券私有化或大众购买哪一种更好）的选择进行了大量的讨论。回溯来看，这些讨论与转型的决策并非必然相关。实际上，政策和政府的能力经常交织在一起，并在很大程度上决定着大多数转型的战术选择。虽然国家之间在转型战术选择方面存在差异，但 25 年后绝大多数国家获得了大致相同的结果。所有国家都以不同形式实现了私有化，实现了宏观经济稳定，进行了市场经济所需要的法律和制度改革（见表5）。

表5 2013年中东欧国家市场经济指标（5分为满分）

| | 企业 | | | 市场和贸易 | | |
|---|---|---|---|---|---|---|
| | 大私有化 | 小私有化 | 治理和企业改造 | 价格自由化 | 贸易和外汇体系 | 竞争政策 |
| 阿尔巴尼亚 | 4 − | 4 | 2 + | 4 + | 4 + | 2 + |
| 波黑 | 3 | 3 | 2 | 4 | 4 | 2 + |
| 保加利亚 | 4 | 4 | 3 − | 4 + | 4 + | 3 |
| 克罗地亚 | 4 − | 4 + | 3 + | 4 | 4 + | 3 |
| 马其顿 | 3 + | 4 | 3 − | 4 + | 4 + | 3 − |
| 匈牙利 | 4 | 4 + | 4 − | 4 | 4 | 3 + |
| 黑山 | 3 + | 4 − | 2 + | 4 | 4 + | 3 − |
| 波兰 | 4 | 4 + | 4 − | 4 + | 4 + | 4 − |
| 罗马尼亚 | 4 − | 4 − | 3 − | 4 + | 4 + | 3 + |
| 塞尔维亚 | 3 − | 4 − | 2 + | 4 + | 4 | 2 + |
| 斯洛伐克 | 4 | 4 + | 4 − | 4 + | 4 + | 3 + |
| 斯洛文尼亚 | 3 | 4 + | 3 | 4 | 4 + | 3 − |

资料来源：EBRD, Transition Report, 2013, p.112。

**特征九，转型初期的经济下降没有导致出现普遍担心的民粹主义暴动**。虽然有些国家的政府被推翻，但并非民粹主义者所为。许多国家的政治被新的经济精英所主导，即所谓的寡头，这些人将财富同巨大的权力和政治影响结合在一起。一个令人费解的现象是，转型25年来，虽然中东欧国家的民生有较大改善，但民粹主义反而甚嚣尘上。实际上，所有转型国家的若干民众都对转型不甚满意，甚至在生活质量有较快改善的国家中人们也持有各种看法，这一现象非常值得引起关注。

**特征十，转型迅速进行的最重要的解释是具有强烈的外部约束性。同上个世纪70年代南欧和拉丁美洲的"转型"相比，中东欧国家的转型受特殊的国际环境影响，国际组织提出的约束和援助致使中东欧国家转型的实践有其自身的逻辑和特征，并使大多数中东欧国家在一代人的光景中完成了转型的基本任务，成为史上耗时最少的社会转型。

说到外部约束，欧共体/欧盟是主要的行为体①。1993年6月，欧共体哥本哈根首脑会议向申请入盟的中东欧国家提出了四项入盟标准：（1）申请国必须是稳定的、多元化的民主国家，至少拥有独立的政党、定期进行选举、依法治国、尊重人权和保护少数民族权益；（2）申请国必须具备可以发挥功能的市场经济；（3）申请国必须能够面对欧盟内部的，特别是欧洲单一市场环境中的竞争压力和劳动力市场压力；（4）申请国必须赞同欧盟的经济、货币和政治联盟的目标，能够确保承担成员国的义务，特别是执行共同法的规定。其中，政治标准在欧盟扩大的历史上首次提出。正是这些条件明确了中东欧国家的转型方向。② 不仅如此，自1997年颁布《2000年议程》起，欧盟每年对中东欧国家的转型进程进行评估，督促其对弱项限时整改。这在相当大程度上又决定了中东欧国家的转型速度。"哥本哈根入盟条件"不仅构成了欧盟对中东欧国家强有力的激励和制裁机制，也使得中东欧国家的

---

① 1991年12月11日，欧共体马斯特里赫特首脑会议通过了建立欧洲经济货币联盟和欧洲政治联盟的《欧洲联盟条约》（通称马斯特里赫特条约）。1993年11月1日该条约正式生效，欧共体开始向欧洲联盟过渡。

② 有关入盟条件对中东欧转型影响的研究层出不穷，下列文献具有代表性：Heather Grabbe, "A Partnership for Accession? The Implications of EU Conditionality for the Central and East European Applicants", Robert Schuman Centre Working Paper, 12/99, http://www.cer.org.uk/pdf/grabbe_conditionality_99.pdf; Naz Sunay, "The Perceived (il)Legitimacy of the EU Conditionality: The Role of Uncertainty and Asymmetry of Power", http://www.jhubc.it/ecpr-riga/virtualpaperroom/076.pdf; Heather Grabbe, "The Conditionality at the Heart of EU Enlargement Policy, *Development and Transition*, 2006。

政治家可以在国内进行"不受民众欢迎的"改革,进而能够在较短的时间内使得塑造新社会的法律规范和其他措施到位并发挥作用,实现"回归欧洲"的目标。即使在入盟之后,欧盟的民主规则依然在一定程度上规范和影响着中东欧国家的国内政治发展。

应该指出的是,在"冷战"期间,苏联在东欧国家强制推行"有限主权论",东欧国家被迫接受。如今,"哥本哈根条件"被视为欧盟版的"有限主权论"。但不同于以往,中东欧国家"自愿"接受欧盟版的"有限主权",以期换取更大的政治和经济回报,由此也造成了欧盟扩大进程中的权利不对称。①

当然,中东欧国家对欧盟的这种模仿和"适应"是带有强迫性的,但首先被内部的动力所驱动。然而,不容否认的是,某些外部的压力清晰可辨,入盟的"条件"确实是存在的。中东欧国家经济转型的实践始于国际金融组织的指导,并逐渐被欧盟所接管。国际金融组织和欧盟对贷款和赠款的使用、现有关系的扩大、各种附加权益的担保等都有具体要求和条件。虽然部分条件苛刻,但满足这些前提条件可以给中东欧国家带来长远利益。外部压力由此加速了中东欧变化的过程。

中东欧国家先后加入了重要的国际组织,如北约、经合组织和世贸组织(见表6)。它们与世界银行和国际货币基金组织保持着密切的关系。国际环境对中东欧国家转型的影响涉及面很广:

---

① 有关该问题的进一步讨论可参阅:Papadimitriou, D./Phinnemore, D., "Europeanization, Conditionality and Domestic Change: The Twinning Exercise and Administrative Reform in Romania", *Journal of Common Market Studies*, Vol. 42, No. 3, 2004, p. 623; Heather Grabbe, "How Does Europeanization Affect CEE Govenance?", *Journal of European Public Policy*, Vol. 8, Issue 4, December 2001, pp. 1013 – 1031, http://www.cer.org.uk/pdf/grabbe_jepp_2001.pdf; Claudio M. Radaelli, "Europeanization: Solution or problem?", *European Integration online Papers* (EIoP), Vol. 8, No. 16, 2004, p. 4, http://eiop.or.at/eiop/texte/2004 – 016a.htm。

从建立西方民主制到采用西方公司的管理方法和银行体系的运行形式,从传媒计划到广告,从教育活动的组织到对科学和艺术的资助。在转型社会里,很难找到没有模仿外国模式的领域。尽管有诸多渠道可以使外国的模式传递到中东欧转型国家,但这并不是说采用国外模式轻而易举。中东欧每个转型国家都经历了认识国外模式、学习如何使用这些模式,特别是如何将它们融入本国具体环境中去的复杂过程。

表6 中东欧国家和国际组织关系一览表(加入时间)

| | 世界贸易组织 | 经合组织 | 欧洲委员会 | 北约 | 欧盟 |
|---|---|---|---|---|---|
| 阿尔巴尼亚 | 2000.09.08 | — | 1995.07.13 | 2009.04.01 | — |
| 保加利亚 | 1996.12.01 | — | 1992.05.07 | 2004.03.29 | 2007.01.01 |
| 波黑 | — | — | 2002.04.24 | | |
| 波兰 | 1995.07.01 | 1996.11.22 | 1991.11.29 | 1999.03.12 | 2004.05.01 |
| 捷克 | 1995.01.01 | 1995.12.21 | 1993.06.30 | 1999.03.12 | 2004.05.01 |
| 克罗地亚 | 2000.11.30 | — | 1996.11.06 | 2009.04.01 | 2013.07.01 |
| 黑山 | 2012.04.29 | | 2007.05.11 | | |
| 罗马尼亚 | 1995.01.01 | | 1993.06.03 | 2004.03.29 | 2007.01.01 |
| 马其顿 | 2003.04.04 | | 1995.11.09 | | |
| 塞尔维亚 | — | — | 2003.04.03 | | |
| 斯洛伐克 | 1995.01.01 | 2000.12.14 | 1993.06.30 | 2004.03.29 | 2004.05.01 |
| 斯洛文尼亚 | 1995.07.30 | 2010.07.21 | 1993.05.14 | 2004.03.29 | 2004.05.01 |
| 匈牙利 | 1995.01.01 | 1996.05.07 | 1990.11.06 | 1999.03.12 | 2004.05.01 |

资料来源:WTO,OECD,Council of Europe,NATO。

**特征十一,外国投资对中东欧国家转型发挥了重要作用**。转型25年来,中东欧国家一直是外国资本青睐的地区,特别是2004年之后,入盟的中东欧国家进一步向西方标准靠拢,同时保持着较低的经营成本。到2012年,中东欧是继西欧和中国之后第

三个对外资最具吸引力的地区[①]。(见表7)

**表7 1990—2012年中东欧国家外资存量**

(单位:百万美元)

| | 1990年 | 2000年 | 2012年 |
|---|---|---|---|
| 波兰 | 109 | 34227 | 230604 |
| 捷克 | 1363 | 21644 | 136442 |
| 匈牙利 | 570 | 22870 | 103557 |
| 罗马尼亚 | 0 | 6953 | 74171 |
| 斯洛伐克 | 282 | 6970 | 55816 |
| 保加利亚 | 112 | 2704 | 49871 |
| 斯洛文尼亚 | 1643 | 2893 | 15526 |
| 克罗地亚 | 0 | 2796 | 31609 |
| 塞尔维亚 | — | 1017a | 25451 |
| 波黑 | — | 1083a | 7771a |
| 黑山 | | | 4882a |
| 马其顿 | 0 | 540 | 4959 |
| 阿尔巴尼亚 | — | 247 | 4885a |

注:a为估计数字。
资料来源:UNCTAD, World Investment Report 2013, New York and Geneva, 2013, http://unctad.org/en/PublicationsLibrary/wir2013_en.pdf。

中东欧国家之所以能够对外资具有持续吸引力,主要是这些国家在可用资源增长指数(人力资源、资本、知识)、经济可持续指数(财政可持续性、政治可持续性、经济可持续性)、成本竞争力指数、商业环境指数(制度、税收、基础设施、透明度)等方面不断改善(见图1)[②]。外资的流入同时也带来了技术、市场经济所需要的企业管理知识、新的法律体系和行为标准,从而使转型的质量不断提高。

---

[①] Ernst & Young, European Attractiveness Survey 2012.
[②] 详细指标可参见http://www.economicscorecard.eu/。

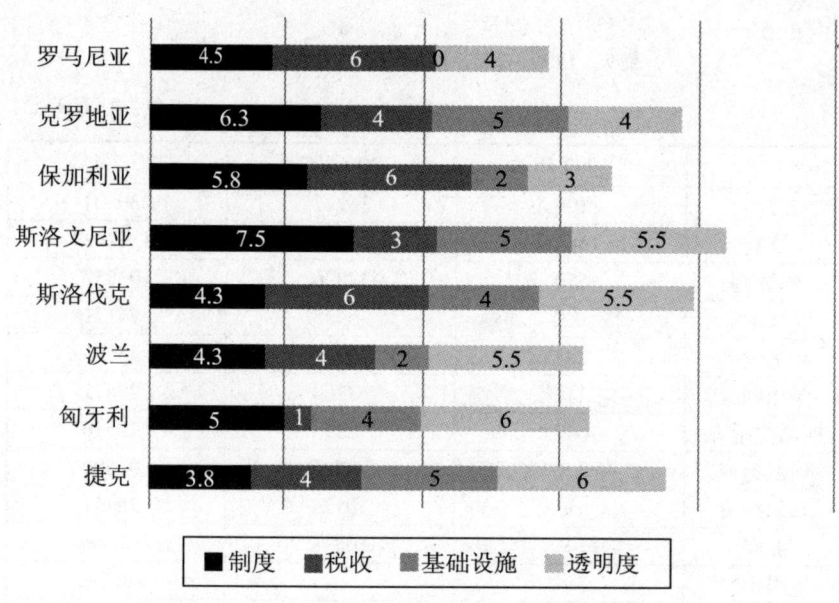

图 1 中东欧国家商业环境指数

中东欧国家都具有类似的经济特征。它们拥有训练有素的劳动力,并拥有较高质量的人力资本储备。但这些国家的物质储备较为陈旧,需要通过新的投资来使之现代化。① 经济学家们认为,如果中东欧国家要保持持续的经济增长,必须投资新工厂、新设备、新工艺、技术创新和商业管理。中东欧国家在转型过程中面临的主要挑战是:如何通过获得先进技术和更有效地积累资本来避免贫困陷阱。在经历了转型初期缓慢的外资流入之后,1995 年外资呈爆发式地投向中东欧国家,外资强有力地支撑着这些国家经济转型、融入全球一体化和技术转移。伴随着越来越多外资的进入,中东欧转型走在前面的国家的经济增长达到 U 型曲线向上

---

① EBRD, Transition Report 1995, Investment and Enterprise Development, London, 1995.

的部分,即实现了经济增长。① 许多研究都已经表明,外资对一国的经济发展有积极作用。但应该指出的是,只有当接受外资的国家储备有训练有素的人力资本时,它才真的对经济增长起到推动作用。② 绝大多数中东欧国家拥有高素质人力资本,从这个角度说,中东欧国家满足了从外国直接投资中获益的必要条件(见图2)。

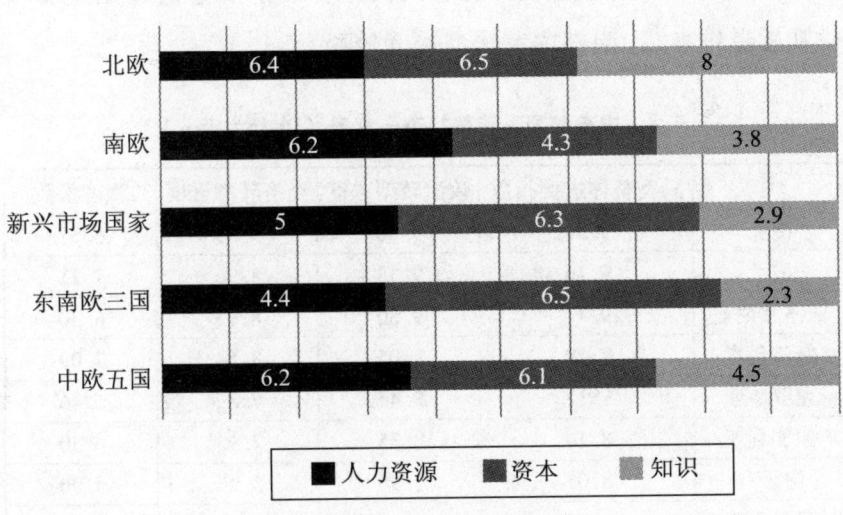

图 2　中东欧国家可用资源增长指数

资料来源:见 http://www.economicscorecard.eu/。

**特点十二,历史因素对转型的进程产生了一定程度的影响。**随着转型的展开,中东欧国家之间在转型进度和质量上的差异日渐明显。这当中,历史因素对转型的速度和质量都产生了影响

---

① Minsoo Lee and Moon Joong Tcha, "The Color of Money: The Effects of Foreign Direct Investment on Economic Growth in Transition Economies", *Review of World Economics*, Vol. 140, No. 2, 2004, p. 213, http://www.jstor.org/stable/40441007.

② Borensztein, E., J. De Gregorio, and J. Lee, "How Does Foreign Direct Investment Affect Economic Growth?", *Journal of International Economics*, 45 (1), 1998, p. 114, http://www.olemiss.edu/courses/inst310/BorenszteinDeGLee98.pdf.

（见表8）。在这些因素中，帝国遗产论的影响似乎最大。所谓帝国遗产论是指，中东欧国家转型的进程和质量差异是由中东欧国家曾经的宗主国奥斯曼帝国和奥匈帝国留给它们的历史遗产造成的。一些研究者认为，由于两个帝国本身在诸多方面的差异，曾受奥斯曼帝国统治的东南欧国家的转型进程较慢，问题较多。这一特点在中东欧国家地理上的表现则是：北部国家的转型速度较快和质量较高①，南部国家转型速度较慢。

表8 中东欧国家转型状态一览表（10分为满分）

|  | 转型整体进度指数 | 政治转型进度 | 经济转型进度 | 管理指数 |
| --- | --- | --- | --- | --- |
| 捷克 | 9.51 | 9.60 | 9.43 | 6.57 |
| 波兰 | 9.16 | 9.35 | 8.96 | 7.21 |
| 斯洛文尼亚 | 9.11 | 9.30 | 8.93 | 6.30 |
| 斯洛伐克 | 8.79 | 9.05 | 8.54 | 7.09 |
| 克罗地亚 | 8.17 | 8.45 | 7.89 | 6.46 |
| 保加利亚 | 8.14 | 8.35 | 7.93 | 6.30 |
| 匈牙利 | 8.05 | 7.95 | 8.14 | 4.96 |
| 罗马尼亚 | 7.90 | 7.90 | 7.89 | 5.80 |
| 黑山 | 7.50 | 7.90 | 7.11 | 6.42 |
| 塞尔维亚 | 7.51 | 7.95 | 7.07 | 6.13 |
| 马其顿 | 7.17 | 7.20 | 7.14 | 6.12 |
| 阿尔巴尼亚 | 6.55 | 6.70 | 6.39 | 5.17 |
| 波黑 | 6.37 | 6.35 | 6.39 | 3.93 |

资料来源：见 http://www.bti-project.org/materialien/bti-2014/laendergutachten-2014/ostmittel-und-suedosteuropa/。

此外，对中东欧和东南欧国家转型产生影响的还有所谓"非

---

① 中东欧北部国家主要包括波兰、匈牙利、捷克、斯洛伐克、斯洛文尼亚等国。南部国家主要是指原南斯拉夫联邦继承国（除斯洛文尼亚）和阿尔巴尼亚。

路径依赖因素",即外部冲击（种族冲突和战争）和同国际组织（特别是与欧盟）的亲疏程度。东南欧国家在相当长一段时间内未能同欧盟建立制度联系，而且遭受外部冲击较大，这两个因素在一段时间内严重削弱了东南欧国家进行改革的意愿、可能性和能力。

## 小　结

中东欧国家进行的转型是世界历史上一场深刻的、影响面广泛的社会变迁。转型带来的不仅是社会变化，它更促使人们思考一些具有重大理论意义的问题，即如何评价当今世界所面临的全球化、民主化、市场化这样的战略问题。在此，我们或许可以称，中东欧国家的转型是迄今为止历史上的一次"大转型"[1]。也正因如此，上述讨论只是简要地描述了中东欧国家转型25年过程中的部分内容和特点，远非中东欧国家转型的全部真谛。

同上个世纪70年代南欧和拉丁美洲的"转型"相比，中东欧国家的转型被特殊的国际环境所包围，国际组织提出的约束和援助致使中东欧国家转型的实践有其自身的逻辑和特征，并使大多数中东欧国家在一代人的光景中完成了转型的基本任务，成为史上耗时最少的转型。如果忽略了这一点，人们或许不可能深刻认识这一地区国家转型的基本特征。

---

[1] 有关大转型的讨论可以参见［匈］卡尔·波兰尼：《巨变：当代政治与经济的起源》，黄树民译，社会科学文献出版社2013年版。

## 第二节　对中东欧国家政治转轨的思考

20世纪80年代末90年代初，原东欧社会主义国家——波兰、匈牙利、民主德国、捷克斯洛伐克、保加利亚、罗马尼亚、南斯拉夫联邦和阿尔巴尼亚发生剧变，由此拉开了政治转轨①的序幕。这场史无前例的转轨彻底改变了中东欧国家②、欧洲乃至世界的面貌，也给广大学者提出了充满挑战性的课题。20多年来，随着政治转轨的推进，对它的思考在发现问题、解决问题的周而复始中不断深入。

### 一、政治转轨的起点与终点

中东欧国家政治转轨的起点是20世纪80年代末90年代初的剧变。在剧变中，除南斯拉夫联邦外的原东欧社会主义国家抛弃了它们实行40多年的苏联模式。对其中的多数国家来说，苏联模式是在"冷战"爆发的特定条件下，由苏联为加强对它们的控制而强制推行的。且不说苏联模式本身包含的深刻矛盾和严重弊端③，单这一点就给这些国家人民的民族感情造成了极大伤害，

---

① 虽然从严格意义上说，"转轨"与"转型"两个概念有所不同，但一般情况下，两个概念经常交替使用。参见朱晓中:《转型九问——写在中东欧转型20年之际》，载《俄罗斯中亚东欧研究》，2009年第6期。本章引文中的"转型"可视为与"转轨"同义。

② 指由原东欧社会主义国家发展而来的国家，有时也使用"东中欧"或沿用"东欧"的提法。1990年10月，民主德国并入联邦德国，作为德国的一部分，其政治发展不同于其他中东欧国家，因此不在本章讨论之列。

③ 关于苏联模式的矛盾和弊端，参见陆南泉等主编:《苏联兴亡史论》，人民出版社2002年版，第494—495页。

加之为推行苏联模式在这些国家进行的清洗运动以及共产党与社会民主党的合并留下的难以消除的隐患，作为一种外来模式、形成于20世纪30年代的苏联模式也很难适合40年代末50年代初这些国家的情况。苏联模式的危害和这些国家人民对这一模式的反感可想而知，波兰、匈牙利和捷克斯洛伐克改革苏联模式的尝试又一再受挫，以致它们最终全盘否定苏联模式，走上政治转轨之路。

南斯拉夫联邦并非在苏联的强制下实行苏联模式。早在1946年1月，南斯拉夫联邦就通过了以1936年苏联宪法为蓝本的新宪法，采用苏联模式。苏南冲突爆发后，南斯拉夫联邦被孤立于苏联阵营之外，转而摈弃苏联模式，建立社会主义自治制度。社会主义自治制度强调"非集中化"和放权，致使权力过于分散，联邦国家越来越难以维系。因此，南斯拉夫联邦的剧变不是否定苏联模式，而是伴随着民族矛盾以及由此引起的国家分裂。

阿尔巴尼亚的苏联模式也不是苏联强加的。在完成反帝反封建革命后，它追随南斯拉夫联邦，实行并始终固守苏联模式，不容许包括苏联在内的社会主义国家对它有一丝一毫改变，这在很大程度上导致它与苏联决裂和彻底脱离苏联阵营。阿尔巴尼亚未受苏联强行推广其模式之苦，也早已摆脱了苏联的控制，其领导层却一直坚持维护苏联模式[①]，但在剧变中，阿尔巴尼亚也像多数国家一样抛弃了苏联模式。为什么会这样？个中缘由，值得深思。

政治转轨的终点是民主制度，这体现在原东欧社会主义国家

---

① 在维护苏联模式方面，罗马尼亚和保加利亚领导层与阿尔巴尼亚类似。

剧变后通过的宪法①中。这些宪法规定中东欧国家是民主国家,采取立法、行政、司法三权分立原则,实行议会制和多党制。那么,是否存在中东欧国家可仿效的民主制度"典范"呢?许多西方学者"倾向于认为,西方的自由民主制度是'典范',大多数的,甚或所有的民主化进程最终都要趋同于那个'典范'"②。这种看法不无道理。实际上,中东欧国家将民主制度作为政治转轨的目标,原本就是出于它们"回归欧洲"的需要。从这个意义上说,中东欧国家被北约和欧盟等西方国家的组织接纳或可作为其政治转轨完成的标志。但也有学者认为,西方民主制度并非一成不变,"即便是在西方社会,也没有人知道民主和民主化进程演进的最终目的地"③,"我们绝不能认定西方形式的'自由民主制度'已经或即将成为整个世界的'典范',也不能认定它们在西方将一直保持下去"④。若果真如此,中东欧国家的政治转轨将走向何方呢?

## 二、政治转轨的进程与方式

撇开政治转轨的阶级性质,在政体层面上,可把中东欧国家的转轨看作是由集权向民主转变的民主化过程。对民主化过程,

---

① 《波兰共和国宪法》、《阿尔巴尼亚宪法》,http://www.law.cornell.edu/world/europe.html。《波黑宪法》,http://www.ccbh.ba/public/down/USTAV_BOSNE_I_HERCEGOVINE_engl.pdf。《匈牙利基本法》,http://www.kormany.hu/download/2/ab/30000/Alap_angol.pdf。1990 年《塞尔维亚共和国宪法》,http://www.parlament.sr.gov.yu/content/eng/akta/ustav/ustav_ceo.asp;2006 年《塞尔维亚共和国宪法》,http://www.legislationline.org/legislation.php?tid=1&lid=7474。1992 年《黑山共和国宪法》,http://oncampus.richmond.edu/~jjones/confinder/Montenegro.htm;2007 年《黑山共和国宪法》,http://www.legislationline.org/upload/legislations/01/9c/b4b8702679c8b42794267c691488.htm。其他国家宪法见姜士林等主编:《世界宪法全书》,青岛出版社 1997 年版。

② [英]罗伯特·拜德勒克斯等:《东欧史》,韩炯等译,中国出版集团东方出版中心 2013 年版,第 875 页。

③ 同上书,第 874 页。

④ 同上书,第 877 页。

美国学者塞缪尔·亨廷顿进行了这样的界定:"如果用普选的方式产生最高决策者是民主的实质,那么民主化过程的关键点就是用在自由、公开和公平的选举中产生的政府来取代那些不是通过这种方法产生的政府。不过,在选举之前或选举之后的全面民主化过程通常十分复杂,而且持续得很久。它涉及到非民主政权的终结和民主政权的登台,然后是民主体制的巩固。"①民主制度巩固的最低标准是政权完成"两度易位",即在转轨阶段的首次选举中赢得政权的政党或团体在接下来的选举中失利,把权力让渡给那些选举的赢家,并且后者又和平地把权力让渡给下一次选举的胜利者后,民主制度得以巩固。② 据此,中东欧国家的政治转轨进程大致可分为三个阶段③:20 世纪 80 年代末 90 年代初,剧变发生,苏联模式退出历史舞台,反对党派通过自由选举上台执政,政治转轨进程开启;90 年代中期,左翼复兴,执掌政权;90 年代后期,左翼政党和平让位于右翼政党,实现政权"两度易位",民主制度进入巩固阶段。

政党通过选举轮流执政的状况是否足以反映政治转轨进程呢?不错,正如亨廷顿指出的:"公开、自由和公平的选举是民主的实质,而且是不可或缺的必要条件"④,但是,"尽管选举是民主体制的核心,可单凭它不足以构成民主"⑤,亨廷顿也承认:"根据选

---

① [美] 塞缪尔·亨廷顿:《第三波——二十世纪末的民主化浪潮》,刘军宁译,上海三联书店 1998 年版,第 7 页。此处及下面引文中的"民主体制"与"民主制度"为同一概念。
② 参见 John S. Dryzek and Leslie Templeman Holmes, *Post-Communist Democratization Political Discourses across Thirteen Countries*, Cambridge: Cambridge University Press, 2002, p. 7。
③ 中东欧地区国家众多,情况复杂,难免有例外,这里仅就多数国家的转轨进程而言。
④ [美] 塞缪尔·亨廷顿:《第三波——二十世纪末的民主化浪潮》,刘军宁译,上海三联书店 1998 年版,第 8 页。
⑤ 刘军宁编:《民主与民主化》,商务印书馆 1999 年版,第 43 页。

举来界定民主是一种最简单的定义。"①就中东欧国家的政治转轨进程来看,如果仅以政权"两度易位"来衡量转轨进度,则很难解释直到2004年才实现政权"两度易位"的斯洛文尼亚、2006年实现政权"两度易位"的捷克和斯洛伐克却较早被西方接受为民主国家。② 这种情况并不鲜见。从20世纪40年代后期到1996年的半个世纪中,德国、卢森堡、荷兰和瑞士等四个国家从未出现过彻底的内阁更迭,它们连同比利时、芬兰、以色列和意大利都没有完成政权的"两度易位",而这八个国家的民主制度毫无疑问都是稳定而且巩固的。③ 可见,考察中东欧国家的政治转轨进程,只关注选举结果是不够的。除选举外,至少还应注意以下两个问题。

首先,按照《变动中的民主》一书的说法:"除非统治者以民主的方式治理,否则这一政体决不能称作民主政体。如果经自由选举产生的行政官员(无论人数多寡)违背宪法,违反个人与少数派的权利,侵犯立法机关的立法职能,从而没有使自己的统治限制在法律国家的范围以内,这种政体就不是民主政体。"④ 近年来,中东欧国家新民粹主义政党的兴起⑤和匈牙利的政治动向⑥显然有违民主制度的要求。怎样看待中东欧国家政治转轨进程中

---

① [美]塞缪尔·亨廷顿:《第三波——二十世纪末的民主化浪潮》,刘军宁译,上海三联书店1998年版,第8页。
② 北约和欧盟的接纳表明了西方对它们的认可。
③ 参见[美]阿伦·利普哈特:《民主的模式:36个国家的政府形式和政府绩效》,陈崎译,北京大学出版社2006年版,第4—5页。
④ [日]猪口孝等编:《变动中的民主》,林猛等译,吉林人民出版社1999年版,第57页。
⑤ 参见陆南泉等主编:《苏东剧变之后:对119个问题的思考》,新华出版社2012年版,第1315—1333页。
⑥ 青年民主主义者联盟—匈牙利公民联盟在2010年匈牙利议会选举中大获全胜后,凭借在议会中的绝对优势,推出《媒体法》、《基本法》和《中央银行法》等法律,加大对媒体的监督和对违规媒体的处罚力度、去掉国名中"共和国"的字样、限制宪法法院和中央银行权限、给予境外匈牙利族人选举权和被选举权。

的这种现象呢？这是否为亨廷顿所称的"第三波回潮"①呢？

其次，从更宽泛的意义上说，"民主巩固不仅仅是一个正式的宪法安排或可观察到的行为问题，还是主观信念和价值观的问题"②。美国学者胡安·J.林茨和阿尔弗莱德·斯泰潘对民主巩固的定义也不仅包括制度层面，而且涉及精英和民众的态度。③如果说民主制度的巩固经过政权的"两度易位"便可实现，那么，形成并巩固认同民主制度并据之行动的信念和价值观却需要更长的时间。这或许是当前中东欧国家政治转轨面临的主要任务。

此外，倘若如前所述，作为政治转轨终点的民主制度不是确定不变的，那么，中东欧国家的政治转轨进程将是没有尽头的漫漫长路。

中东欧国家的政治转轨是以滚雪球与和平的方式进行的。亨廷顿对"滚雪球"方式作过形象的描述："最戏剧性的滚雪球效应发生在东欧。一旦苏联默认、也许甚至鼓励非共产党人士1989年8月在波兰掌权，民主化的浪潮一下子横扫了东欧，先是9月份涌入匈牙利，10月份到了东德，11月份到了捷克斯洛伐克和保加利亚，12月份到了罗马尼亚。"④至于滚雪球方式对转轨进程的影响，他一方面认为这种影响"未必显著依靠在接受国出现有利于民主的经济和社会条件的存在。随着这些雪球继续滚下去，这些进程自身趋向于成为上述条件的替代物。这一事实反映在其加速度中"⑤，因此，

---

① 参见［美］塞缪尔·亨廷顿：《第三波——二十世纪末的民主化浪潮》，刘军宁译，上海三联书店1998年版，第353—358页。
② ［美］詹姆斯·F.霍利菲尔德等主编：《通往民主之路——民主转型的政治经济学》，何志平等译，社会科学文献出版社2012年版，第272页。
③ ［美］胡安·J.林茨等：《民主转型与巩固的问题：南欧、北美和后共产主义欧洲》，孙龙等译，浙江人民出版社2008年版，第5—6页。
④ ［美］塞缪尔·亨廷顿：《第三波——二十世纪末的民主化浪潮》，刘军宁译，上海三联书店1998年版，第117页。
⑤ 同上书，第118页。

"民主化的滚雪球效应在保加利亚、罗马尼亚、南斯拉夫、蒙古、尼泊尔和阿尔巴尼亚十分明显"①。另一方面,他又指出:"如果一个国家缺少有利的内部条件,仅靠滚雪球效应不可能带来民主化。"②亨廷顿的看法似乎有些自相矛盾,以致留下这样的疑问:在中东欧地区,除第一个民主化国家波兰外,雪球滚到之处,其他国家的政治转轨进程究竟受到外部和内部条件怎样的影响?

和平方式是中东欧国家政治转轨的另一个令人印象深刻的方式。除罗马尼亚和前南斯拉夫地区③外,其他国家的政治转轨基本上和平进行,很少发生大规模的社会动荡④。和平转轨的出现或是由于"共产主义体制的许多结构性、制度性和文化性遗产产生了一种阻碍动员以及相应的具有政治稳定作用的效果"⑤;或是由于"戈尔巴乔夫将不会再动用武装力量来保护东欧与中欧存在的共产主义体制"⑥;或是由于中东欧国家军队的中立⑦;或是由于圆桌会议作为解决冲突的工具,开启了公共论辩和社会磋商,为社会和权力之间真正的政治合作创造了条件⑧;或是由于政治精英与民众之间存在共识:为追求"国家解放"和"自身解放"

---

① 刘军宁编:《民主与民主化》,商务印书馆1999年版,第362页。
② 同上书,第363页。
③ 前南斯拉夫地区的战争因民族矛盾而起,与政治转轨关系不大。
④ 一些中东欧国家曾经发生过短时间的社会动荡。如1997年阿尔巴尼亚因非法集资案引发的全国性武装动乱、2000年南斯拉夫联盟大选期间的抗议活动和骚乱、2006年匈牙利由总理久尔恰尼承认向选民隐瞒国家发展现状的发言录音被曝光引起的反政府示威和骚乱等。
⑤ [匈]贝拉·格雷什科维奇:《抗议与忍耐的政治经济分析》,张大军译,广西师范大学出版社2009年版,第212页。
⑥ [英]约翰·邓恩编:《民主的历程》,林猛等译,吉林人民出版社1999年版,第222页。
⑦ 参见[美]亚当·普沃斯基:《民主与市场——东欧与拉丁美洲的政治经济改革》,包雅钧等译,北京大学出版社2005年版,引言第5页。
⑧ 参见[波]Dariusz Dobrzański:《"圆桌"会议作为冲突解决之工具——从中东欧的经验看》,胡洁瑶译,载《现代哲学》,2012年第1期。

必须要牺牲一部分利益并进行政治妥协①。不管是哪种或哪几种原因,中东欧国家的"民众没有采用暴力性的直接抗议形式,而是保持克制……在政治活动中,他们转而运用抗议性投票,通过民主机制表达他们的要求,并拒绝采用其他的行动策略。东欧社会的极其克制的态度与非常高的民主意识为民主派改革政府提供了缓冲期和时间视野以推动艰难的改革政策"②。

## 三、政治转轨的条件与影响

中东欧国家在社会主义制度基础上、在进行从计划经济到市场经济的经济转轨、从联邦国家到新的主权国家的国家构建③、从追随苏联④到"回归欧洲"的外交转轨的同时推进政治转轨。

社会主义制度的实行一方面使原东欧国家没有制度化的政党、负责任的精英群体和发达的中产阶级,缺乏职业政治领袖、公民社会极为弱小,意识形态和道德出现真空,人们乐于从众、不会协商、对政治制度心怀冷漠和不信任⑤,"尤其是社会主义政权以前的合法性,通过诸如福利和社会安全等国家服务,会削弱对高度竞争性政体的支持,并提升对反民主选择的需求"⑥;另一

---

① 参见朱晓中:《转型九问——写在中东欧转型20年之际》,载《俄罗斯中亚东欧研究》,2009年第6期。
② [匈]贝拉·格雷什科维奇:《抗议与忍耐的政治经济分析》,张大军译,广西师范大学出版社2009年版,第214页。
③ 特指南斯拉夫联邦和捷克斯洛伐克联邦解体,一系列主权国家建立。
④ 其中的例外是南斯拉夫和阿尔巴尼亚,两国先后于20世纪40年代末和60年代脱离苏联阵营。罗马尼亚虽未脱离苏联阵营,但在相当大程度上特立独行,不与苏联步调一致。
⑤ 参见[匈]贝拉·格雷什科维奇:《抗议与忍耐的政治经济分析》,张大军译,广西师范大学出版社2009年版,第12—13页;苑洁主编:《后社会主义》,中央编译出版社2007年版,第48—51页;[美]詹姆斯·F.霍利菲尔德等主编:《通往民主之路——民主转型的政治经济学》,何志平等译,社会科学文献出版社2012年版,第235页。
⑥ 苑洁主编:《后社会主义》,中央编译出版社2007年版,第138页。

方面，原东欧社会主义国家"重视教育、技能、社会保护、充分就业、社会认知和社会团结及（至少在官方的宣传中）工作伦理"，留下了"相对受过良好教育和在很大程度上具有大量职业技能、经验和社会支持的城市人口，以及在很大程度上具有庞大的（虽然有时是破旧的）物质与社会基础设施的工业化经济"。"除此之外，在斯大林主义泛滥的势头减缓后（始于1953年斯大林去世），一些多元化程度有限的独立社会群体确实（重新）出现在欧洲大部分共产主义统治的国家——尤其是南斯拉夫、波兰和匈牙利"，这一切可用来抵消政治转轨遇到的困难。① 当然，原东欧社会主义国家不是"苏联主导下的单一整体"②，它们不是全都实行并固守苏联模式，它们与苏联的关系也不一样。因此，分析社会主义的过去对政治转轨的影响，不仅应看到其二重性，还应重视其多样性。

经济转轨对政治转轨的不利影响很容易被估计到。因为"从计划经济转向市场经济的激进式变革将不可避免地导致效率和福利的暂时性衰退。这种转型的另一个后果是大量人口陷入贫困，贫富差距将不断地加剧"③，当人们发现，"想象中的民主和福利资本主义与实际生活中的体验相差很远时，民主本身将陷入危险之中"④。然而，事实不像预想的那样严重。"尽管所有后社会主

---

① 参见［英］罗伯特·拜德勒克斯等：《东欧史》，韩炯等译，中国出版集团东方出版中心2013年版，第882页。
② ［美］霍华德·威亚尔达主编：《非西方发展理论——地区模式与全球趋势》，董正华等译，北京大学出版社2006年版，第115页。
③ ［丹］奥勒·诺格德：《经济制度与民主改革：原苏东国家的转型比较分析》，孙友晋等译，上海世纪出版集团2007年版，第214页。
④ 同上。有关经济转轨对政治转轨的不利影响的分析，还可参见［日］猪口孝等编：《变动中的民主》，林猛等译，吉林人民出版社1999年版，第9页、第154—155页；［匈］贝拉·格雷谢什科维奇：《抗议与忍耐的政治经济分析》，张大军译，广西师范大学出版社2009年版，第13—14页；［美］詹姆斯·F.霍利菲尔德等主编：《通往民主之路——民主转型的政治经济学》，何志平等译，社会科学文献出版社2012年版，第253—254页。

义国家出现了困境并付出了巨大的转型成本,任何转型国家都没有抛弃民主制度。"①之所以如此,一是因为民主体制和市场经济体制都没有充分实现,以致达成一种较低水平的均衡状态②;二是因为"人们对于政治体制合法性的承认,使得政治制度可以不受人们对新经济体制低效能的看法的影响,有重要的绝缘作用"③,并且"即使人们都意识到经济的衰退,仍有可能产生一种延期的、对将来的满足和信心,东中欧的事实为这点提供了有力的证明"④。从长远看,向市场经济转轨有助于社会形成多元化的利益结构和有固定阶级支持的能对国家政治生活产生重大影响的政党,促进多党制的完善。同时,"成功的市场转轨必将为公民社会创造出条件。一个由财富拥有者和小企业家组成的新兴中产阶级将会形成,而且将作为'股东'(stakeholders)要求并创造出一种稳定和安全的民主"⑤。这样,经济转轨便成为政治转轨的有利条件。

国家构建解决的是林茨和斯泰潘所说的"国家性"问题,即关于政治共同体的地理边界和谁在这个国家拥有公民权利的分歧。⑥ 正如他们认为的那样,"国家性问题不解决,就不可能有民主"⑦,"没有主权国家,不可能有可靠的民主制度"⑧,国家构建

---

① [波]格泽戈尔兹·W.科勒德克:《从休克到治疗:后社会主义转轨的政治经济》,刘晓勇等译,上海远东出版社2000年版,第296页。
② 参见[匈]贝拉·格雷什科维奇:《抗议与忍耐的政治经济分析》,张大军译,广西师范大学出版社2009年版,第31页、第214—215页、第218—219页。
③ [日]猪口孝等编:《变动中的民主》,林猛等译,吉林人民出版社1999年版,第235页。
④ 同上书,第236页。
⑤ 苑洁主编:《后社会主义》,中央编译出版社2007年版,第219页。
⑥ 参见[美]胡安·J.林茨等:《民主转型与巩固的问题:南欧、北美和后共产主义欧洲》,孙龙等译,浙江人民出版社2008年版,第16页。
⑦ 同上。
⑧ 同上书,第20页。

是政治转轨顺利进行的前提条件。绝大多数中东欧国家内部民族矛盾错综复杂,"国家性"问题尤为突出。在南斯拉夫联邦,南斯拉夫共产主义者联盟裂变、各共和国的共产主义者联盟易帜和在某些共和国下台与联邦解体、各共和国独立进程交织在一起,在某种意义上甚至可以说,"国家性"问题的尖锐化开启了政治转轨进程。在捷克斯洛伐克联邦,"国家性"问题随政治转轨的展开凸显出来,捷克族和斯洛伐克族分道扬镳,建立捷克共和国和斯洛伐克共和国两个独立国家。捷克和斯洛伐克的国家构建和平进行,花费时间不长,对政治转轨影响不大。前南斯拉夫地区各国的国家构建则引发了战争,大都耗费了较长的时间[1],延缓了多数国家的政治转轨进程。

外交转轨对政治转轨的促进作用十分显著。中东欧国家选择"回归欧洲",谋求加入北约和欧盟,是因为对它们来说,北约和欧盟不仅是能够保证"欧洲安全和经济一体化"的"有效组织",而且是"自由民主价值的具体体现",这些组织的成员资格不仅是巩固国家安全和推进一体化的需要,而且是争取和维护国内民主制度的必不可少的条件[2]。的确,中东欧国家"回归欧洲"的迫切愿望使得北约和欧盟提出的"加入"标准对政治转轨具有明显的导向和驱动作用。正像《全球化时代的欧洲政治》一书所述:"西方尤其是北约和欧盟有几乎不可抗拒的吸引力。所有的东欧国家都非常渴望成为这两个组织的成员……这两个组织都对其成员制定了严格的民主标准。……这些国家将受到要求遵循成

---

[1] 2006年,塞尔维亚共和国和黑山共和国才完成国家构建,成为独立国家。时至今日,科索沃地位问题仍未解决,波黑仍处在国际社会的监管之下,还不能算作真正意义上的主权国家。

[2] 参见 Regina Cowen Karp (ed.), *Central and Eastern Europe: The Challenge of Transition*, Oxford: Oxford University Press Inc., 1993, p.7。

员标准的强大压力，这保证了民主的有效运作。"①不过，中东欧国家加入北约和欧盟后，北约和欧盟不能再以"加入"标准继续引导和驱动它们的政治转轨进程，政治转轨出现了某些失范的迹象，比如上文提到的新民粹主义政党兴起和匈牙利采取有违民主制度的某些做法等。但应该看到，"欧盟成员国身份将使新成员国约束在一个要求自由资本主义、法治、（国家层面和次国家层面）自由主义民主的制度体系之中"②，中东欧国家的政治转轨似乎还不至于因外部驱动力量的减小而逆转。

中东欧国家的政治转轨对其自身、欧洲乃至世界都有重大影响。在中东欧国家内部，经济转轨、国家构建和外交转轨既为政治转轨提供了条件，也受到政治转轨的影响。首先，政治转轨对经济转轨的影响具有二重性。一方面，"与政治上的转轨相联系的混乱状况严重地妨碍了贯彻旨在发展经济的相应政策"③；另一方面，民主制度使市场经济具有正当性④，能够纠正经济政策上的错误，产生明智的政策和良好的商业环境，帮助和促进经济增长⑤，还能为吸纳和消化经济转轨的负面影响提供较多的回旋余

---

① [美]霍华德·威亚尔达主编：《全球化时代的欧洲政治》，陈玉刚等译，北京大学出版社2010年版，第373页。
② [英]罗伯特·拜德勒克斯等：《东欧史》，韩炯等译，中国出版集团东方出版中心2013年版，第987页。
③ [波]格·科沃德科：《全球化与后社会主义国家大预测》，郭增麟译，世界知识出版社2003年版，第92页。
④ 参见[美]胡安·J.林茨等：《民主转型与巩固的问题：南欧、北美和后共产主义欧洲》，孙龙等译，浙江人民出版社2008年版，第459页。
⑤ 参见[波]格·科沃德科：《全球化与后社会主义国家大预测》，郭增麟译，世界知识出版社2003年版，第92页；[波]格泽戈尔兹·W.科勒德克：《从休克到治疗：后社会主义转轨的政治经济》，刘晓勇等译，上海远东出版社2000年版，第280—283页。

地，起到"安全阀"的作用①。其次，"民主制度的最初创立恰恰有助于种族冲突的爆发"②，从而把国家构建问题提上日程。捷克和斯洛伐克的国家构建便是这样，"当拥有了自由选举的权利时，捷克族和斯洛伐克族归在了民族主义和社会议程互不兼容的政党旗下"③，两大政党经过谈判，决定和平分手，捷克和斯洛伐克成为两个独立国家。再次，"转型既是加入欧盟的前提，同时也强化了加入欧盟的进程"④。这一论断在某种程度上也适用于转轨与加入北约之间的关系。波兰、匈牙利、捷克等国早于其他中东欧国家加入北约和欧盟，其政治转轨进展顺利、政治制度与西欧国家的趋同度高是一个主要原因。总体来看，政治转轨、经济转轨、国家构建和外交转轨从根本上改变了中东欧国家的内政外交取向，影响着它们在国际经济和政治体系中的地位。⑤

对欧洲来说，中东欧国家的政治转轨"重新点燃"了"构建一个'统一的欧洲'的希望"⑥，2004年和2007年欧盟的两轮东扩使欧洲在统一道路上迈出了一大步。由此引出的问题是，欧盟东扩及为适应东扩而进行的机构改革、欧盟的中东欧成员国对欧盟决策的参与和影响在何种程度上改变了欧盟的面貌？欧盟的边

---

① 参见［美］胡安·J.林茨等：《民主转型与巩固的问题：南欧、北美和后共产主义欧洲》，孙龙等译，浙江人民出版社2008年版，第84页；［匈］贝拉·格雷什科维奇：《抗议与忍耐的政治经济分析》，张大军译，广西师范大学出版社2009年版，第214页。

② ［日］猪口孝等编：《变动中的民主》，林猛等译，吉林人民出版社1999年版，第196页。

③ James G. Kellas, *The Politics of Nationalism and Ethnicity*, New York: St. Matin's Press, 1998, p. 147.

④ ［英］罗伯特·拜德勒克斯等：《东欧史》，韩炯等译，中国出版集团东方出版中心2013年版，第923页。

⑤ 参见李静杰总主编：《十年巨变》（东欧卷），中共党史出版社2004年版，第324—333页。尽管时间推移，该书的论述仍基本符合当前的情况。

⑥ ［英］罗伯特·拜德勒克斯等：《东欧史》，韩炯等译，中国出版集团东方出版中心2013年版，第885页。

界在哪里？换句话说，"欧盟究竟将发展成什么也还没有确定的答案"①。

对世界来说，随着中东欧国家开始政治转轨，华沙条约组织和经济互助委员会解散，苏联解体，东西方间尖锐的意识形态对立和紧张关系趋于缓和，第二次世界大战后出现的苏联领导的社会主义阵营和美国领导的资本主义阵营间的"冷战"局面和两极对峙格局被彻底打破。这是转轨带给世界的最为确实的影响。至于根据"民主和平论"断定中东欧国家政治转轨将给世界带来和平②，以及根据中东欧国家政治转轨及其影响下一些国家的变化，认为"自由民主制度也许是'人类意识形态发展的终点'和'人类最后一种统治形式'，并因此构成'历史的终结'"③，则不仅值得商榷，更有待历史的检验和评判。

## 第三节　中东欧转型研究中值得关注的几个问题

"冷战"期间被称为"东欧"的八个社会主义国家（匈牙利、波兰、罗马尼亚、保加利亚、阿尔巴尼亚、民主德国、捷克斯洛伐克和南斯拉夫联邦），在"冷战"结束以后在政治学中被

---

① ［美］霍华德·威亚尔达主编：《全球化时代的欧洲政治》，陈玉刚等译，北京大学出版社2010年版，第419页。
② 参见［美］霍华德·威亚尔达主编：《全球化时代的欧洲政治》，陈玉刚等译，北京大学出版社2010年版，第349页；［美］詹姆斯·F.霍利菲尔德等主编：《通往民主之路——民主转型的政治经济学》，何志平等译，社会科学文献出版社2012年版，第275页；［日］猪口孝等编：《变动中的民主》，林猛等译，吉林人民出版社1999年版，第193—195页；［美］查尔斯·蒂利：《欧洲的抗争与民主（1650—2000）》，陈周旺等译，上海格致出版社、上海人民出版社2008年版，第9—10页。
③ ［美］弗朗西斯·福山：《历史的终结及最后之人》，黄胜强等译，中国社会科学出版社2003年版，代序第1页。

称为"中东欧"。1989—1990年这些国家的社会主义制度终结,进入波澜壮阔的大转型时期。中东欧的转型是全方位的,涉及政治民主化、经济市场化以及对外关系欧洲化诸方面,其转型的深度、广度和速度在人类社会史上实属罕见。[①]

转型20多年来,中东欧国家已在各个领域完成阶段性的转型,多党议会民主制框架和市场经济体系已经建立并运行,"回归欧洲"的目标也在努力践行中,转型表现出趋同性;但是,由于各国社会经济发展水平不一,只有部分国家加入了欧盟北约,转型呈现出多样性和差异性。同时,由于转型战略及政策选择不同,中东欧国家转型衍生出了新的问题。有人认为,中东欧国家"大喜大悲的时代已经过去"[②],有的学者则强调说,"转型的使命尚未终结"[③]。

1989年以后的20多年来,国内学者对中东欧转型进行了诸多探讨,总体性研究主要体现为阶段性回顾、总结、思考[④],回顾东欧剧变与转型原因,总结转型的特点、变化趋势、经验教训,思考转型中出现的问题及对发展趋势进行前瞻,等等。除发表大量论文外,还出版了研究专著[⑤]。可喜的是,近年出现了资

---

[①] 孔田平:《尚未终结的革命——中东欧转型20年》,载《南风窗》,2010年第12期。

[②] 江燕:《对东欧国家剧变后十五年来发展状况的研究综述》,载《理论与改革》,2004年第6期。

[③] 孔田平:《尚未终结的革命——中东欧转型20年》,载《南风窗》,2010年第12期。

[④] 王一诺:《近年来国内有关中东欧研究的状况》,载《俄罗斯中亚东欧研究》,2011年第3期。

[⑤] 主要有:赵乃斌、朱晓中主编:《东欧经济大转轨》,中国经济出版社1995年版;薛均度、朱晓中主编:《转型中的中东欧》,人民出版社2002年版;孔田平:《东欧:经济改革之路》,广东人民出版社2003年版;高歌:《东欧国家的政治转轨》,世界知识出版社2003年版;李静杰主编:《十年巨变》(东欧卷),中共党史出版社2004年版;等等。

深专家对波兰、南斯拉夫、保加利亚等中东欧国家历史与转型进行综合研究的通史性力作。① 国内对中东欧转型可谓研究成果丰硕，但是也存在一些局限性：由于研究队伍在掌握资料、语言方面的限制，更多是用英语进行宏观研究，运用对象国解密历史档案、多领域文献资料进行个案实证研究不够；由于学者大多单独运作，研究成果只涉及经济、政治、民族、社会等单个领域或单一国家，故系统、全面梳理中东欧各国转型历史与现实各个领域发展的成果尚不够丰富；又由于诸多条件的制约，鲜见国际合作研究及其成果。此外，由于国情不同以及对是否处于转型旋涡中的感受迥异，中国学者与中东欧学者在诸多重要问题上研究的视角和观点亦有诸多不同。鉴于此，笔者认为至少有如下六个问题有待中外学者进行更加深入的研究探讨。

## 一、东欧剧变的原因

中外学者在研究视角和观点上既有相同的地方，也有明显不同。近年中东欧国家学者根据解密档案提出了一些新的观点，值得我们研究借鉴。

对于东欧国家剧变的原因，中国学者进行了较充分的研究，认为斯大林把苏联模式强加于东欧各国以及对东欧各国的控制和干涉是东欧剧变的历史根源。② 中东欧学者大体认同这一观点，

---

① 参见马细谱：《南斯拉夫兴亡》，社会科学文献出版社2010年版；马细谱：《保加利亚史》，中国社会科学出版社2011年版；刘祖熙：《波兰通史》，商务印书馆2006年版；等等。

② 可参见阚思静、刘邦义主编：《东欧演变的历史思考》，当代世界出版社1997年版；马细谱：《对中东欧社会主义的几点思考》，载《当代世界与社会主义》，1998年第4期；周尊南：《成也苏联，败也苏联——东欧剧变的历史思考》，载《外交学院学报》，2000年第3期。

如捷克科学院当代史研究所所长图马（Oldrich Tuma）强调，"1945 年捷克人民信任苏联，但是 1968 年苏军入侵，以强力维持斯大林体制延续，导致人们对苏联的看法、捷苏关系彻底改变了——苏联从朋友变成了敌人"①。但是，在苏联对东欧国家控制程度的问题上，中东欧学者根据对大量解密历史档案的研究，提出了一些新的看法。以往认为，匈牙利 1956 年事件以后，苏联对匈牙利实施政治控制。而匈牙利国会所属政治历史研究所近年编辑出版了关于卡达尔的档案文献集，他们根据解密档案对诸多匈牙利重大事件决策过程的研究表明，无论 1956 年事件处决纳吉的决定，还是其他许多重大事件，都是匈牙利工人党独立做出的，苏联对匈牙利的控制程度并没有像以前所说的那样大。②

中国与东欧学者普遍强调生活水平下降，群众社会主义信念动摇是剧变的主要原因。③ 但是，中东欧国家学者根据自身感受，格外强调放宽出国旅游限制后人们感受到东西方生活水平的差距效应对社会主义信念产生的重要影响。图马分析捷克斯洛伐克剧变的原因时说："捷克斯洛伐克在 1945 年时，社会经济领域与其他欧洲国家，如德国、奥地利等水平相当。1948 年人们因相信新政府可以带来经济发展，提高人们生活水平而支持共产党。但是20 年之后，当第一次放松了出国旅行的限制，人们能够去德国和

---

① 《中国社会科学院世界历史研究所俄东室与捷克科学院当代历史研究所所长 Oldrich Tuma 座谈》，http://iwh.cass.cn/news/693486.htm。
② 黄立茀、刘凡：《1989 年匈牙利社会转型是未完成的革命、伪革命吗？》，载《俄罗斯研究信息》，2011 年第 6 期。
③ 马细谱主编：《战后东欧——改革与危机》，中国劳动出版社 1991 年版；刘祖熙主编：《东欧剧变的根源与教训》，东方出版社 1995 年版；阚思静、刘邦义主编：《东欧演变的历史思考》，当代世界出版社 1997 年版；马细谱：《巴尔干纷争》，北京大学出版社 1999 年版；姜琦、张月明：《悲剧悄悄来临：东欧政治大地震的征兆》，华东师范大学出版社 2001 年版；杨华：《东欧剧变纪实》，世界知识出版社 1990 年版；等等。

奥地利时，看到捷克斯洛伐克所没有的百货商场、高速公路……为在同一个时期内西方发生如此大的变化，而震惊了！""由于无法满足人们提高生活水平的期待，经济发展又大大落后于西方，1968 年以后，政权甚至失去了那些相对高层的、经济管理者等这样一些人的支持"。①

关于剧变的外部原因，中国学者与中东欧学者的视角和观点也不尽相同。中国学者强调，西方的和平演变战略是促使东欧剧变的重要原因②，匈牙利中欧大学欧盟扩展研究中心研究员迪亚克·安德拉斯（Deak Andlas）、匈牙利左翼学者国立罗兰大学俄罗斯学中心主任斯瓦克·杜拉（Szvak Gyula）等人则明确地说：匈牙利是小国，像戈尔巴乔夫撤军、社会主义阵营瓦解等外部因素对匈牙利剧变的影响具有决定性意义。如果没有这些变动，现在匈牙利可能还在继续社会主义制度。③

匈牙利政治学研究所研究员密特洛维奇·米克洛什（Mitrovits Miklos）等人赞同匈牙利是小国、外部因素具有决定性影响的观点。但是他们强调的外部因素不是西方的和平演变战略和戈尔巴乔夫撤军，而是苏联的经济援助减少了。他们认为，东欧不是剧变，而是转型，这一转型的过程从 20 世纪 70 年代中期以后就已经开始："1970 年代中期以后苏联柯西金的改革被中止，苏联同时干涉匈牙利的市场经济改革，引起匈牙利经济机制混乱，经济发展速度下降。当时由于世界石油危机苏联援助减少，匈牙利

---

① 《中国社会科学院世界历史研究所俄东室与捷克科学院当代历史研究所所长 Oldrich Tuma 座谈》，http://iwh.cass.cn/news/693486.htm。
② 可参见王仲良、商金海编著：《历史剧变——社会主义的挫折及其教训》，山东人民出版社 1993 年版。
③ 黄立茀：《匈牙利科学者谈匈牙利剧变原因和对剧变 20 年的评价》，载《俄罗斯研究信息》，2010 年第 5 期。

工人党为了维持人们的生活水平不得不转向西欧，向国际货币基金组织借了大量外债，导致对西方资金的依赖。这一转变，使80年代匈牙利有影响力的社会阶层和领导阶层接受了这个思想，不仅要与苏联，而且要与西欧国家发展经济联系。"所以，"匈牙利被迫转向西欧大举外债，已开始融入西方的进程。1989年以后的转型只是继续和加快了这一进程。"①

东欧剧变是极为复杂的原因导致的结果，上述各种观点无疑都有道理。但是，东欧社会主义模式被迫苏化、人民生活水平下降和社会主义信仰动摇、东欧社会主义晚期对西方经济依赖、戈尔巴乔夫撤军、西方和平演变等诸种因素在东欧剧变过程中各有何种程度的影响？这需要进一步挖掘和利用中东欧国家解密历史档案，对重大事件进行实证研究，进行更加客观、科学的探讨。

## 二、东欧剧变及其后的转型有几种类型

中国学者一般认为，东欧剧变有三种类型：第一种，由于执政党领导层分裂，党被削弱丧权说（如匈牙利、南斯拉夫）；第二种，执政党退让，反对派进攻夺权说，这一类型首推波兰；第三种，执政党领袖思想僵化致使群众不满、军队倒戈、政权更迭说，罗马尼亚是典型案例。有的学者根据导火索因素划分转型类型，他们认为，在民族矛盾比较严重的国度，如保加利亚、罗马尼亚、南斯拉夫，民族冲突成为向西方式多党议会民主制转轨的导火索。②

---

① 黄立茀：《匈牙利科学者谈匈牙利剧变原因和对剧变20年的评价》，载《俄罗斯研究信息》，2010年第5期。
② 高歌：《中东欧国家的民族冲突、民主转轨与政治稳定》，载《世界民族》，2011年第4期。

关于转型的类型，有的学者提出两重（民主化、市场化，如波兰、匈牙利）、三重（民主化、市场化、国家性，如罗马尼亚）、四重（民主化、市场化、民族认同和建立国家，如南斯拉夫联邦和捷克斯洛伐克联邦）①；也有学者从经济、文明、国际及民族主义因素的"组合效应"出发，把该地区的政治转轨总结为以波兰为代表的平稳演进型和除斯洛文尼亚外前南斯拉夫地区的冲突裂变型两种模式。②

东欧国家剧变和转型为何出现这样的差别？有学者提出：中欧国家与巴尔干国家政治、经济、文化、宗教、民族等方面迥异的历史遗产，对各国转型道路和转型类型产生了深刻的影响。他们认为，在20世纪初，中欧的波、匈、捷等国在政治方面有数百年议会民主制度的传统；在经济方面是工业国家（捷克），或是资本主义中等发展水平的农业工业国（波兰、匈牙利）；在宗教与文化方面，崇尚个人价值的天主教在三国占统治地位；这些历史条件影响该三国剧变类型，都是和平政权更迭。③ 1989—1990年剧变以后，政治转型平稳，经济方面，2004年该三国已经加入欧盟，经济发展比较快。而在南、保、阿、罗等巴尔干国家，19世纪中期后，在政治方面，这些国家多数情况下实行君主拥有绝对权力的立宪君主制；在经济方面资本主义发展薄弱，是农业国或落后农业国；在宗教文化方面，南、保、罗以崇尚集体价值的东正教为主。历史遗产不同，使巴尔干国家转型道路呈现出与中

---

① 朱晓中：《转型九问——写在中东欧转型20年之际》，载《俄罗斯中亚东欧研究》，2009年第6期。

② 徐刚：《"中东欧转轨二十年：经验与教训"学术研讨会综述》，载《国际政治研究》（季刊），2010年第4期，第177页。

③ 黄立茀、马细谱等：《世界历史·社会主义国家政治制度》，江西人民出版社2012年版，第1—6页。

欧国家不同的类型：巴尔干四国，除保加利亚、罗马尼亚2007年加入欧盟，政治转型较为平稳以外，前南斯拉夫在转型过程中出现持续动乱、四分五裂；罗马尼亚以血腥的方式实现政权更迭；阿尔巴尼亚1997年初因"金字塔集资案"引发了全国性的社会动荡和政治危机。有的学者在对比了中欧与巴尔干国家的转型后提出，从转型的绩效来看，中欧（波兰、匈牙利、捷克）跟东南欧的差距在逐渐拉大，出现北快南慢、北好南差的现象。①

但是，历史遗产真的能够对中东欧国家转型产生如此关键的制约吗？回答这个问题有待对历史遗产如何影响转型进行更为深入的分析与论证。

## 三、如何评价外部条件——欧盟对转型的影响

中东欧国家转型最显著的特点，就是欧盟这个外部条件对其转型进程产生了重要的影响。对这种影响应该如何评价？

有的学者认为，欧盟促进了中东欧国家转型，规范了其转型的方向与速度。1993年6月，欧共体哥本哈根首脑会议向申请入盟的中东欧国家提出了四项入盟标准：多元化的民主国家；市场经济；赞同欧盟的经济、货币和政治联盟的目标；承担欧盟成员国的义务等。这四项入盟标准明确了中东欧国家的转型方向。自1997年起，欧盟每年对中东欧国家的转型进程进行评估，督促它们对弱项限时整改，这在相当大程度上又决定了中东欧国家的转型速度。显然，它们强调欧盟对中东欧转型影响的评价是正面的。

---

① 马细谱：《十年来中东欧国家政治经济走向及其特点》，载《国际论坛》，1999年第2期。

但是，近几年新入盟国家中欧洲怀疑主义的出现，促使重新思考和评价外部条件（欧盟）对中东欧国家转型的影响。所谓欧洲怀疑主义，即在思想和社会情绪乃至具体行动上对欧盟不满，对欧盟制定的转型标准质疑，实践中对欧盟转型标准持一定程度的漠视或摈弃态度。

这首先表现在加入欧盟的中东欧新成员国中认同欧洲怀疑主义或带有欧洲怀疑主义倾向的政党的力量和影响明显增强，它们在欧洲议会选举和本国议会选举中都取得过不错的成绩。

其次，还体现在这些国家执政党对欧盟确定的多元化民主政治转型标准持一定程度的漠视和摈弃态度。例如，匈牙利持欧洲怀疑主义立场的青民盟政党上台后，利用在议会的多数，强制进行违背民主原则的修宪，通过有违民主原则的新闻法，而且在许多大学研究机构中撤换了批评青民盟的领导，同时，在媒体中不允许抨击青民盟的言论发表①。

再次，还反映在民众对欧盟确定的转型标准的怀疑和自由主义知识分子批判性的反思上。匈牙利科学院历史研究所副所长阿提拉·波克（Attila Pók）指出，2008年匈牙利对1500人进行了社会调查，其中有一道题是："你是否认为议会制民主的效率不如集权制度？""结果90%的人同意集权制度更有效率。这个调查

---

① 2011年4月25日匈牙利施米特总统签署了名为"基本法"的新宪法，新宪法将于2012年1月1日起正式生效。青民盟政府以自己的价值观改造宪法，至少在三个方面违背了民主原则：

第一，新宪法中特别强调基督教的价值观，将其作为匈牙利历史和文明的基础，这对那些并非认同基督教价值观的族群是不公平的；第二，新宪法扩大了政府和总理的权力，损害了以"三权分立"为原则的民主制度的基础；第三，新宪法的制定程序不民主，新宪法文本的草拟没有反对党的参与，完全由执政党青民盟一党独立完成。黄立茀：《匈牙利科学者谈匈牙利剧变原因和对剧变20年的评价》，载《俄罗斯研究信息》，2010年第3期。

使人们得出结论，人们愿意为获得稳定付出取消政治多元化的代价。因此，近年自由主义的影响在减弱，自由主义的知识分子在反思，我们错在哪里？他们认为，自己对匈牙利转型以后出现的问题，对老百姓现在的不满应担当责任。"①

缘何出现疑欧主义？有的学者认为，欧盟的中东欧新成员国入盟以后，欧盟制约的减少使这些国家有了表达对欧盟不同态度的空间，对政府在入盟谈判中让步过多、没有很好地维护本国利益的不满情绪上升，以及入盟后与欧盟分享主权的需要更让刚刚摆脱苏联控制、获得完整国家主权的中东欧新成员国产生反感心理，使疑欧主义应运而生，并在精英、政党乃至整个社会中蔓延。

但是，如果从历史角度看，欧洲怀疑主义似乎存在更深层次的原因。20世纪初至"二战"以前及20世纪末，中东欧国家在民主政治基础不充分的条件下实行多党制，均产生了政府频繁更迭或政府不稳固的现象。20世纪初至"二战"前，东欧国家是落后的农业—工业国，或农业国，没有强大的资产阶级，没有一个强大的资产阶级—地主政党，没有经过启蒙运动，不具备西欧资本主义国家政治多元化的社会基础——发达的经济和文化，以及相对完善的政治制度和法律，东欧的多党制是不成熟的。② 因此，政府频繁更迭，从1918年至1941年的短短23年里，南斯拉夫王国共更换了39届政府。最短命的政府只存在一周。1918年6月到1944年9月，保加利亚王国政府共更替了27次。波兰从1918

---

① 黄立茀：《俄东史室与匈牙利学者座谈》，2012年10月29日，http://iwh.cass.cn/news/589142.htm。

② "二战"以前，波兰、捷克是资产阶级共和国，阿、保、南、罗、匈等是君主立宪制国家。

年 11 月国家重建到 1939 年 9 月的 21 年时间里，共改组了 27 届政府。[①] 1989 年以后，中东欧国家虽然在历史瞬间涌现众多政党，一步走向多党议会制，但是众多政党却不可能一夜之间成熟，于是再次出现政府频繁易手：转型以后近 20 年保加利亚更换了 14 届政府、7 届议会；其他中东欧国家议会选举和总统选举均要举行至少两轮选举，赢者以微弱多数胜出，很少有一届政府或总统获得连任。[②] 20 世纪初和 20 世纪末，政府经常易位或政府短命的结果是，经济政策缺乏连续性，经济发展缓慢。相比之下，"二战"胜利后共产党掌权，建立起中央集权制度，稳定了政局，提高了决策效率和国家政策的连续性。因此，20 世纪 50—70 年代东欧一度经济发展迅速，社会相对稳定。两种政治体制对经济发展的影响相比较，是否能够说明政治适度集中权力，更符合中东欧国家经济和民主发展的现实基础？以这样的视角考察问题，匈牙利青民盟政府在一定程度上向集权回归是否说明，这是不十分成熟的民主基础在拽回过快的民主脚步？而在中东欧新入盟国家出现的欧洲怀疑主义和民粹主义，是否其本身就含有对由欧盟规制和调控中东欧国家转型的否定？

换言之，欧盟的规制和调控尽管促进了中东欧转型，但是多个国家按照一种制度模式批量化转型，是否引发了制度水土不服、消化不良这种现象？这些问题值得追溯历史，跟踪实践变化，进行更深入和多角度的探讨。

---

[①] 参见黄立茀、马细谱等：《世界历史·社会主义国家政治制度》，江西人民出版社 2012 年版，第 180 页。

[②] 马细谱：《保加利亚转型 20 多年来有何变化?》，见陆南泉等主编：《苏东剧变之后对 119 国问题的思考》（下册），新华出版社 2012 年版，第 1490 页。

## 四、中东欧转型是否已完成

中国学者普遍认为,中东欧国家的转型是全方位的体制变革,目前已在各领域完成的仅是阶段性的转型,而因转型所产生的新的问题不容忽视,转型尚未结束。①

关于经济转轨是否已经完成,有的学者认为,"中东欧经济转轨的任务……已告完成。但是,这并不意味着转轨的终结,转轨中尤其国际金融危机的冲击使得中东欧国家对经济增长模式作适应性调整显得更加必要"。有的学者则认为,"中东欧国家转轨在取得巨大经济成就的同时,也面临着经济增长模式的困境,金融危机迫使其必须寻找新的经济增长模式以适应新的国际经济环境。从这个角度看,经济转轨仍有漫长的路要走"②。

关于政治转轨,国内学者普遍认为,尽管剧变后中东欧国家均实行了以民主化为目标的政治转型,但这不是转型的终结,各国仍然需要探索符合本国历史条件的民主制度。不能照搬西方,为民主而民主,而要看是否对老百姓有利。例如,有的研究人员认为,"政治转轨研究的价值在于充分认识民主的普遍性与特殊性,中东欧国家的民主化并不等于简单的西化,需要结合国情而不能简单地移植"。他们还认为,"为了民主而民主是根本行不通的。一方面要看推行民主后对老百姓是否有利,另一方面社会利益的多元化要求民主表现形式的多元化。民主是一个'自然的历史过程',慢不得也急不得,中东欧国家的政治民主化进程不能

---

① 王一诺:《近年来国内有关中东欧研究的状况》,载《俄罗斯中亚东欧研究》,2011年第3期。
② 徐刚:《"中东欧转轨二十年:经验与教训"学术研讨会综述》,载《国际政治研究》(季刊),2010年第4期。

违背这个规律"①。

关于经济、政治转型是否完成，西方与中东欧国家学者有着不同的研究视角和观点。中东欧有的学者认为，经济、政治转轨完成的重要标志，是加入欧盟。例如，保加利亚第一任总统热柳·热列夫（Zhelyu-Zhelev）说，加入欧盟可以视为从共产主义向民主和市场经济过渡已经完成，尽管经济中还有很多需要改进的地方。②但是，也有学者认为转型尚未结束，如美国学者詹姆斯·马克（James Mark）认为，由于前共产党在经济部门仍有较强的影响，中东欧的革命尚未完成。③匈牙利经济学家拉什罗·乔鲍（La Shiluo Csaba）的观点颇具代表性，在转轨20年之际他提出：如何衡量转型的成功？转轨是否已结束？首先需要讨论转型完成的标准。④

尽管国内外多数学者认为转轨尚未结束，但是强调的侧面不尽相同：国外学者更强调首先要讨论转型完成的标准，之后再讨论转型是否完成；而国内学者将完成转型的基本任务与完成转型相区分，更重视从实践层面考察，将本国历史条件、国情、人民的利益、在应对挑战中作出的有效调整等作为判断的标准。那么在这里，是否应该用统一的标准判断转轨？如果有，它又应该包括哪些内容？这些问题确实需要认真的分析和讨论。

---

① 徐刚：《"中东欧转轨二十年：经验与教训"学术研讨会综述》，载《国际政治研究》（季刊），2010年第4期。
② 孔田平：《国际金融危机背景下对中东欧经济转轨问题的再思考》，载《国际政治研究》（季刊），2010年第4期。
③ 黄立茀、刘凡：《1989年匈牙利社会转型是未完成的革命伪革命吗？》，载《俄罗斯研究信息》，2011年第6期。
④ 孔田平：《东欧经济转轨：进展、问题、经验与趋势》，载《东欧中亚研究》，1997年第1期。

## 五、激进改革与渐进改革孰优孰劣

从20世纪80年代末以来,原来实行高度集中计划经济体制的国家采取了不同的转轨方式向市场经济体制转轨:苏联、波兰等东欧国家以政治剧变为背景,向市场经济转轨,采用了"激进式"转轨方式。其核心内容是实行宏观经济紧缩政策,一次性全面放开物价,在经济各个领域快速实行自由化、私有化,力图在短时间内完成由计划经济向市场经济的转变。但是中国走了另外的渐进改革的道路,即保持在共产党领导下,以国有经济为主,非公有多种经济成分共同发展,渐进向市场经济转型。

然而,激进式转轨没有达到预定的目标。1992年至1998年,俄罗斯GDP总值下降50%,而且带来了政治、社会动荡等严重问题。实行渐进改革的中国在20年的改革过程中,在相对稳定的环境下保持了持续的高增长率,从1979年到1997年,国内生产总值年均增长9.8%。波兰走的是典型的激进改革道路,工业生产在1990年、1991年两年间下降了38%,出现了高达2000%的恶性通货膨胀,使激进改革备受抨击。而匈牙利走上了渐进改革道路,由于经济增长,一时成为改革的明星。

两种转轨道路引发的转轨效果的巨大差异,吸引了一大批学者对渐进转轨和激进转轨进行广泛的探讨。其中引起较大争论的话题是,激进改革与渐进改革孰优孰劣?对这一问题的回答,国际学术界和国内经济学界都有支持渐进改革和支持激进改革的派别。由于中国和俄罗斯改革显而易见的效果差异,在这场争论中支持渐进改革的一派占绝对优势。[1]

---

[1] 曲振涛、刘文革:《"宪政转轨论"评析》,载《经济研究》,2002年第7期。

但是，进入新世纪后，两种转轨道路的效果出现新的变化。1999年下半年以来，俄罗斯经济形势出现转机，而且2000年经济增长居世界第一，GDP增幅达8.3%。与此同时，中国经济改革进入攻坚的中期阶段。在这一关键阶段，渐进改革积累的矛盾日趋严峻。① 在中东欧，2008年世界性金融危机以后，昔日备受抨击的激进改革的典型波兰经济逆势增长，成为"中欧之虎"。2009年波兰在整个欧洲经济下滑的大环境下，经济一枝独秀，成为欧盟地区GDP唯一正增长的国家——达1.7%。2009年波兰名义GDP总值为4270亿美元，排名欧盟第6位，其人均GDP为11288美元，按照购买力平价计算的人均GDP为18072美元。根据世界经合组织分析家们观察的结果，波兰经济在1992—2002年的10年中按购买力平价计算的人均GDP增长达216%。波兰经济为什么能够逆势而上？按照国际货币基金组织负责人的说法，这一成绩完全归功于其得当的经济政策。②

而采用渐进改革方式的往日改革明星匈牙利却自2006年以来危机不断，陷入严重的社会不稳和经济困境，2008年第二季度，国家和企业的外债达到了899亿欧元，约相当于国内生产总值的93.8%，不得不接受国际货币基金组织的救助。在转型竞赛中的这一形势逆转，似乎颠覆了以往关于渐进改革优于激进改革的结论。③

正是在这种背景下，支持激进改革的萨克斯（J. Sachs）等人又活跃起来，提出了新的为激进改革辩护、抨击渐进改革的理

---

① 曲振涛、刘文革：《"宪政转轨论"评析》，载《经济研究》，2002年第7期。
② 马细谱：《波兰——欧盟经济增长最快的国家》，见中共中央党校国际战略研究所编：《2012年的世界回顾与展望》，新华出版社2013年版，第124—134页。
③ 同上。

论，即提出了"宪政转轨"论。他试图从根本上论证激进改革优于渐进改革，并极力主张中国应当重新选择改革道路。这在经济学界引发了另一场讨论激进改革与渐进改革的高潮。①

那么，激进改革与渐进改革道路孰优孰劣？原来实行高度集中计划经济体制的国家向市场经济转轨走哪种道路更合适？真的要"宪政转轨"吗？这些问题需要根据两种转轨道路不断发展变化的实践，进行科学的判断和选择。

## 六、对中东欧转型的评价及未来发展趋势

从1989—1990年中东欧转型至今已经25年，中东欧国家在普遍经历了科尔奈所称的"转型性衰退"之后，从2000年至2008年，走上了经济持续增长之路；从实际GDP看，到2007年中东欧国家已经超过了1989年的水平。加入欧盟后的国家，经济增速加快，大大高于欧盟平均水平。如今在中东欧，主要的经济决策是由成千上万的企业自主做出的，长期被压抑的企业家精神已经复苏。②

但是，中东欧国家也为转型付出了巨大代价：金融危机之后，中东欧国家经济遭受严重冲击，除欧洲怀疑主义盛行以外，普遍出现人们对政治不感兴趣。在加入了欧盟的捷克、匈牙利、波兰、罗马尼亚等国，对议会和政党的信任度都低于20%。经济方面，中东欧国家的基尼系数在0.27—0.37之间，高出转轨之前1/3以上；2007年，几乎在各国均出现了占总人口比率10%—19%的接受补助脱困后又返贫的人口；社会方面，出现人口下

---

① 曲振涛、刘文革：《"宪政转轨论"评析》，载《经济研究》，2002年第7期。
② 孔田平：《尚未终结的革命——中东欧转型20年》，载《南风窗》，2010年第12期。

降、老龄化、预期寿命小于西欧国家；在社会价值观方面，昔日积极、创新是模范人物的标准被完全颠覆；随着知识精英处于弱势甚至消失，年轻一代对接受教育不再有兴趣，文盲开始增加。此外，多党制并未解决腐败问题，对于多数中东欧国家左翼政党来说，腐败已成为其执政地位的巨大威胁。①

尽管中东欧转型以后出现了许多不尽如人意的消极后果，但是多数老百姓对转型的大方向并未否定。与笔者交往的学者大多认为，"转型的方向没有错，只是道路怎么走还要摸索"，"未来的路不迷茫，那就是建设像西欧那样富裕民主的国家"。在中东欧开展的民意调查和中国学者对中东欧转型方向问题研究的结果，也都肯定了这一点——中东欧多数人无意回到过去。

至于转型今后向何处去，回答并不那么简单。有的学者认为，在经济上，金融危机和欧债危机为中东欧国家的改革疲乏症敲响了警钟，迫使它们对"改革进行改革"②。政治方面，在全球一体化和欧洲一体化的潮流中，尤其是在欧盟的规范和引导作用下，尽管中东欧国家在转型中必会表现出一定的趋同趋势，但是，由于历史遗产、起步条件、民族多样、外部环境等因素的差异，其发展也必定存在差异。③ 还有的学者认为，无论是中东欧国家还是欧盟，均已不能回到过去，但是欧洲一体化需要新的范式。从长远的视角看，即便欧盟能将中东欧所有国家都吸纳进去，但由于民族分布的"马赛克现象"及其消极衍生物，欧盟形

---

① 朱晓中：《七问中东欧转型》，载《同舟共进》，2012年第1期。
② 孔田平：《尚未终结的革命——中东欧转型20年》，载《南风窗》，2010年第12期。
③ 马细谱：《十年来中东欧国家政治经济走向及其特点》，载《国际论坛》，1999年第2期。

式可以维持，但很难永存。① 这些观点，提出了最为重要而又极其复杂的难题，值得长久思考和深入观察。

＊＊＊＊＊＊

上面，我们考察了中外学者关于中东欧转型六个基本问题研究中的不同观点。对上述六个问题认识、评价上的歧义与差异，反映了中东欧转型的错综复杂性。中东欧转型堪称迄今为止历史上的一次"大转型"，对这一转型进行客观全面的分析和认识，还有待中外学者继续努力。

## 第四节　中东欧经济复苏的特点与前景

在欧元区国家经济仍停滞不前、复苏前景不明的大环境中，中东欧国家的经济复苏依然缓慢并且脆弱。2013年的GDP增长普遍比预期的要差，11个欧盟成员国平均增长约1%，且发展也很不平衡。欧盟统计局预测2014年将有明显的复苏，但也取决于整个欧元区的经济，估计到2015年才会有稳定性增长。

### 一、经济总体复苏依然缓慢

欧洲统计局最新公布的材料表明，2013年欧元区经济增长比原先估计的要低，复苏仍然乏力。尽管有的国家有些起色，有些亮点，但总的说来还不普遍，不扎实。由于众多因素的影响，欧

---

① 参见朱晓中：《七问中东欧转型》，载《同舟共进》，2012年第1期；孔寒冰：《东欧民族分布的"马赛克现象"》，载《世界知识》，2012年第1期。

盟的经济已从急性病转化为慢性病，使不得猛药，医治起来要较长时间，不能期望短时间内就能完全走出困境。①

如表9所示，2013年中东欧国家GDP平均增长1%左右，其中波罗的海三国表现出良好势头，拉脱维亚达到4%，立陶宛增长3.3%，爱沙尼亚1.3%；但其他国家形势不容乐观，波兰增长1.3%，匈牙利国内生产总值2012年下降了1.7%，2013年情况好转，尤其是第四季度，全年增长1.1%；捷克2012年四个季度都是逐步下跌，幅度虽不大，但势头仍没有被遏止，其结果是这两年都下降1%；经济水平最高的斯洛文尼亚这两年都是负增长，今年都难以复苏，只是下降幅度会少一些；罗马尼亚2013年第三季度增长较快，达4.1%，成为欧盟季度之最，全年增长2.2%；保加利亚2013年增长0.6%。如果同世界金融危机前2007年中东欧国家经济增长平均在6%左右相比，人们就不难理解危机给这些国家带来的沉重打击和今后路途的漫长。

表9 中东欧国家近五年GDP增减走势（%）

| | 2011年 | 2012年 | 2013年 | 2014年 | 2015年 |
|---|---|---|---|---|---|
| 波兰 | 4.5 | 1.9 | 1.3 | 2.5 | 2.9 |
| 捷克 | 1.8 | -1.0 | -1.0 | 1.8 | 2.2 |
| 斯洛伐克 | 3.0 | 1.8 | 0.9 | 2.1 | 2.9 |
| 斯洛文尼亚 | 0.7 | -2.5 | -1.1 | -1.0 | 0.7 |
| 匈牙利 | 1.6 | -1.7 | 1.1 | 1.8 | 2.1 |
| 罗马尼亚 | 2.2 | 0.7 | 2.2 | 2.1 | 2.4 |

① 2014年2月欧盟上调了欧元区经济增长预期。据欧盟委员会预测，欧元区2014年的经济增长率略高于预期，将达到1.2%，这比2013年年底该委员会所做的预测高0.1个百分点。但部分经济脆弱的欧元区成员国要做出很大努力才能摆脱衰退。转自2014年2月25日英国《金融时报》网站。

（续表）

|  | 2011年 | 2012年 | 2013年 | 2014年 | 2015年 |
|---|---|---|---|---|---|
| 保加利亚 | 1.8 | 0.8 | 0.6 | 1.5 | 1.8 |
| 爱沙尼亚 | 9.6 | 3.9 | 1.3 | 3.0 | 3.9 |
| 拉脱维亚 | 5.3 | 5.0 | 4.0 | 4.1 | 4.2 |
| 立陶宛 | 6.0 | 3.7 | 3.3 | 3.6 | 3.9 |
| 克罗地亚 | 0.0 | -2.0 | -0.7 | 0.5 | 1.2 |
| 欧元区 | 1.6 | -0.7 | -0.4 | 1.2 | 1.7 |
| 欧盟 | 1.7 | -0.4 | 0.1 | 1.4 | 1.9 |
| 德国 | 3.3 | 0.7 | 0.4 | 1.7 | 1.9 |

资料来源：Eurostat, Real GDP Growth rate, 1-3, 2014。

## 二、波罗的海三国发展前景良好

波罗的海沿岸的拉脱维亚、爱沙尼亚和立陶宛三国在这次欧债危机中表现出色，这几年的经济发展名列前茅。这三国原来基础比较好，自然条件优越，人口不多，只是在苏联时期没有得到相应的发展。它们加入欧盟10年来发展较快，尤其在金融危机后表现一直领先，但三国间也不平衡。三国总面积不到17.5万平方公里，略小于我国广东省，总人口约654万，目前人均GDP约14600美元。

根据欧盟统计局数据，拉脱维亚2013年第三季度GDP同比增长3.9%，增速居欧盟第二位，立陶宛以2.2%的增速居第三位。欧盟委员会2012年预计拉脱维亚2013年度GDP增速为4%，但2014—2015年GDP不会大幅增长，增速可能达到4.1%和4.2%。拉脱维亚2014年1月1日加入了欧元区，成为欧盟中第18个欧元区成员国，该国总理东布罗夫斯基斯认为，这"具有重要的历史意义，在国家发展方面迈出了重要一步"①；拉脱维亚还在3月13日正式加入欧洲稳定机制，成为其正式会员。稳定机制负责人认为，拉脱维亚能为欧元区国家带来有价值的经验，该国克服所遭遇的深度危机、实施宏观经济调整措施和结构性改革的做法可供借鉴。

据官方统计，拉脱维亚2013年通胀率为2.1%，预计2014年和2015年失业率将分别下降至10.3%和9%。同样，立陶宛的发展速度也很平稳。据欧盟统计，立陶宛2013—2015年GDP将分别增长3.3%、3.6%和3.9%，国际货币基金组织2013年年底表示支持立陶宛加入欧元区。

比较而言，波罗的海三国中爱沙尼亚发展速度较慢。爱沙尼亚2013年GDP增长1.3%，预计2014年和2015年将增长3%和3.9%；据统计，2013年第三季度，爱沙尼亚GDP同比增长仅0.4%，经济增速进一步放缓。其中对经济增长贡献大的是外贸、零售和信息产业，而过去主要的经济增长点房地产行业在2013年连续三个季度呈下滑趋势。拉动爱沙尼亚GDP增长的主要行业还有社会零售业和房地产业、电子产品、光学产品及化学制品生产等，而2013年拖累GDP的则是工业生产和运输仓储业。另外，爱沙尼亚2013年碳排放指标已在第二季度全部出售，这些都导致下半年经济增长乏力。令人欣慰的是，据欧盟统计，爱沙尼亚目前是欧盟国家中公民支持率最高的国家，达到56%。

## 三、波匈捷等国发展不平衡

中东欧16个国家经济发展不平衡仍是中东欧国家经济发展的

---

① 拉脱维亚通讯社，2014年1月1日。

主要特点之一。总体来说北部发展程度高一些，但速度较低；巴尔干半岛相对水平低一些，困难较多。

波兰是中东欧国家中面积最大的国家，金融危机中受欧元区困境影响，也遭受了严重打击，但仍是表现最好的国家之一。近几年波国内政局稳定，政策连贯，是成功挽救2014—2020年度欧盟预算案的成员国之一，也是两三个拯救预算避免过度削减的关键成员国之一。据波兰官方统计，2013年波国内需求出现明显反弹，个人消费增长为0.9%，工业增速为1.0%，服务业增速2.6%，但建筑行业下滑7.4%。2013年，波兰旅游收入再创新高，同比增长11.5%，达130亿美元，来客最多为德国人。但由于基础设施公共预算减少，2013年度投资有所下滑，外部的主要威胁仍是欧元区的衰退及与其他欧洲国家的利益捆绑，经济总体增长1.3%。国际货币基金组织最近发布的《世界经济展望》预测中，将波兰2014年GDP增长预期提高至2.4%。目前波兰经济虽已度过困难时期，但复苏仍缓慢，2013年由于经济下行压力增大，政府修改了年度财政预算，增加赤字并修改负债上限法规，这一调整将有利于保持政府财务规则稳定和促进经济复苏。

虽有国内党派间的争斗和欧盟的压力，匈牙利的经济2013年比前一年显然好得多，尤其是农业丰收。执政党认为，由于政府在过去三年中采取了一系列措施，匈已经开始了一段时间内的可持续性增长，工业生产增速，农业、制造业和建筑业增长，外贸总额增加，提前偿还了国际货币基金组织的贷款，证明国家经济独立，并已经有能力从市场中集资。匈政府认为，从技术意义上讲匈已经走出了经济衰退，结构性的改革已经没有必要，政府的工作重点是维持可持续性增长的模式。匈的就业人数稳步增长，比2012年增加了5.5万，经济开始朝着良性循环的方向发展。

捷克经济复苏缓慢，2013年基本上处于衰退的停顿状态，和2012年相仿。捷克工业的增长大部分来自那些严重依赖外资的领域，目前有五个工业领域在经济衰退中依然保持着良性发展，它们的产值总和占制造业总产值的一半，其中最重要的经济引擎依然是汽车制造，占工业总产值的18%，依次是橡胶塑料制品（如轮胎）、电器设备（尤其是电力机车）、钢铁、机械制造。捷克的工业生产目前主要是由外资驱动。据捷克统计局材料显示，捷克的汽车生产，外资公司的比重占到94%。这不仅涉及斯柯达、标致、雪铁龙和本田等捷克最大的汽车制造商，还涉及汽车零配件的供应商。另外，橡胶塑料制品以及电力机车的生产也有2/3来自于外资公司。捷财政部最新经济预测显示，2013年经济下降1%左右，平均工资水平将上浮2.5个百分点，通货膨胀率将持续下降，甚至会出现通货紧缩现象。

经合组织2013年发布的预测报告称，斯洛伐克经济将在2014年加速发展，国内生产总值增速将从2013年的0.8%提高至1.9%。主要原因是外需增加，但劳动力市场的疲弱依然是阻碍经济复苏的不利因素，尤其是居高不下的失业率。预计2013—2015年失业率分别为14.4%、14.2%和13.7%。此外，财政赤字占GDP比重的预测为：2013年3%，2014年2.8%，2015年2.6%；通胀率2013年为1.6%，2014年为2%，2015年为2.1%。该组织建议斯政府应优先考虑投资教育和基础设施，支持项目建设，以加速创造就业。

值得指出的是，德国总理默克尔在大选中获胜，意味着德国经济仍将保持增长，这对中东欧国家极为重要，因为它们的经济很大程度上依赖德国。如捷克有约1/3的出口企业将其商品销往德国，而捷克总出口额占到本国GDP的78%。问题是，对将产品销往德国的捷克出口企业而言，它们还必须面对来自欧盟其他国家的竞争。

## 四、巴尔干国家发展速度参差不齐

罗马尼亚经济近年来也受到经济危机的严重影响，但仍保持缓慢正增长，2013 年比前年有较大提升，如第三季度甚至达到 4.1%，居欧盟首位。罗马尼亚经济面临的最大问题是财政制度、腐败、融资难和政府效率低下。公共政策不稳定、基础设施落后、通货膨胀、劳动力缺乏培训和企业文化薄弱、劳动力市场的限制性规定等也是影响经济竞争力的负面因素。欧盟统计局发布的最新数据显示，2013 年，罗马尼亚年通货膨胀率达 4.5%，连续 6 个月成为欧盟物价上涨幅度最高的成员国。而同期，欧盟年通货膨胀率仅为 1.7%，欧元区年通货膨胀率为 1.6%。世界经济论坛 2013 年发布的最新全球竞争力指数报告显示，罗在参评的 148 个国家中排名第 76 位，虽然比 2012 年提升了两位，但总体还处在发展中。欧盟委员会主席巴罗佐不久前表示，保加利亚和罗马尼亚将不会在 2014 年 1 月成为申根国家，虽然这两国在技术上已符合申根区标准，但部分欧盟成员国反对，两国尚不能加入申根区，但根据保、罗两国的入盟条约，欧盟从 2014 年 1 月 1 日起已解除对两国劳动力在欧盟内流动的限制。

保加利亚近年来的经济复苏也不尽如人意，主要问题是缺乏竞争力和社会不够稳定，这两年的增长都在 1% 以下，保统计局公布 2013 年 GDP 增长 0.9%，但保加利亚在危机中保持了良好的财政状况，财政秩序稳固。保加利亚政府提出，要致力于放松对公民和企业的行政约束，使小企业更加容易地获取信用贷款，加强对垄断活动的控制，对国有企业进行有效管理。保加利亚政府去年批准了《经济货币联盟稳定、协调与治理条约》（TSCG），并提交给议会审议。这一条约的目的是通过一系列财政契约加强欧盟成员国的预算纪律和经济政策协调，改善欧元区的治理。保政府宣布从 2014 年 1 月 1 日起完全执行该条约第三章关于财政契约的规定，这将加快保加入欧元区的步伐。据保加利亚政府代表团最近向欧盟总部提交的一份有关保入盟 6 年的成果报告称，保入盟以来为促进欧盟事业发展注资 55 亿欧元，欧盟同期对保支援资金约 110 亿欧元，并已全部签署合同。据调查，保 70% 的公民支持保入盟，1/3 的公民认为入盟是推动保全面发展的机会，16% 的人认为入盟为保吸纳基金提供了渠道。

近年来，保加利亚国内各地区发展差异扩大，索菲亚、瓦尔纳、布尔加斯、普罗夫迪夫等市的社会、经济发展相对比较好，而北部和东南部地区的发展严重落后，人口结构老化，资金缺乏，基础设施建设缓慢，失业率高，吸引外资和增加就业步履艰难。保加利亚的青年失业率已经达到 25%，实际数值可能超过 30%，大量青年失业现象已经成为严重的社会问题，引起欧洲议会的关注，必须寻求解决方案。据 2014 年至 2020 年财政计划显示，保加利亚有望得到欧盟 20 亿欧元的社会扶持资金，其中部分资金将重点用于解决青年失业问题。

塞尔维亚是中东欧国家中没有入盟但较为重要的国家。2013 年，为扭转 2012 年经济衰退 1.7% 的局面，政府出台了一系列新的政策措施，推动宏观经济企稳向好，取得一定成效，全年增幅达 2%。同年工业生产同比增长达 5%，农业也未遇到类似 2012 年的极寒和干旱天气，获得丰收，自给有余并有出口；对外贸易持续复苏，进出口总额达 106.85 亿美元，公共债务减少，欧盟以及国际货币基金组织、世界银行、欧洲复兴开发银行等国际机构均对塞经济发展趋势持乐观态度，分别预测塞尔维亚2013年GDP增幅将达1.5%、2%、2%和2.1%。但是，塞尔维亚目前仍面临着财政赤字超出预算（5%左右）、失业率和通胀率居高不下（分别达22%和11%）等问题，制约着经济的全面复苏。政府为解决财政赤字过高等问题，正在进一步减少政府部门支出和推动国有企业私有化，出售政府持有的矿产、电信、保险、银行等领域企业股份；继续完善商业环境，吸引外资并鼓励自主创业；降低工资和退休金增长幅度；缩减各项财政补贴等。塞尔维亚政府为解决经济问题，还决定聘请外国专家，其中有国际货币基金组织（IMF）前任总裁、法国的卡恩，担任顾问。

中东欧与西欧国家间的发展差距仍将长期存在。欧洲复兴开发银行最近发表的一份2013年中东欧国家转型报告认为，中东欧国家与西欧发达国家的发展差距仍将长期存在，近五年内中东欧地区的经济发展已经萎靡不振，全球金融危机和欧元区债务的冲击固然是重要因素，但这些国家经济长期发展后劲不足是更深层的原因。尽管它们实施了一系列刺激经济的改革措施，但强大的既得利益集团和脆弱的政治机构难以使这些措施落实。报告预测未来20年内，只有中欧和波罗的海国家的人均收入有望达到西欧15国60%以上的水平。

欧洲复兴开发银行发布的报告还认为，2013年东南欧国家延续了2012年以来的复苏势头，但程度仍较温和。2013年该区域国内生产总值增长1.6%，2014年经济增速有望达2.2%。报告说的东南欧国家包括保加利亚、罗马尼亚、塞尔维亚、马其顿、波黑、阿尔巴尼亚和黑山。

世界银行副行长塔克2013年年底表示，新兴欧洲国家经济开始复苏,预计今后两年该区域经济增长率将为2.2%,经济复苏迹象明显,但复苏步伐仍然缓慢,且易受全球经济、尤其是西欧经济的影响。

## 五、中东欧经济还是要看欧元区的走势

中东欧国家的经济萎缩同欧元区的经济状况密不可分,后者甚至是其经济萎缩的直接原因之一。欧元区的经济状况对中东欧新兴国家产生着直接不利影响,而且大于对西欧其他国家的影响。

欧元区2013年的经济没有欧盟原先估计的乐观,下降了0.4%,但估计2014年经济将会有1.2%的增长,2015年才能恢复增长约1.7%,并认为经济推迟复苏的主要原因是"缺乏银行贷款和创纪录的失业率"。据初步统计,欧盟28国2013年的GDP平均萎缩了0.1%,比欧元区好一点。问题是欧盟的经济发动机德国2013年自身的状况也不理想,同2012年增长的3%相比,只增长了0.4%,这对几乎2/3外贸与德国进行的中东欧国家来说影响很大。

由于经济的萎缩和衰退,失业人数急剧上升,形成恶性循环。据官方统计,欧元区17国2013年失业率达11.4%,12月为11.7%,对中东欧国家想去西欧国家打工的人构成不小压力。中东欧国家本身失业率也居高不下,2013年全年大多维持在10%以上。

展望2014年,多数中东欧国家形势会有起色,但也不能过于乐观,原因是目前建筑业没有明显改善,投资也没有起色,2013年的投资总额只相当于GDP总额的16%,2014年也很难增加,而周边国家投资率平均达到22%—23%,而且,部分领域已明显

呈现运转资本逃离情况，如在通讯技术和电子工业领域，一些国家资本外逃的比例已超过20%。

2014年中东欧国家的经济还将缓慢复苏，波罗的海三国估计发展会顺利一些，平均有3%的上升，波兰也有发展，但斯洛文尼亚还会衰退，匈牙利能保持现有速度，捷克能保持不进不退就不错了，罗马尼亚、保加利亚两国估计平均能增长1.5%。中东欧的发展不仅取决于本国的政策和条件，还要看欧盟的发展趋势。目前，这些国家都在采取积极措施，以刺激经济恢复和快速增长。中东欧国家也希望在连年的阴霾后见到阳光，有新的气象和进展。

# 第二章　欧盟东扩及其影响

欧盟东扩之后，在20多年的转型进程中，中东欧国家的政治发展并非铁板一块，而是"同一性与多元化"并存。作为中东欧国家的一个重要政治现象，新民粹主义在不同国家、不同时期的表现和特点不尽相同。不能简单地认为中东欧新民粹主义是传统民粹主义的回归，它不是一个短暂的现象，也不是"入盟后综合症"的体现，并不与民主巩固的进程相逆。考察中东欧新民粹主义既离不开转型的背景，同时也是对转型的深入解读。

最近20多年来，中东欧国家加入欧盟和北约的过程几乎构成了整个中东欧地区的历史和现实，引起人们广泛的注意。对于发生东欧变革的原因，国内外学者已经分析得很多，成果也不少。有人从政治制度、政党体制、社会经济的角度分析，也有人从民族主义和西方和平演变策略的角度论述，还有人试图从文化的角度剖析苏联东欧瓦解的原因。至于东欧剧变中有没有各国文化认同的因素，还需要认真分析和研究。

在中东欧民主化转型过程中，社会民主党经受住了右翼力量的冲击，逐渐成为一支重要的政治力量，占据了中东欧政坛的半壁江山。20多年来，中东欧社会民主党执政时及时调整政策主张，建立强有力的组织机构，取得了良好的执政业绩，塑造了较好的廉洁形象，留下了丰富的经验和教训。

中东欧国家进入欧盟这个大家庭以后，罗姆人将会给这个大家庭带来什么？欧盟采取什么样的政策，如何让罗姆人融入主流社会？这是欧盟和各成员国最头痛的老大难问题。

巴尔干地区由于其特殊的地缘政治和战略地位，复杂的民族、领土和宗教问题以及敏感的安全局势，依然是欧洲的热点，仍然是大国（集团）博弈的舞台。美国欲巩固控制权，死保科索沃；欧盟紧握入盟主导权，谨防"后院着火"；俄罗斯重返巴尔干，维护"斯拉夫族利益"；土耳其作为新兴经济体和地区强国，扩大影响力。

## 第一节　剧变后中东欧社会民主党的
## 　　　　执政经验与教训

中东欧各国的社会民主党从 1993 年开始相继执政。此后，它们又多次获得执政的机会，在政坛上占据了自己的位置。其中，罗马尼亚社会民主党（前社会民主主义党）四次执政（1992—1996 年、2000—2004 年，2008—2009 年，2012 年至今），保加利亚社会党四次执政（1990—1991 年、1995—1996 年，2005—2009 年，2013 年至今），匈牙利社会党三次执政（1994—1998 年、2002—2006 年、2006—2010 年），捷克社会民主党三次执政（1998—2002 年、2002—2006 年，2013 年至今），阿尔巴尼亚社会党三次执政（1997—2001 年、2001—2005 年，2013 年至今），黑山社会主义者民主党三次执政（2006—2009 年、2009—2012 年，2012 年至今），波兰民主左派联盟两次执政（1993—1997 年、2001—2005 年），克罗地亚社会民主党两次执政（2000—2003 年、2011 年至今），马其顿社会民主联盟两次执政（1992—1998 年、2002—2006 年），斯洛伐克社会民主方向党两次执政（2006—2010 年，2012 年至今），塞尔维亚社会党则在 1990—2000 年成为强有力的执政党。

中东欧社会民主党上台下台各有其具体原因，但是，我们从中也能发现一些可供总结思考的共性因素。首要的一点是，形成东欧社会民主党活动的客观环境即各国的社会发展总方向已经锁定。当各国的社会发展模式由苏联模式转向西方式的多党民主制和市场经济后，社会民主党必须在这个宏观框架内活动而不是试图推翻它，也只有如此，它们才能合法地活动并扩大其社会影响。然而，纵然上述客观因素对中东欧社会民主党的影响非常大甚至是根本性的，由于各国国情在短时间内难以改变，分析这些政党自身建设方面的得失对于总结它们执政的经验和教训就更具价值。

## 一、适时调整政策主张是社会民主党、
## 社会党上台执政的前提

剧变过程中，高涨的反共浪潮对原苏东地区的社会主义运动造成了巨大冲击，共产党一党执政的局面难以维系。在这种背景下，大部分共产党人决定转变意识形态，改信民主社会主义，将共产党更名为社会民主党或社会党，同时，在政治政策、经济主张和外交立场上都采取了"回归欧洲"的做法。所以，社会民主党并没有像共产党那样在有些国家遭到禁止，这为它们日后再次上台执政创造了基本的条件。剧变后不久，随着右翼政府实施的激进转轨战略导致经济急剧下滑，社会剧烈动荡，贫富差距显著扩大，中下层民众生活迅速下降，这些国家的选民不得不重新考虑自己的选择。一些国家的社会民主党抓住这个机遇，在努力消除原来苏联社会主义模式不良遗产的同时，都比较明确地提出了具有自身特色的民主社会主义的纲领和主张。它们宣称赞成社会主义，但不当传统社会主义的卫道士；提倡市场经济和议会民主制，但不搞新自由主义的模式，走一条既不同于西方资本主义国家也不同于原苏联东欧地区的"第三条道路"。总的来看，社会民主党的主张在不同程度上迎合了民众当时的需要，为90年代中期原东欧地区的"左翼的回归"奠定了思想准备和较为广泛的群众

基础。此后，社会民主党便作为一支与右翼政党相抗衡的政治力量在这一地区站稳了脚跟。①

社会民主党政策的灵活性也反映在它们对待2008年开始的世界性金融危机的态度上。与西欧和北美各国相比，中东欧国家由于开放程度有限，金融风暴在这一地区"登陆"要晚些。然而，这些国家的社会转型有的尚未最终定型，有的还处于转型的过程当中，政府力量相对脆弱，经济体制有待完善。因此，它们遭受的冲击更大，股市暴跌，外资撤离，政府外债高筑，几乎都进入了"高危病房"。在这种情况下，社会民主党采取了联合国内的所有力量共同应对这场金融危机的策略。台上的社会民主党纷纷表示可以与右翼政党一起寻求应对危机的措施和政策；台下的社会民主党尽管对执政党的新自由主义政策进行有力的抨击，但也表示可以与执政党一道协商解决危机的方案。其中，最典型的例子是罗马尼亚社会民主党，为应对这场危机，它在2008年议会大选后宣布要与曾经水火不容的民主自由党联手执政，共渡难关。

## 二、强有力的组织机构是社会民主党上台执政的必要保证

在社会主义时期，原苏东地区共产党都有十分严密的由上到下的组织机构，党的影响可以伸展到每一个地区和社会生活的每个领域。尽管这些组织机构因官僚主义的影响在剧变前夕基本上丧失了联系群众和发展党员的功能，又因大量党员在剧变过程中

---

① John. T. Ishiyama, "The Communist Successor Parties and Party Organizational Development in Post-Communist Politics", *Political Research Quarterly*, Vol. 52, No. 1, March 1999, pp. 87 – 112.

退党而陷入瘫痪，但仍是共产党的后继党继承的一份宝贵遗产。社会民主党比较清楚组织健全的重要性，也比较善于利用组织资源。因此，在获得合法地位之后，它们都迅速重建了各级组织。鉴于以往的经验教训，这些党在吸纳党员、开展活动以及组织生活方面特别强调民主的因素。于是，大部分社会民主党的组织很快恢复了活力，这成为它们上台执政的基本条件。庞大的基层组织一方面起到了信息整合的功能，有利于收集信息使上级党组织能够迅速地了解选民的需要，制定相应的政策，同时也有利于党的政策传达到民众中间，让民众更好地了解党；另一方面起到了动员的作用，有利于减少党员流失、吸纳新党员或产生党的同情者，使各党在剧变之初成功抵制了右翼政党的冲击，站稳了脚跟。这种组织上的优势是其他新出现的政党无法相比的。由共产党更名来的社会民主党（社会党）在大部分国家都是最大的左翼政党并多次上台执政，例如，波兰左翼与民主者联盟、匈牙利社会党、保加利亚社会党、阿尔巴尼亚社会党、塞尔维亚社会党、克罗地亚社会民主党、黑山社会主义者民主党、马其顿社会民主联盟等。

然而，内部争斗和分裂也会严重削弱社会民主党的力量甚至直接导致其选举失利。尽管社会民主党因继承了庞大的组织遗产而相对稳固，但由于意识形态上的分歧或者领导人之间的权力斗争，内部分裂也时有发生。20 世纪 90 年代中后期，中东欧各国的社会民主党通过自身调整地位逐渐稳固并上台执政，而分裂也由此开始。捷克社会民主党、波兰左翼与民主者联盟和罗马尼亚社会民主党等都因领导人的权力斗争发生过分裂，但最典型的例子是阿尔巴尼亚社会党。在社会党执政的八年中，作为社会党创始人的纳诺先是与时任政府总理的马伊科发生矛盾，导致后者在

2001年竞选党主席失利后宣布辞职；后是与接替马伊科出任总理的梅塔发生矛盾，导致后者在2002年宣布辞职。2003年12月，身兼政府总理和党主席职务的纳诺通过修改党章进一步加强了自己在党内的权力。新党章规定，党主席有权提名总书记、书记处书记以及参加政府或者议会的人选。新党章同时还要求党员要同中央保持一致，不能在公开场合发表同党中央不一致的言论，更不能反对党中央所做出的决议和决定，否则将受到直到开除党籍的纪律处分。纳诺的这种专断作风最终使梅塔在2004年9月率领九名社会党议会议员脱离社会党，成立新党"争取一体化社会主义运动"。党内矛盾冲突乃至分裂，严重削弱了社会党的力量。梅塔的出走成为2005年社会党议会选举失利的重要原因。

### 三、良好的执政业绩是社会民主党持续执政的关键因素

在多党制的政治格局下，选民的认同在很大程度上决定着政党的生命。尽管灵活的策略可以使政党的党纲、竞选口号更具吸引力，完备的组织结构有利于它们吸引支持者，然而，选民最终投哪个党的票取决于它们做得怎样，而不是它们说得多漂亮。对中东欧大多数国家的政党来说，执政业绩主要体现在促进经济发展、改善民生和推进入盟入约的进程三个方面。从实践上看，左右翼政党在加入欧盟北约的态度上是一致的，因此，它们比拼的主要是前两个方面。右翼政党推行激进的转轨策略，在所有制领域实行快速私有化，在价格和外贸领域实行快速自由化。尽管意识到这种转轨方式带来的贫富分化等问题，也注意在转轨过程中保护中下层民众的利益，但右翼政党仍坚持"长痛不如短痛"，强调为了快速实现经济转型牺牲中下层群众的利益是必要的。然

而，如果把执政的合法性基础完全建立于经济效率而忽略社会公正，就容易造成执政的困境。左翼政党正是看到了激进转轨方式的不足而拒绝"休克疗法"，推行渐进改革的道路，分步骤、有计划地进行所有制领域、价格领域和外贸领域的改革，并在改革过程中尽可能地照顾中下层民众的利益，希望在经济发展和社会公正之间达到一种平衡，防止贫富差距扩大。

然而，转轨就是一个利益分化的过程，只要有利益分化就会产生贫富差距拉大的现象。同时，转轨过程是相当复杂的，左翼政党在台下可以一味地为中下层民众的利益呼喊，但在台上时却需要整合各个阶级和阶层的利益，代表国家、民族和大多数群众的愿望和要求。所以，有时候它们的政策推行起来会遇到重重阻力，以至于左翼政党自己放弃了承诺。因此，它们上台前的承诺有时候可以兑现，有时候就难以兑现。更有甚者，它们在选举中提出了左翼的口号，而在执政后却推行与右翼相差无几的政策。例如，匈牙利社会党1994年上台后，面对渐进转轨带来的经济危机，不得不采取快速私有化、削减公共部门的福利、限制工资的增长等一系列激进的措施，损害了中下层民众的利益并导致工人罢工不断。选民对此的反应是，当左翼政党做得好时，选民还会投它的票，它就会继续执政。当它们做得不好时，选民就会抛弃它。右翼上台后实行的"休克疗法"会伤害部分民众的利益，这些选民就会再次选择社会主义政党。

当各国经济私有化和自由化改造完成后，左右翼政党经济策略上的不同之处便逐渐消失，相似之处越来越多。中东欧社会民主党逐渐陷入身份认同的危机之中。在新自由主义全球扩张的背景下，社会民主党也不得不采取降低税收、削减社会福利等政策来刺激经济发展。社会民主党的新自由主义化招致了中下层民众不满，甚至有些中下层民众认为社会民主党只说不做，是一个口号上的左翼政党、行动上的右翼政党。于是，部分选民开始转向支持新民粹主义政党。新民粹主义政党的支持者主要是在转轨中生活状况长期得不到改善的中下层民众，而这在一定程度上威胁到了左翼政党的群众基础。2005年以来，一些国家的社会民主党在多次重要的选举中或者被新民粹主义政党击败，或者不得不与之合作。比如，波兰民主左派联盟在2005年的议会大选中被法律与公正党击败，斯洛伐克社会民主—方向党在2006年同民主斯洛伐克运动—人民党和民族党联合组阁，保加利亚社会党在2009年欧洲议会议员的选举中败给了争取欧洲发展公民党，罗马尼亚社会民主党在2008年议会选举略输给民主自由党的情况下与后者联合组阁，等等。从根本上说，上述情况的出现就是中下层群众对左翼政党的执政业绩不满意、重新选边站队的结果。

因此，目前中东欧社会民主党需要明确身份定位，解决政策取向的问题，即代表什么人、代表什么理念以及代表什么政策。

## 四、廉洁的形象是社会民主党持续执政不可或缺的因素

权力天生具有腐败的特性，正如德国历史学家迈内克（Friedrich Meinecke）所说的，腐败是附着在权力上的咒语，哪里有权力，哪里就有腐败。[1] 因此，如何防止腐败现象的发生、保持自身廉洁的形象是所有执政党都必须解决的难题，对于中东欧社会民主党来说更为重要，因为它们背着原来共产党留下的沉重

---

[1] Friedrich Meinecke, *Machiavellism*: *The Doctrine of Raison d'Ftat and Its Place in Modern History*, New Haven: Yale University Press, 1957, p. 13.

历史负担。

　　社会民主党上台后都十分注意自身形象建设，通过设立法律法规避免腐败现象发生。例如，波兰左翼民主联盟设有四个纪检机构，检察委员会负责对党的财务情况进行审计，监察委员会负责解释党章并审查撤销省委的仲裁机构的裁决，仲裁委员会审查和处理领导成员违反党章和领导机构权限等问题，道德标准委员会处理党员腐化堕落问题。匈牙利社会党政府在 2002 年制定了"玻璃口袋法案"（Glass Pocket Act），以便使公共开支透明化，其内容主要包括扩大国家审计署的权限，限制各部部长创办企业，给政府部门的财产价值设置上限等。罗马尼亚社会民主党政府在 2002 年 3 月设立专职反贪局，查处行贿受贿、滥用职权、假公济私、洗黑钱、贩卖毒品、偷税漏税等犯罪行为。同年 11 月，该党又组建国家监察署，着力整合政府内赋有监察监管职能的机构，加强政府对经济活动的监控和各种腐败现象的打击力度。阿尔巴尼亚社会党上台后通过了《行使公共职权时防止利益冲突法》，重新修订了《公务员法》和《公共管理道德规范法》。

　　尽管社会民主党采取了诸多防治腐败的措施，但是，各国的政治经济体制中的不完善甚至漏洞还是为腐败的滋生提供了温床。腐败直接损害了左翼政党的形象，使其支持率下降乃至最终下台。波兰民主左翼联盟在 2001 年上台后就一直受腐败问题困扰，先是米莱尔总理因涉嫌"雷温门"腐败案接受波兰华沙地方法院的询问，后是"奥尔连"石油公司腐败案牵连许多左翼政要，最后是亲民主左翼联盟的克瓦希涅夫斯基总统的夫人卷入了政治资金交易的丑闻。最终，波兰议会决定调查民主左翼联盟不明政治资金的内幕。民主左翼联盟因此声誉扫地，在 2005 年的议会选举中仅获得55个席位，比2001年上台时减少了161个席位。类似的情况还出现在其他国家的左翼政党身上。捷克社会民主党政府总理格罗斯在2005年因所购豪宅资金来源不明被迫辞职。罗马尼亚社会民主党先是在1996年因惩治腐败不力在议会选举中失败，后是纳斯塔塞在2006年因右翼政党指控他在布加勒斯特低价购买了一块宅基地涉嫌腐败而辞去总理职务。匈牙利社会党在2010年议会大选中惨败，也主要是由于腐败问题。阿尔巴尼亚社会党执政期间最令民众不满之处也是官员的腐败问题。因此，尽管为避免腐败的发生做了很多努力，但是，社会民主党要想成功还有很多事情要做。

总之，转轨20多年来，中东欧社会民主党执政的经验和教训还有很多，而上述教训无疑是非常值得人们思考的。这些因素决定了社会民主党尽管多次上台，却很难像社会主义时期的共产党那样一党长期执政；同时，由于组织结构相对稳定并且拥有比较固定的支持者，它们在政坛上已经站稳脚跟，不会骤然衰落。然而，无论社会民主党是执政党还是在野党，它们对转型时期社会主义思想的坚持和探索丰富了世界社会主义运动的内涵，也为其他国家的社会主义政党提供了许多可以借鉴的经验。

## 第二节　理解中东欧国家的政治转型：
## 　　　新民粹主义的视角

20世纪后期，与第三波民主化浪潮同行，和欧洲一体化进程同向，民粹主义（Populism）以一种新的形态在欧洲兴起，被称为第三代民粹主义或新民粹主义（Neo-Populism）①。新民粹主义发端于西欧，并逐渐向剧变后的中东欧国家扩散，成为一种泛欧洲现象。剧变后的中东欧国家走上了转型的道路，然而仅仅从政治领域来看，经历20多年转型的它们并非铁板一块，而是"同一性与多元化"并存。换言之，中东欧国家均朝西欧民主制度的同一方向迈进，但各国民主制度的巩固程度、政党政治的构成体系等呈现出多样性的特征。新民粹主义就是其中一个重要的政治现象，它在中东欧地区不同国家、不同时期的表现和特点不尽相同。新民粹主义在中东欧国家有着重要的影响，有学者甚至这样断言：2007年是中东欧国家自由进程的终结，新民粹主义同非自由主义（illiberalism）一道将整个地区撕裂。②因此，要深入理解中东欧国家的转型进程尤其是政党政治的发展，探清新民粹主义的发展及其实质是一个重要的切入点。

## 一、中东欧新民粹主义政党的20年：选举表现

原东欧国家剧变后，各式各样的政党如雨后春笋般涌现，新民粹主义政党即是其中之一。不过，在20世纪90年代，中东欧新民粹主义政党的力量还比较弱小，没有成为强大的政治力量，只在斯洛伐克和匈牙利有较大影响。在斯洛伐克，曾三次担任总理的弗拉基米尔·麦恰尔（Vladimir Meciar）领导的争取民主斯洛伐克运动—人民党（以下简称民斯运）在1992年到2002年的

---

① 民粹主义经历了19世纪末、20世纪60—70年代和20世纪80年代尤其是90年代以来的三次浪潮。它们的产生背景和具体主张参见俞可平：《权利政治与公益政治》，社会科学文献出版社2005年版，第262—263页。

② Ivan Krastev, "Is East-Central Europe Backsliding? The Strange Death of the Liberal Consensus", *Journal of Democracy*, Vol. 18, October 2007, p. 56.

10年间维持第一大党的地位,继1992年单独组建政府后,1994年和1998年均是执政联盟的主体。在匈牙利,青年民主主义者联盟—匈牙利公民联盟(以下简称青民盟)和民主论坛活跃于政坛,前者在议会中的位次不断攀升,到1998年成为议会第二大党;后者则日益式微,从1990年的第一大党到1998年成为第七大党。

然而,进入21世纪,尤其是一些中东欧国家相继加入欧盟后,新民粹主义政党在多国政坛活跃甚至上台执政,在欧洲议会选举中也表现不俗。例如,2001年4月创建的保加利亚"西美昂二世全国运动"① 与其他几个小党组成"西美昂二世全国运动联盟",参加同年6月的议会大选便获得胜利并上台执政,波兰法律与公正党2005年异军突起成为议会第一大党,斯洛伐克方向—社会民主党自2006年议会大选后实现了三连胜,罗马尼亚民主自由党2008年成为议会第一大党上台执政,2006年年底成立的保加利亚争取欧洲发展公民党(简称公民党)在2009年大选中击败了曾三度执政的社会党,匈牙利青民盟在2010年大选后成功上台执政并实现一党独大。此外,一些极端的新民粹主义政党,如匈牙利的"为了更好的匈牙利运动"(简称尤比克党,JOBBIK)、保加利亚"阿塔卡"联盟(即"进攻党")以及斯洛伐克民族党也都在选举中有不俗的表现。可见,中东欧国家政党的"民粹化"现象越来越明显,新民粹主义政党已经成为一股重要的政治力量。

---

① 由于未能及时注册为政党,失去了独立参选的可能,于是组成选举联盟。该组织于2002年5月注册成为政党。2007年6月,更名为稳定与振兴国民运动(National Movement for Stability and Progress, NDSV)。

## 二、西欧与中东欧新民粹主义政党的比较：政策主张

新民粹主义政党发端于西欧，因此，在讨论中东欧新民粹主义政党的特征时，必然离不开与西欧的比较。这种对比的一个重要前提是，新民粹主义政党在议会民主制度框架内运作。从大的方面看，无论是西欧新民粹主义政党还是中东欧新民粹主义政党，它们都基本接受民主政治原则和自由市场经济，多把繁荣本国的市场经济作为自己的政策主张。同时，它们又反对精英统治，质疑欧洲一体化甚至全球化进程。① 不过，由于西欧与中东欧国家的历史传统、政治环境以及经济社会发展状况有所不同，这两个地区的新民粹主义政党在属性和政策主张上呈现出更多的差异性。

在西欧，新民粹主义政党几乎是清一色的右翼或中右翼，它们主要依据核心主张来分门别类，包括强调地区价值的地区主义民粹党，如意大利北方联盟；将移民问题高度政治化的种族主义民粹党，如法国国民阵线、比利时弗兰芒集团；以及具有法西斯纳粹倾向的极端右翼民粹党，如德国国家民主党、德国共和党、英国国家党，等等。诚如民粹主义研究的著名学者保罗·塔格特（Paul Taggart）所言："看一看新民粹主义在西欧其他国家出现的方式，它们主要是以地区性的、民族性和种族认同的方式在政坛上崭露头角。"②

---

① 参见 Florian Hartleb, *After Their Establishment: Right-wing Populist Parties in Europe*, Brussels: Centre for European Studies, 2011, p. 43. 同时需要指出的是，西欧和中东欧各类新民粹主义政党对这些政策主张的接受和反对的程度是不一样的。

② [英]保罗·塔格特：《民粹主义》，袁明旭译，吉林人民出版社2005年版，第109页。

与西欧新民粹主义政党强调种族间的差异、反对外来移民、主张排外主义等不同，中东欧新民粹主义政党在这些方面的诉求较弱，它们主要强调"去共产主义遗产"下的社会公正与平等，排斥大多是散居在国内的族群（如罗姆人、犹太人等）。① 若从议题来划分，中东欧新民粹主义政党至少有民族民粹主义（如斯洛伐克民族党）、农民民粹主义（如波兰自卫党）、左翼民粹主义（如斯洛伐克方向—社会民主党）及激进民粹主义（如匈牙利尤比克党）等形态。不过，从议题和政策主张上来做分类，中东欧新民粹主义政党的特征不如西欧新民粹主义政党那么明显并具差异性。换言之，中东欧新民粹主义政党既没有政治光谱上的定位，也较少有"与众不同"的政策标识。因此，学界一般根据对议会民主制度对抗程度的强弱，将中东欧新民粹主义政党分为"温和"的民粹主义政党或称温和派民粹主义和"强硬"的民粹主义政党或称强硬派民粹主义。② 前者主要有青民盟、方向—社会民主党及争取欧洲发展公民党等。后者则有自卫党、"阿塔卡"联盟、斯洛文尼亚民族党以及尤比克党等。值得注意的一点是，由于中东欧新民粹主义政党缺乏明确和一致的政策内核，民粹主

---

① Isabelle Rousseau, "Is Populism in Western Europe and Central Eastern Europe the Same Thing?", January 9, 2012, http：//www. nouvelle-europe. eu/node/1394.

② 参见 Grigorij Mesežnikov, Oĭga Gyárfážová, and Daniel Smilov ( eds. ), *Populist Politics and Liberal Democracy in Central and Eastern Europe*, Institutie for Public Affairs, Bratislava, 2008, p. 9; Lang, Kai-Olaf, "Populism in Central and Eastern Europe-a Threat to Democracy or Just Political Folklore?", *Slovak Foreign Policy Affairs*, No. 1, 2005, pp. 6 – 17; Florian Hartleb, "European Project in Danger? Understanding Precisely the Phenomena 'Euroscepticsm, Populism and Extremism' in Times of Crisis", *Review of European Studies*, Vol. 4, No. 5, 2012, pp. 45 – 63；徐刚：《中东欧社会转型中的新民粹主义探析》，载《欧洲研究》，2011 年第 3 期，第56—57 页。也有学者认为新民粹主义分为激进民粹主义和民主民粹主义两类，参见 Blagovesta Cholova, "Populism in Bulgaria：A Recent Phenomenon?", paper presented on 9th Belgian-Dutch Political Science Conference, 27 – 28 May, 2010, Leuven, Belgium, http：// soc. kuleuven. be/web/files/11/72/W07 – 04. pdf.

义强硬派与温和派之间的界线是变动的。例如，在对外政策与少数民族权利方面，方向—社会民主党更像是强硬派民粹主义，而"阿塔卡"联盟的总统候选人西德罗夫在参加保加利亚2006年选举时，为吸引选民，其强硬和激进的色彩有所下降。①

另外，与西欧新民粹主义政党有着比较清晰的政治立场与界限不同，中东欧新民粹主义政党是一个大杂烩，很难将它们归类于或等同于右翼民粹主义政党。有的政党是左翼，有的是中间力量，有的是右翼。在政治实践中，多数中东欧新民粹主义政党任意采用自由主义、社会民主主义、民族主义的政策，更不消说具体议题的混合使用，进而凭借意识形态的模糊性"左右逢源"，在大选中获得"意外的成功"，与左翼或右翼联合执政的现象也时有发生。② 从这个意义上讲，中东欧新民粹主义政党具有"超越左和右"的性质。然而，在西欧，新民粹主义政党的政治立场与界线非常明确、恒定，它们很少会因为选举的得失将自己的主张和意识形态色彩"模糊化"。只要国家不出现大的动荡或经济困难，在政治体系和公民社会比较健全的西欧，右翼民粹主义政党较难得势。

## 三、中欧和巴尔干地区新民粹主义政党的差异：民族主义的区分

同是原社会主义国家，同样处于转型进程之中，但中欧国家

---

① Daniel Smilov and Ivan Krastev, "The Rise of Populism in Eastern Europe: Policy Paper", in Grigorij Mesežnikov, Oľga Gyárfážová, and Daniel Smilov (eds.), *Populist Politics and Liberal Democracy in Central and Eastern Europe*, Institutie for Public Affairs, Bratislava, 2008, p. 9.

② 参见徐刚：《欧洲新民粹主义的政治实践：一项比较研究》，载《欧洲研究》，2013年第5期，第55—56页。

和巴尔干国家政治转型的差异性比较明显。不少学者注意到了这个现象，认为中欧国家和巴尔干国家（特别是前南斯拉夫地区除斯洛文尼亚以外的国家）政治转轨模式和稳定程度均存在差异，前者有自由民主模式和民族分离模式之分①，后者有平稳演进型和冲突裂变型之别。② 这些差异与中欧和巴尔干地区的"国家构建"进程的不同有很大关联。中欧国家在国家形态、制度以及统治阶层等方面都具有一定的历史延续性。相反，巴尔干国家则只在第一次世界大战甚至第二次世界大战结束后才建立起国家体制。③ 因而，巴尔干国家民族主义色彩较浓，并容易被意识形态化。"冷战"结束后，中欧国家追求的是建立一个正常社会，而巴尔干国家探寻的是独立国家的人格化，即国家性。从这个方面讲，斯洛伐克与巴尔干国家类似，它在"一战"前遭受奥匈帝国的统治，与捷克组成联合国家后又处于不公正的地位。

进一步讲，前南斯拉夫地区国家的民族主义诉求来源于内外两大方面。从内部看，社会主义国家的解体及引发的连年战争，加剧人民对和平渴望的同时也增强了本民族独立自强的信念。从外部看，美欧等大国或大国集团对巴尔干地区事务的干涉特别是北约对南斯拉夫联盟的轰炸，更加激发了各国的民族危机感或认同危机感，并由此引发对外部干涉势力的不满，这种不满与"回归欧洲"的大趋势又不可避免地存在冲突。

---

① 参见 Milada Vachudova and Tim Snyder, " Are Transitions Transitory? Two Types of Political Change in Eastern Europe Since 1989", *East European Politics and Societies*, Vol. 11, No. 1, 1996, pp. 1–35.

② 参见项佐涛：《中东欧政治转型的类型、进程和特点》，载《国际政治研究》，2010年第4期，第31—41页。

③ Attila Agh, *The Politics of Central Europe*, London: SAGE Publications Ltd., 1998, p. 65.

这两种民族主义的诱因在国内政党政治中有着鲜明的体现。巴尔干国家不少政党甚至左翼政党均具有较浓厚的民族主义色彩,如保加利亚土耳其族"争取权利与自由运动"、保加利亚"阿塔卡"联盟、大罗马尼亚党、罗马尼亚匈牙利族民主联盟、塞尔维亚激进党、塞尔维亚社会党、斯洛文尼亚民族党以及克罗地亚民主联盟等。当然,这些政党的民族主义色彩有强弱之分。除此之外,这些民族主义政党在一定程度上又具有民粹主义的属性,它们的"民族关怀"在政策主张上体现为反对精英统治、反对自由主义,在运动方式上彰显出"民意色彩"。有学者对塞尔维亚的政党进行研究发现,虽然塞尔维亚激进党和社会党的核心理念是民族主义和社会主义,但它们具有民粹主义的色彩。① 在斯洛文尼亚、保加利亚和罗马尼亚等国,这种现象同样很明显。所以,从巴尔干国家的现实来看,"所有民粹主义或多或少是一种民族民粹主义"②。

## 四、对中东欧新民粹现象的几点思考

转型20多年以来,中东欧国家的政治发展日益呈现出多样性特征,新民粹主义的差异性即是表现之一。保罗·塔格特对民粹主义产生和发展的原因进行了高度概括,他指出:"民粹主义来源于急剧的社会变迁过程中至少在一个社会团体中所形成的危机意识。"③ 一位斯洛伐克学者对中东欧新民粹主义出现的原因进行

---

① Věra Stojarová and Hana Vykoupilová, "Populism in the Balkans: The Case of Serbia", *Central European Political Studies Review*, Volume X, Part 2–3, 2007, p. 109.
② Pierre-André Taguieff, "Political Science Confronts Populism: From a Conceptual Mirage to A Real Problem", *Telos*, No. 103, Spring, 1995, p. 17.
③ [英]保罗·塔格特:《民粹主义》,袁明旭译,吉林人民出版社2005年版,第5页。

综合研究后同样指出:"导致民粹主义产生的原因有很多,但危机、旧精英集团的失败和魅力型领袖的存在是最为重要的三个。"① 换言之,就中东欧国家来说,转型进程中政治精英在新的政治经济环境下的博弈以及对社会民意的掌控与引导是新民粹主义在中东欧活跃的重要因素。所以,考察中东欧新民粹主义既离不开转型的背景,同时也是对转型的一个深入解读。

**第一,中东欧新民粹主义是传统民粹主义的回归吗?** 不能简单地这样认为。从概念上看,尽管三代民粹主义都强调政治生态的民意反应,标榜民众(people)与他者(other)的对立②,但是它们所指向的对象以及生存的客观环境均有所不同。中东欧新民粹主义呈现出与前两代民粹主义完全不同的一些特征:其一,不是反对民主而是反对自由主义③;其二,不再主张作为人民的精英来带领人民取得政治成果,而是主张反对精英政治、反对专家治国;其三,部分新民粹主义政党具有强烈的仇外情绪以及超越于选举之外的街头运动等倾向④,但它们仍然在民主政治体制框架内活动。从政治实践上看,新民粹主义既可能是左翼,也可能是中间力量,还可能是右翼。同时,它与传统民粹主义表现出来的激进主义和极端色彩也完全不同,不存在"复活论"或"回归论"的说法。尽管新民粹主义的概念捉摸不定,然而"只有像

---

① Andrej Skolkay, "Populism in Central Eastern Europe", IWM Working Paper, No. 1, Vienna, 2000, p. 18.

② Isabelle Rousseau, "Is Populism in Western Europe and Central Eastern Europe the Same Thing?", January 9, 2012, http://www.nouvelle-europe.eu/node/1394.

③ 有学者指出,民粹主义体现的不是左和右的冲突,也不是改革者和保守者的对立,而是怀疑民主的精英与对自由主义充满敌意的民众之间的紧张关系。参见 Ivan Krastev, "Is East-Central Europe Backsliding? The Strange Death of the Liberal Consensus", *Journal of Democracy*, Vol. 18, October, 2007, p. 63。

④ Jonathan Birdwell &Jamie Bartlett, "Populism in Europe", http://www.demos.co.uk/projects/thefarrightineurope.

'民粹主义'这样模糊和内涵不清楚的概念才能让人认识到世界很多地方发生的急剧政治转变。它比现在流行的任何其他概念都更好地抓住了自由民主在当今遭遇的挑战的本质"①。也正是在这个意义上,新民粹主义具有重要的政治学价值。

第二,中东欧新民粹主义是不是一个短暂的现象?在保罗·塔格特看来,新民粹主义只是一个"间歇性出现的小插曲,常常以排山倒海之势掀起政治上的剧变。但它却总是昙花一现,不久便烟消云散、灰飞烟灭了"②。因为,新民粹主义政党自身存在一些诸如内部分化、领袖个人高于政党、领导人继承难题、支持者年轻化和易摇摆等方面的困境,影响和制约着它们的发展。③ 同时,随着中东欧国家民主转型的深入和政治体系的稳定,新民粹主义政党的生存空间可能会受到挤压。但是,由于中东欧传统政党意识形态和思想理论日益趋同、它们面临新的经济环境时的束手无策、自身形象(如腐败)的损耗以及新媒体出现对传统政党活动模式的冲击④都使得新民粹主义政党成为一个不可或缺的选项。无论是在民主转型、民主巩固或更进一步的民主成熟阶段,

---

① Ivan Krastev, "The populist moment", http://www.eurozine.com/articles/2007 - 09 - 18-krastev-en.html.

② [英]保罗·塔格特:《民粹主义》,袁明旭译,吉林人民出版社2005年版,第1页。

③ 参见 Reinhard Heinisch, "Success in Opposition-Failure in Government: Explaining the Performance of Right-Wing Populist Parties in Public Office", *West European Politics*, Vol. 26, No. 3, July, 2003, pp. 91 - 130;[英]保罗·塔格特:《民粹主义》,袁明旭译,吉林人民出版社2005年版,第102页;林红:《后冷战时代的欧洲新民粹主义》,载《国际论坛》,2005年第4期,第16页。

④ 参见 Grigorij Mesežnikov, Oľga Gyárfážová, and Daniel Smilov (eds.), *Populist Politics and Liberal Democracy in Central and Eastern Europe*, Institutie for Public Affairs, Bratislava, 2008, p. 10; Benjamin Arditi, *Politics on the Edges of Liberalism: Difference, Populism, Revolution, Agitation*, Edinburgh: Edinburgh University Press, 2007, pp. 60 - 74。

民粹主义都有机会。① 此外，通过考察中东欧政党政治的实践发现，有不少新成立的民粹主义政党首次参选就进入执政联盟或上台执政，同时也有一些新民粹主义政党失去执政地位后影响力骤降，由于政治体系的欠稳定以及公民社会的发育程度不高，这种现象在中东欧国家将时有发生。即使是在其他国家或地区，当社会现代化进程中出现某个薄弱环节时，如在现代化过程中发生认同危机、合法性危机、经济危机、生态危机时，民粹主义就会应运而生。②

**第三，中东欧新民粹主义的兴起是"入盟后综合症"的体现吗？** 上面已经提到，转型初期和之后的一段时期中东欧一些国家出现了新民粹主义现象，但新民粹主义并没有成为主流政治，在经济上更没有转向民粹主义③，而在多数中东欧国家入盟后这些政党在政坛上的表现尤其显著。入盟后这些国家普遍出现的社会新贫困化、失业率居高不下、经济问题此起彼伏等现象为新民粹主义政党"讨伐"传统左右翼政党进而获得更多的选票提供了机会。或者说，入盟进程对新民粹主义的壮大产生了一定的影响。④但是，20世纪90年代和新世纪之初虽不强劲但仍然存在的民粹

---

① 林红：《驯服民粹：现代国家建设的征程》，载《读书》，2013年第7期，第24页。

② 参见俞可平：《现代化进程中的民粹主义》，载《战略与管理》，1997年第1期，第94页。

③ 关于这一点，匈牙利学者贝拉·格雷什科维奇对比拉丁美洲作了比较详细的分析，在他看来，东欧没有在经济上出现明显的民粹主义时期主要是由于再分配压力小。第一，不存在结构性断裂即收入分配的严重不均衡现象；第二，出口部门与其他经济部门的分割程度不大，使关注国内市场部门的民粹式政策转向受限。参见［匈］贝拉·格雷什科维奇：《抗议与忍耐的政治经济分析》，张大军译，广西师范大学出版社2009年版，第120—127页。

④ 参见 Andreev, S., "Is Populism the Bad Wolf? Post–Accession Crisis of Representative Democracy in Bulgaria and Romania", paper presented at "Bringing Civil Society In", International conference, EUI Florence, 13–14 March, 2009。

主义现象不能从这里得到解释。在转型初期整个中东欧国家的经济情况均不太理想,斯洛伐克新民粹主义政党的强势主要是由于有魅力、有能力的领袖的出现。① 2001 年保加利亚的情况也大致如此。因此,尽管中东欧国家"民粹化现象"日益明显,但不能简单地认为这是一种"入盟后综合症",它是转型期多种因素的综合结果,在不同阶段其诱发原因也不尽相同。

**第四,新民粹主义的兴起与中东欧国家民主巩固进程相逆吗?** 由于其含糊性、投机性以及空心化的特征,新民粹主义已经对传统政党的概念产生了较大的冲击。按照政党政治的一般理论,在民主趋向巩固的政体中,政党日益稳固并具有鲜明的光谱位置。这一点在欧美民主国家均有明显的体现。对于中东欧国家的"民粹化现象",有学者问道,这是民主政体的逆巩固(deconsolidation)进程吗?如果不是,那么这种后政党(post-party)形式的民主将是什么?② 这个问题的回答牵涉到对整个中东欧国家转型以及现代政党政治发展的理解。从中东欧国家的转型进程来看,新民粹主义政党的兴起并不是对民主巩固的侵蚀,相反,它恰恰表明中东欧国家仍处于向民主巩固的迈进阶段。保加利亚政治学者伊凡·克拉斯特夫(Ivan Krastev)的研究表明,斯洛伐克菲佐政府的上台并没有导致民主的崩溃,而是制度信任和民主进程的巩固。③ 正是在这个意义上,说中东欧国家的转型进程远未

---

① Andrej Skolkay, "Populism in Central Eastern Europe", IWM Working Paper, No. 1, Vienna, 2000, p. 18.

② Grigorij Mesežnikov, Oľga Gyárfášová, and Daniel Smilov (eds.), *Populist Politics and Liberal Democracy in Central and Eastern Europe*, Institutie for Public Affairs, Bratislava, 2008, p. 10.

③ Ivan Krastev, "Is East-Central Europe Backsliding? The Strange Death of the Liberal Consensus", *Journal of Democracy*, Vol. 18, October, 2007, p. 59.

结束，实际上是指民主巩固的任务没有完成。从政党政治的发展逻辑来讲，尽管传统的左右政治光谱仍是分析和理解现代民主政治的主要框架，但社会生态尤其是人们交往方式的变化使得政党政治的发展逐渐显现出新的时代特征。换言之，现代民主政治的多样性特征日益明显，新民粹主义政党作为体制内的一种选择加深了这种多样性，在挑战传统的左右翼政党的同时也会推动其自身革新的步伐。不可否认，极端民粹主义是现代民主政治所排斥的，但不能简单地认为新民粹主义及其对民主的可能挑战就是一种否定的现象以及民主的倒退。

## 第三节 文化认同和欧洲一体化：以中东欧转型为例

### 一、欧洲一体化与民族文化认同

首先，欧洲一体化的主要目的是在东欧剧变后彻底将原东欧社会主义国家西化。欧盟希望通过欧洲一体化实现欧洲认同。为此，它为中东欧国家加入欧盟设置了种种门槛，提出了一系列苛刻的条件，不仅包括政治、经济、外交，而且包括法律、文化和意识形态。在社会主义解体和执政的共产党下台后，文化和意识形态领域的控制尤其重要。中东欧国家为了申请加盟入约就必须接受欧盟开出的条件，即做到政治多元化、经济市场化、军事北约化和文化西欧化。

其次，中东欧国家急于"回归欧洲"，融入欧洲一体化，这不仅是普遍愿望，而且也是实现发展与繁荣的历史机遇。总的说来，中东欧各国经过20多年的政治经济转轨，社会已由混乱转入正常发展轨道。它们中有的国家已参加了北约和欧盟，有的正在争取加盟入约，其中大多数国家政局和社会都相对稳定，经济形势普遍好转，对外政策也越来越趋于理性。这就是说，这些国家加入欧盟是受益者，有诸多的好处，利大于弊。特别是2004年欧盟东扩，为中东欧国家实现欧洲认同开启了一个历史上独一无二的全面欧化的过程。但2008年开始的全球性金融危机和2010年爆发的欧洲主权债务危机，又沉重打击了这些国家尚不稳定的政治经济体系，造成一定的负面影响。

传统的文化认同涉及某个个体的种族、宗教、民族属性、国家、语言、性别、区域范围，甚至职业、历史等非常广泛的因素。但是，上个世纪90年代初开始的全球化已经在自动地或被动地改变这些因素。中东欧国家在这个全球化过程中，特别是在实现欧洲一体化的过程中，它们的政治经济、法律法规、社会生活、人员流动等都在融入欧洲，那它们的民族文化认同感必然要受到严重冲击、腐蚀，文化的多样性和差异也很难长期保留或发展下去。现实比人们的想象要复杂得多，要残酷得多。

文化是一个民族的灵魂，是社会的精神支柱。中东欧国家曾经认为，加入欧盟后，它们的文化将是欧洲文化的一个有机组成部分，本国语言可成为欧盟官方语言，还可以传播本国文化，这是件好事。但加入欧盟后它们的文化却被边缘化、西欧化。在全球化和欧洲一体化的冲击下，每个国家的民族文化都被分裂和瓦解，文化独立性慢慢丧失。中东欧国家开放本国的民族文化大门，西方商业化的文化产品全面涌入，对中东欧国家的民族文化及其传统是个威胁。成百万的中东欧知识精英和青年到了西欧，自觉不自觉地在认同西欧的文化和生活方式。

同时，还有文艺人才、优秀的文艺作品和科技人员大量外流。从这个意义上讲，无论是全球化还是欧洲一体化，对弱小的民族文化及其认同感都是难以抗拒的。这样，中东欧国家不得不被动地接受西欧的文化认同。

再次，所谓欧洲文化认同，实际上是指欧盟老成员国要求中东欧新成员国的公民承认西欧的历史、文化遗产和文化传统、法律和意识形态以及自由和民主的价值观；承认基督教文化的主导地位，承认自己的"欧洲公民"属性，也就是说，要承认欧洲是一个单一的政治共同体。当然，欧盟在其文件中是承认文化多样性的，但与此同时，又特别强调它们本国民族的认同感。例如，20余年来当大量的中东欧劳工和穆斯林、吉卜赛人到西欧谋生时，欧盟老成员国法国、荷兰、比利时、德国和意大利等国因担心犯罪率增加，威胁社会安全与稳定，害怕失去本国的民族认同感，惊呼"狼来了"。它们不能对中东欧的"欧洲公民"给予宽容接待，甚至表现出厌恶情绪，也就是对中东欧的不同文化（如东正教文化、穆斯林文化）不能认同，甚至排斥。

如果把西欧的这种心态放大看，这还是历史上欧洲中心主义的翻版。欧洲中心主义是西欧在19世纪和20世纪通过殖民主义、经济掠夺、战争、干涉他国内政和全球化等手段，把西欧的原则、价值观和生活方式等强加给非西欧国家和非欧洲国家。显然，现在欧洲中心主义已经过时，不再符合欧洲一体化的利益，但是它的阴影还在。中东欧国家加入欧盟后，它们一直是欧盟中的"二流国家"、是欧洲公民里的"二等公民"、是西欧文化中的"边缘文化"，这就是最好的证明。

## 二、中东欧国家具有独特的民族认同和文化认同

其实,由 28 个国家、5 亿多人口组成的欧盟本身就是一个多元文化的混合体。欧盟制定了共同的外交政策、有共同的市场和农业政策,但它不可能制定共同的文化政策。每个国家的文化都有自己的特点和价值,任何一种文化都不能自诩为普世文化,更不能替代别国文化。文化存在多样性,就像语言和宗教的多样性一样。世界上没有世界语言,没有世界宗教,也没有世界文化。应该说,多元化是绝对的,是客观存在;而一体化是相对的,是需要条件的。欧洲是世界上涌现各种思想家和理想家的地方,也是世界几大洲中最具个性、相互之间差异最大的地区,40 多个国家间的民族、语言、历史、宗教、经济发展水平和文化都不尽相同。所以,欧盟东扩时如何保留和尊重文化的多样性是必须考虑和解决的问题。文化认同问题解决不当将导致严重的社会后果。

让我们举原南斯拉夫的例子。在像南斯拉夫这样一个多民族、经济和文化发展极不平衡的国家里,由于不存在公认的"南斯拉夫人"、"南斯拉夫民族"和"南斯拉夫文化"以及对这三者的认同感,各共和国和自治省常常提出诸如语言、文字、文化的独特性等问题,向联邦发难。所以在各种民族主义,其中就包括文化民族主义的冲击下,最终联邦发生了解体。可以说,各共和国和自治省扭曲了的文化认同因素是联邦崩溃的原因之一。

例如,原南斯拉夫的科索沃地区曾经是巴尔干半岛多种族多元文化的缩影,被视为东西方文化的"聚宝盆"。在科索沃中古

史和近代史上存在大量的塞尔维亚和阿尔巴尼亚文化古迹，留下了共同的文化遗产。该地区曾经是奥斯曼帝国推行伊斯兰化的重灾区，却未能摧毁当地居民的民族认同和文化认同。在这里的每一座城市和大的村庄，清真寺和东正教堂同时存在，相安无事。在社会主义年代，人们经常可以看到：在同一屋檐下，既挂着（伊斯兰教男人用的）缠头巾和（东正教的）圣像画，又摆放着《可兰经》和《圣经》。① 应该说，这种景象说明不同宗教和不同文化是可以和谐相处、共同发展的。科索沃的丰富文化遗产就是历史上塞尔维亚族和阿尔巴尼亚族友好相处的最好见证。然而，令人遗憾的是，科索沃过分强调阿族的民族认同和文化认同，在最近20年的动乱中，科索沃许多中世纪以来的历史文化古迹遭到了毁灭性的破坏。据塞尔维亚政府公布的统计资料，从1999年科索沃战争到2004年，在科索沃有156座东正教教堂和寺院被毁坏，其中包括中世纪塞尔维亚皇帝斯特芬·杜尚的墓地。2008年科索沃单方面宣布独立后，联合国也特别强调科索沃有捍卫诸如文化、语言、教育和民族象征的权利，要求保护和鼓励发展宗教和文化遗产，设立宗教和文化设施保护区，使科索沃在多种族多元文化社会中继续发挥连接塞族和阿族的桥梁和纽带作用。

上面我们谈到的中东欧国家受西方的文化影响本来就较深，很容易失去自身历史的根源、传统和习俗。这些国家本国的文化认同感最容易被瓦解和同化，这些国家的文化独特性、文化传统和文化遗产很难继续保留和发展。它们加入欧盟得到了政治上和经济上的好处，但它们却没有也很难享受到多元文化的地位和

---

① 马细谱：《科索沃：塞尔维亚和阿尔巴尼亚的文化摇篮》，见北京外国语大学欧洲语言文化学院编：《欧洲语言文化研究》（第4辑），时事出版社2008年版，第134页。

待遇。

近年来，欧洲的一体化已经没有了当年的冲劲，统一的欧洲远没有建成，欧洲认同还在许多层面存在问题。欧盟的所谓"多元一体化"出了问题，欧盟国家间、欧元区和非欧元区国家间、发达与欠发达国家之间的分歧和矛盾也比过去明显增多。尽管欧盟东扩之后确实自鸣得意，但很快陷入东扩的"疲劳症"和"后遗症"之中。有的西方评论家甚至认为"欧元区要解散"，"欧盟要瓦解"，"唱衰论"盛行。出现这种情况，除欧盟扩大太快、内部矛盾交错外，是否还存在各国的文化认同与欧盟的东扩不协调的因素，值得我们关注和思考。

历史似乎又在重演20多年前的一幕。当年的苏联利用第二次世界大战的机会，把东欧国家几年之内都搞成社会主义，以后又把它们控制在华约和经互会的框框内，而由于它们之间的情况千差万别，其结果是造成了南苏冲突，波匈事件，布拉格之春，波兰的团结工会，它们与苏联之间的矛盾愈演愈烈，最后导致1989年的剧变及体制转轨。

同样，西方在和平演变东欧国家的过程中，又犯了类似的错误，从政治需要和战略利益出发，迫不及待地、不分青红皂白地协助东欧国家的反对派推翻了共产党政权和社会主义制度，以至于在有的国家发生流血事件，甚至战争。西方千方百计把中东欧国家拉入北约和欧盟，其时间之短、速度之快超乎人们的想象。欧盟从1950年的6国扩大到1973年的12国，花了23年时间，1995年第4次扩大到15国又花了22年，即总共花了45年才扩大到15国。而到2007年把中东欧10个原社会主义国家和马耳他、塞浦路斯拉入欧盟的第5次扩容只花了12年时间。期间，斯洛文尼亚、斯洛伐克和爱沙尼亚三国相继加入了欧元区。这种匆忙行事和急于求成只会适得其反。欧盟面临东扩之后的种种困境在所难免。

我们看到，统一欧洲的出现是 20 世纪欧洲史上的重大事件之一。欧盟力图成为一个超级国家机构，在世界历史舞台上发挥极为重要的作用。我们在研究欧洲当代史中的欧洲认同和中东欧文化认同现象时，既要看到"森林"，又要看到"树木"；既要揭示欧洲文化的共性，又要发现其各自的差异性。我们说，全球化应当是人类的一体化而不是人类的分离化。同样，欧洲一体化也应当是整个欧洲的民族和文明全面认同而不是整个欧洲的地域化，更不是全盘西化。欧洲要走向联合和一体化，这是欧洲历史发展的一种趋势，而另一种趋势是，欧洲各国的种族、民族、文化、宗教等又正在呈现多样化。这两个进程同时存在，有时在相互扩散，有时又相互对立。如何把两种趋势融合在一起，这是欧盟面临的需要解决而又十分棘手的问题。

以波兰为例。波兰学者认为，"在世界文化宝库中，有一大批的波兰科学家、艺术家、杰出的革命家以及具有魄力的神职人员跻身其间"。波兰文化就像一块由各种文化元素编织而成的拼图织物，这些元素来自东西南北不同方向，点缀在本民族文化的经纬脉络上。"文化是历史演变的写照"[①]。与不同宗教、语言和习俗的民族交往，对波兰社会生活的方方面面均产生了影响。波兰从 1772 年开始，亡国的时期长达 123 年，但是波兰人民却"保持了波兰的民族性，保持了波兰的教育、宗教、语言和风俗。在那个亡国时期，那些象征波兰民族的符号和辉煌历史都深入人心。""正是这一时期诞生了沿用至今的波兰国歌，同时，亦诞生

---

① 中波基金会编：《肖邦故乡——波兰》（中文版），2012 年，第 63、64 页。

了一个不屈的波兰民族奋勇抗争的历史传奇。"①

保加利亚著名学者亚历山大·利洛夫院士指出:"世界文明的多样性,是长期文化嬗变的结果……任何唯一的文明模式或万能的文明模式都是不存在的。单一民族国家要融汇到世界文明之中,但又要保留本民族独特的文化和文明,又要吸取别国文明在物质和精神领域中取得的最高最新成就。每一种文明不是简单地参与世界多元文明进程,而是要为这一共同的文明作出自己的贡献。所有文明都有自己的特点和价值,正是这些特点和价值参与创造了全球文明。"②

利洛夫还强调说,"民族认同和欧洲认同相互融合、相互渗透。两者并不相互矛盾、相互对立。相反,它们在为当代欧洲的发展相互补充。民族没有消亡,也不会在可以预见的将来消亡。任何贬低或者损害民族认同的做法,都不利于实现欧洲认同。有意思的是,实现欧洲认同的过程,并不要求取消民族认同。"这个道理适用于所有欧洲国家——大国和小国、先进的国家和落后的国家。"欧洲认同的核心现在是,将来也必定是欧洲文化和欧洲精神。如果说利益是欧洲联合的粘合剂,那么,文化就是欧洲联合的灵魂。"③

## 三、文化认同与全球化问题

在全球化的影响下,世界上各个国家和地区之间的经贸往来、人员流动日益频繁,各种文明之间的交流与融合也日渐加

---

① 中波基金会编:《肖邦故乡——波兰》(中文版),2012年,第37页。
② [保]亚历山大·利洛夫:《文明的对话——世界地缘政治大趋势》,马细谱等选译,社会科学文献出版社2007年版,第5页。
③ 同上书,第135页。

速。随之而来的是各国之间综合国力的竞争与较量,不同文化之间的矛盾与冲突日益凸显。每个国家的民族文化都被分裂和瓦解,特别是一些发展中国家的文化安全问题也日益显现出来。中东欧国家被迫接受欧盟的经济和交通等领域的一体化,而不愿意接受西欧的文化一体化。加入欧盟后,成员国之间的边界跟每个国家的文化界线已经不太明显。保加利亚学者伊瓦耶洛·兹内波尔斯基认为:"文化全球化和欧洲的文化一体化不会使大国的文化认同受到损害,受害的是小国的文化。欧盟的国界都不明显了,文化的边界就更难保持。"①

保加利亚的玛丽亚·沃尔科娃教授认为,对中东欧国家来说,它们担心加入欧盟将对它们的民族文化认同产生负面影响,使其文化"边缘化,西欧化"。至于它们的政治和经济融入欧洲一体化正是它们所希望的。欧盟老成员国担心失去民族认同,并不担心丧失文化认同,因为它们是文化大国。而中东欧国家小、人口少,受西方的文化影响本来就较深,则经受不住西欧的文化冲击。特别是中东欧国家入盟后,成百万的青年和知识分子进入西欧,他们首先自觉不自觉地认同了西欧的文化。

欧洲一体化,是要在政治上、经济上、外交上逐步实现一体化,从而保障每个成员都能和平地生活在一个"欧洲共同大厦"里。要尊重每一个民族的民族特性,尊重他们的民族文化,让每个民族有实现自我目标和自我存在的空间。

因而,亚历山大·利洛夫教授在讲到世界未来发展的十大趋势的特点时,就指出:"第三大趋势:保留和发展文化的、宗教

---

① [保]伊瓦耶洛·兹内波尔斯基:《文化认同与全球化》,2011年12月21日,保加利亚 webcafe.bg 网站。

的、文明的、种族的和民族的世界多样性。"①

在全球化时代，经济、信息全球化的趋势不可阻挡。但是在全球化时代，各国并不是在一个起跑线上走向全球化。全球化游戏规则的制定权和各国发展的差距使全球化进程产生更大的不平等，发达国家和发展中国家的发达程度和发展差距日益扩大。在这种情况下，保护民族的和文化的属性和多样性问题日益具有迫切性和现实意义。文化是民族认同的基础。越是弱小民族，其文化越发需要保护。民族认同和民族文化的保护，在某种意义上是稳定的重要前提，因为弱小民族的文化被弱化或边缘化，将使该民族在全球化浪潮中失去精神支柱，甚至受到物质和精神的双重冲击。

## 第四节 欧洲罗姆人是欧洲一体化中的难题之一

随着中东欧国家逐步"融入"欧盟这个大家庭，一直游离于这些国家主流社会之外的数百万罗姆人也希望在西边的"亲戚"那里尽快过上更富有的日子。但2010年9月份，法国总统萨科齐下令驱逐700多名来自罗马尼亚和保加利亚的罗姆人，不仅将罗姆人寻求更富有生活的梦想打碎，还引起欧盟新老成员国之间的矛盾。对于法国来说，区区8000多罗姆人难道就养不起吗？为什么还要惊动总统先生亲自下令驱赶？而且驱赶罗姆人的还远不止

---

① ［保］亚历山大·利洛夫：《文明的对话——世界地缘政治大趋势》，马细谱等选译，社会科学文献出版社2007年版，第333页。

法国一家，还有意大利等国。看来这不仅仅是驱赶几千罗姆人的问题，而是关系到欧盟未来如何对待加入欧盟的中东欧国家的数百万罗姆人的问题。但要回答这一问题，还得从罗姆人的自身问题入手。罗姆人的问题历史并不长，但它却一直是个谜。对于他们的历史、来源和人数各有各的说法，一直说不清楚。这么多年来，他们为什么总是一直游离于主流社会之外？进入欧盟这个大家庭以后，他们将会给这个大家庭带来什么？如何让他们融入主流社会？这才是欧盟和各成员国最头痛的老大难问题。

## 一、罗姆人的来历说不清楚

在很长的一段时间里，罗姆人一直被认为是来自埃及，一是地理上更加接近，二是比起遥远的印度，埃及更容易被欧洲人认可。此外，罗姆人自己也确认他们是被埃及赶出来的基督教徒。这样他们就得到了当时的教皇和很多国家当权者的同情，并体面地定居下来。在英语中他们被称为"Gpysies"（吉普赛人），就是从埃及这个词演变而来。直到今天，生活在马其顿、科索沃和保加利亚西南地区的罗姆人还是认定他们是埃及人的后裔。

有关吉普赛人的称呼可谓五花八门，法国人称他们为波希米亚人，西班牙人称他们为弗拉明戈人，俄罗斯人和保加利亚人称他们为茨冈人，阿尔巴尼亚人称他们为埃弗吉特人，伊朗人称他们为罗里人，中国古代称吉普赛人为"罗哩回回"，是从波斯语"Lari"转化而来，有勇敢、鲁莽、歌手、乞丐之意。希腊人称吉普赛人为"阿金加诺人"（Atsinganoi），这个词在希腊语里是"贱民"的意思。根据这些线索，从语源学解释吉普赛人，学术界出现了两种推论：一种说法认为西方基督教文化出于对吉普赛人的歧视，称呼他们为"贱人"；另一种解释是，该群体最早系属于印度西北部的低下阶层，因此延用"贱人"一词。现在有更多历史学家认同有关来自印度的推测。1763年《维也纳报》发表了一篇报道：一个来自匈牙利的大学生发现他家乡的罗姆人说的语言与1000个古老的印度梵语非常相似，几乎一样。他的导师、德国语言学家格雷尔曼在此基础上对罗姆人的生活方式、习惯和他们说的"ROMANY"语与梵语相比较，认为他们之间有直接的联系，从而提出了罗姆人来自印度的推断。后来这一推断获得了大部分研究罗姆人的语言和历史的学者认可。[①]

罗姆人何时和为什么离开印度？直到今天仍然是一个谜。较多的历史学家推断，罗姆人是在5—6世纪开始离开印度到达拜占庭帝国的边境地区，然后分为3支，一支向北，到了高加索，即现在的格鲁吉亚和亚美尼亚；另外一支南下到了叙利亚和北非地区；还有一支继续向西，来到了巴尔干地区，但何时到达巴尔干也没有确切的说法。保加利亚有关学者认为，有关于茨冈人最早从1100年来到巴尔干定居的说法，但有文字记载的史料表明，13至14世纪在巴尔干地区希腊和保加利亚有定居的"茨冈人"，这是保加利亚人对罗姆人的称呼。这批茨冈人在巴尔干生活了几代后又开始继续西行，到达了西欧，所以巴尔干又有"茨冈人的第二故乡"的说法[②]

## 二、罗姆人的人数说不清楚

由于罗姆人不愿意参加人口普查和不愿承认自己是罗姆人，

---

[①] Институтотворенообщество：《РОМИТЕ В БЪЛГАРИЯ, ИНФОРМАЦИОНЕН СПРАВОЧНИК 2008》，София.

[②] 同上。

所以，有关各国都无法准确统计罗姆人人数，但有关机构和学者推断全世界大约有 1200 万罗姆人，而官方统计的数字还不到推断的 1/3，官方统计和专家推断的数字二者差距很大。2010 年，索罗斯创办的"开放社会"基金会发表了有关国家落实《罗姆人 10 年融合》规划情况的研究报告①。该报告说，在欧洲大约有 1000 万—1200 万罗姆人，在欧盟成员国中大约有 617.28 万，主要分布在罗马尼亚、保加利亚、匈牙利和西班牙等国；在欧盟之外的欧洲国家中有 508.41 万，主要分布在土耳其、俄罗斯、乌克兰、摩尔多瓦和塞尔维亚等国。参加《罗姆人 10 年融合》计划的 12 个国家的罗姆人分布如下：

阿尔巴尼亚：2008 年阿尔巴尼亚统计罗姆人为 31786 人。但研究人员非正式估计有 3 万至 12 万罗姆人。

波黑：根据波黑国家统计局公布的 1991 年人口普查数据，罗姆人为 8964 人。据估计 2005 年波黑境内共有 4 万至 6 万罗姆人。2009 年波黑人口统计中没有罗姆人的数据，但据非政府组织研究人员和有关国际机构估算，2007 年波黑境内大约有 7.6 万罗姆人。

保加利亚：根据保加利亚官方统计，2001 年有 37 万罗姆人。但据非官方机构估算，罗姆人大约在 63.8 万至 81.5 万之间。

克罗地亚：2009 年克罗地亚发表的统计年鉴表明，克罗地亚共有人口 443.4 万，由于许多罗姆人不愿意承认，所以统计显示只有不到 1 万罗姆人。根据克政府、非政府和国际组织推断大约有 3 万—4 万人。

捷克：2009 年捷克进行人口普查，捷克共有 1050.12 万人，

---

① 见 www.soros.org/initiatives/roma。

但没有有关罗姆人人数的准确数据，据人口学家推算，大约有18.8万罗姆人。

匈牙利：2005年国家人口统计数据表明，匈牙利共有1009.03万人，其中有20.572万登记为罗姆人。但根据从事罗姆人研究的专家推算，大约有52万至65万罗姆人。

马其顿：根据有关统计，2002年马其顿共有202.2547万人，其中罗姆人为5.3879万人，占2.6%。2009年马其顿总人口205.3799万人，但没有罗姆人的统计数字。据有关专家推算，罗姆人大约有13.549万，占总人口的6.77%。

黑山：2009年黑山共有人口62.7万人。根据黑山统计局2008年10月对罗姆人的统计，为9934人。

罗马尼亚：2012年2月罗马尼亚国家统计局公布的2011年人口统计初步结果显示，罗马尼亚总人口从2002年的2168万下降至1900万，而同期自我确认的罗姆人则达到了62万人，占总人口比例由2.46%上升到3.2%。据非官方估计，罗马尼亚有170万—250万罗姆人。

塞尔维亚：2002年塞尔维亚人口统计数据显示，罗姆人为10.8193万人，占总人口的1.44%。2009年塞尔维亚公布的总人口有所减少，但没有罗姆人的人数，据有关研究人员推算，罗姆人大约在25万至50万之间。

斯洛伐克：2008年斯洛伐克总人口为541.2254万人，其中罗姆人为10.4304万人。斯洛伐克政府主管罗姆人的机构推算，罗姆人大约在32万至38万之间，占总人口的6.5%。在中东欧国家中是占比最高的一个国家。

西班牙：西班牙共有人口4303.8035万人，罗姆人大约为65万至70万之间，占全国总人口的1.6%。

## 三、罗姆人的前景说不清楚

欧洲人一直对罗姆人是又恨又爱。爱只是将他们当作"浪漫"的代名词，但这仅为文学创作而已：有闻名世界的《大篷车》中的《拉丝之歌》；有法国现实主义作家梅里美笔下的美丽女郎卡门——她天性自由洒脱、热情奔放、能歌善舞，创造出举世闻名的西班牙弗拉明戈舞。卡门代表了吉普赛这个民族的一些特性：热情、奔放、洒脱，在城市与乡村之间流浪。吉普赛人以部落为单位，实行族内婚，不与外族通婚，保持严格的民族界限。他们以大篷车为家，妻儿老小浪迹天涯。由于生活不安定，他们主要靠算命、弹奏、占卜、乞讨等独特的职业为生。当生计受到威胁时，有的吉普赛人就干起盗窃抢劫的勾当，这也正是他们备受歧视与冷遇的原因。吉普赛人终年流浪，不愿受拘于任何法律，练就了剽悍、刚强的民族性格，1000多年来也从未打破这一历代传下的"家规"。时至今日，有95%的吉普赛人定居在砖、石砌的房子里，但依然谨守祖先的传统，他们共同而紧密地生活在以地毯装饰的狭小空间，就如同在过去的敞篷马车里一样。但欧洲人对他们更多的是恨。相对而言，保加利亚对罗姆人还是比较宽容的，但他们私下里却说"茨冈人是社会的牛皮癣"。在欧洲国家眼中他们是犯罪根源和社会负担。另外，吉普赛人的一些观念也难以融入现代社会，比如，他们不以偷盗为耻。在欧洲，吉普赛人就是小偷的代名词。他们中间流传着一个说法：耶稣受难时，心脏本应被钉上一颗钉子，而这颗钉子却被一名吉普赛人偷走了，耶稣才得以躲过这个致命的打击。为了报答吉普赛人，从此上帝允许他们偷窃非吉普赛人的东西。他们还相信，自然界的万物都是人类共有的，任何人都可以享用，因此在流浪途中，他们经常把别人圈养的家禽归为己有。不少吉普赛人还唆使他们的孩子在大街上偷东西，有人甚至给孩子灌迷药，利用昏迷不醒的儿童进行乞讨。

欧洲抵制吉普赛人的历史可以追溯到15世纪，当时瑞士的卢塞恩地区和德国的弗赖堡地区就制定了有关法律，开始"依法"驱逐吉普赛人。"二战"期间，德国纳粹屠杀了40多万吉普赛人，他们与犹太人和其他少数民族一起被关进集中营。苏联时期，东欧的许多国家把吉普赛人集中起来，吉普赛儿童则被送到特殊学校，与社会隔离开来。2002年保加利亚有关机构做过一次调查，结果表明有51%的罗姆儿童在智障学校学习。① 大赦国际组织曾做过调查，斯洛伐克全部适龄入学儿童中吉普赛孩子的比例占不到10%，可是他们中的60%却被送进了特殊学校。吉普赛儿童辍学现象十分普遍，这些孩子因此而不能获得日后就业所需的种种技能，只能加入捡破烂、乞讨甚至犯罪的大军。

为什么近1000年来罗姆人生活在高度文明和经济发达的欧洲国家，却一直游离于社会之外，不能融合入欧洲主流社会呢？吉普赛人得不到承认在很大程度上是因为他们的身份问题。人类学家和语言学家对吉普赛人是否是一个单一的民族一直没有确切的认定。确定吉普赛人是一个单一的民族，而不是由多民族混合而成的，将有助于保障他们的合法权利。科学家曾检测了来自14个地区的罗姆人，他们的Y染色体和线粒体DNA都含有被称为"单倍组"（haplogroups）的突变类型。罗姆人的样本Y染色体都

---

① 见 http://eur-lex.europa.eu/LexUriServ/LexUriServ.do?uri=COM:2011:0173:FIN:BG:PDF。

含有单倍组 VI-68,其数量占所有样本的 44.8%。对于线粒体 DNA 有类似的发现:26.5% 的男性都携带有单倍组 M。这些人在单倍组上表现出的差异性非常小。这一结论说明,尽管吉普赛人有不同的部落,但他们仍然是一个单一的民族。而且,单倍组 VI-68 和单倍组 M 都是亚洲人特有的,这就支持了语言学上的证据:罗姆人来自印度。科学家把这一研究成果发表在了 2001 年 12 月的《美国人类遗传学》杂志上。Edith Cowan 大学的研究者表示将继续研究吉普赛民族的单一性,这将促使一些国家和罗姆人本身正视罗姆人是一个单一的民族这一事实。同时,由于罗姆民族非常单一(不与外族通婚),科学家研究这种"封闭"民族的基因可以确定某些疾病的发病机理——罗姆人不是不祥的象征,而是非常珍贵的样本。

## 四、欧盟的罗姆人政策效果说不清楚

应该说,欧盟和有关成员国也为提高罗姆人的生活水平和帮助他们融入主流社会作出了不少努力,但效果却一直不尽如人意。联合国和欧盟曾制定了有关提升罗姆人教育水平、医疗卫生条件、就业水平和住房保障等一系列政策和法规,主要有:(1)世界人权声明;(2)国际公民权利和政治权利的议定书;(3)国际经济、社会和文化权利;(4)欧洲委员会关于保护少数民族框架公约及其解释报告;(5)欧洲委员会关于保护人权和基本自由的公约;(6)关于消除一切形式种族歧视的国际公约;(7)关于禁止教育歧视的公约;(8)关于保护儿童权利的公约;(9)关于消除对妇女一切形式的歧视的公约;(10)欧洲议会关于欧盟境内罗姆人基本情况的 2005 年 4 月 28 日决议;(11)欧洲议会关于欧洲罗姆人战略的 2008 年 1 月 31 日决议；(12) 欧盟 2020 年罗姆人融入的国家战略框架。①

早在 1971 年 4 月 8 日，吉普赛人在英国伦敦举行了第一次罗姆人国际联合会（International Romani Union），并将 4 月 8 日确定为罗姆人国际日。欧洲开始普遍接受罗姆（roma）这个概念。此外，索罗斯创办的"开放社会"基金会也一直做了很多工作。欧盟成立了一个"欧洲特别基金"，所筹集的资金高达 133 亿欧元②，由保加利亚、罗马尼亚、匈牙利、捷克、斯洛伐克和希腊等 12 个欧盟成员国分配，用于加快罗姆及其他弱势群体的融合进程。这些资金和具体方案由各有关成员国自行确定。但罗姆人在这些国家是没有政治参与权的，如何确定方案和如何分配这些资金在这些腐败盛行的国家也确实是个问题。2010 年世界银行有一份报告指出，保加利亚、罗马尼亚、塞尔维亚和捷克等国在吉普赛融合项目上的年度费用高达 57 亿欧元，折合 73 亿美元，而这些项目均以失败告终。

2011 年 4 月 5 日欧盟通过的"欧盟 2020 年罗姆人融入国家战略框架"是"欧盟 2020"发展战略的一部分。该框架要求"各成员国首先必须确保罗姆人不受歧视，要以对待其他欧盟公民的态度对待他们，让他们享受到欧盟基本权利宪章所规定的所有基本权利。此外，必须采取实实在在的行动，结束（罗姆人）一代又一代恶性循环的贫穷"。但正如该框架报告指出，"近年来，无论是在成员国还是在欧盟中，虽然取得了一些进展，但大

---

① 见 http://eur-lex.europa.eu/LexUriServ/LexUriServ.do?uri=COM:2011:0173:FIN:BG:PDF。

② 《Ромите в Централна Европа – интеграция или самоизолация》，《Дневник》，21，10，2010。

多数罗姆人的日常生活并没有改变。欧洲委员会罗姆人工作组的调查指出,对欧盟境内大多数罗姆人的社会和经济问题需要采取果断和相应的措施,而实际上这些措施并没有出台。"① 该战略框架还指出,要在加强教育、就业保障、医疗保健和住房等主要方面提高罗姆人的生活水平和认同感;同时,要求各成员国必须制定各国2020年罗姆人融入国家战略,以确保该框架能够得到落实,用10年时间使罗姆人现状得以改善。

欧洲委员会少数民族顾问费朗斯诺说,西班牙是欧盟中公认的对罗姆人在融合方面做得比较好的国家,经验主要有四点:第一是"民主化",1997年以前西班牙通过法律手段驱赶罗姆人。但在以后,罗姆人不但不再害怕西班牙的警察了,还视警察为他们的保护神。第二是成立了专门的社会系统,以保障他们获得教育、住房、医疗卫生和其他社会福利。第三是推行特别的政策,以确保和监督他们的工作机会和他们的孩子上学的情况。第四是成立了亲罗姆人联合会等社会团体。②

西班牙社会事务部关怀家庭和儿童司司长马托认为,西班牙模式获得成功的关键是让罗姆人家有所居规划的实施。1989年西班牙开始实施罗姆人发展规划,该规划的核心是保障社会权利,"当你的生活条件改变了,变化也就来了"。在实施规划的10年里,共为罗姆人提供了3.6万个工作岗位。近年来,西班牙通过成立罗姆文化院或国家罗姆委员会等方式提高罗姆社团的文化和规范意识。而最具有特别重要意义的是让罗姆人参与从地方到区

---

① 见http://eur-lex.europa.eu/LexUriServ/LexUriServ.do?uri=COM:2011:0173:FIN:BG:PDF。

② 《Четирите тайни на успешния испански модел》,От《Дневник》,21,10,2010.

域直至国家的各级政权管理。

匈牙利和保加利亚等国也作了不少努力。保加利亚议会中不仅有罗姆人议员，还专门搞了一个保加利亚国民议会实习项目，旨在培养新一代罗姆人参政议政的热情和技能。2006—2007年度共有18人通过了实习项目的科目，其中有3人出任索菲亚和其他大区的专家或顾问，5个人参加了2007年度的地方政府专员的竞选，1人参加区长的竞选。其他的实习生也都参加各级的民间组织工作。

但这一切努力并没有改变大部分罗姆人到处流浪的生活习惯。特别是最近几年，在欧盟自由迁徙的规定之下，廉价劳工从东欧大量涌入西欧。大部分罗姆人背井离乡，不纯粹是为了工作，更是为了摆脱贫困和迫害。罗姆人问题变成了整个欧洲的问题，法国对此反应敏感，要求欧盟对东欧各国施加更大压力，务必令各国将吉普赛融合问题控制在境内。2010年夏季罗姆人问题突出后，欧盟才意识到问题严重，召开了专门的罗姆人问题会议。会议就罗姆人的一体化或融入欧洲社会提出了三个方面的措施：为罗姆人孩子制定教育计划；为就业提供帮助；为开展商业活动创造条件、培训经商人员和发放小额贷款。然而，深陷希腊债务和欧元区等问题的欧盟，至今也没有找到几百亿欧元的资金来实现欧盟的倡议。2011年还专门制定了"欧盟2020年罗姆人融入的国家战略框架"。欧盟委员会主席巴罗佐号召各成员国为罗姆人融入欧洲社会提供"现实机会"。但同时，他又指出，布鲁塞尔不可能解决各地产生的所有问题。特别是2014年，保加利亚和罗马尼亚境内的罗姆人也同其他欧盟成员国的公民一样享有自由流动的权利。那么，法国等有关欧盟国家再要求这些国家看管好罗姆人就没有什么理由了。

2015年是所谓"2005—2015年吉普赛10年融入欧洲"计划的最后一年。2005年,在世界银行、"开放社会"基金会、欧洲发展银行、欧洲罗姆人人权中心、联合国有关机构等国际组织和民间团体,以及有关国家政府的参与下,在布达佩斯的一家酒店签订了该计划。保加利亚、捷克、匈牙利、罗马尼亚、斯洛伐克、西班牙、阿尔巴尼亚、波黑、克罗地亚、马其顿、黑山和塞尔维亚等12个国家参加了这一计划,斯洛文尼亚以观察员的身份也参与了该计划。各有关国家的相关部长出任本国协调委员会主任,每年举行一次有各国政府部长参加的协调委员会会议。该计划是否还要延续下去?对此也有两种不同意见。一种主张该计划确定的目标和任务还没有达到,因此,还应该继续推行这个计划。另外一种主张停止该计划,主要原因是欧盟有一个"2020框架",该计划与框架重叠。"开放社会"基金会每年还发布一个有关国家关于罗姆人生活、教育、医疗保健、就业和住房保障等生活情况的报告。2012年的报告以"没有数据,没有进展"为题[1],实际上批评和抱怨该计划没有得到应有的重视,所以该计划推行近10年来没有多大的进展。在加入欧盟的有些中东欧国家中,部分罗姆人的生活还不如在原社会主义时期,不管那时的社会有多么糟糕,至少还能保证他们的工作、住所和福利,并制止犯罪。如今游荡在城乡边缘的罗姆人的生活状况与他们在非洲或印度游牧时差不多。他们之所以在欧洲不断迁徙,正是因为在家乡受到了歧视和驱逐。因此,罗姆人的问题绝非通过将其从一国强制赶到另一国就能解决的短期安全问题。这种粗暴的做法不但有损欧洲价值观和法律原则,而且也未能解决问题的根源。罗姆

---

[1] 见 www.soros.org/initiatives/roma。

人的悲惨命运似乎在千年以前就被注定，他们要流浪到何时、何方？欧洲的罗姆人融入欧洲主流社会的效果也一直说不清楚。

保加利亚有关学者认为，罗姆人的问题不是种族问题，也不是宗教问题和政治问题，而是他们的生活方式和价值观同欧洲文明价值观格格不入。不断强化和固化他们的种族和宗教的差异并保持其独特性，确认他们特有的信仰和信念以及种姓陈规，这一切都不是解决问题的捷径。当前保加利亚和欧洲现有的社会体制完全排除了将罗姆人作为一个整体，"国中之国"的模式融入欧盟。因为这种模式只会进一步造成社会对立、制造紧张局势、增加冲突，放弃明智和文明的解决办法。① 根据欧盟1992年和1997年颁布有关欧洲条约和宪法，罗姆人问题的解决只能在他们自觉自愿的基础上实现同化。

从法国前总统萨科齐下令驱逐来自罗马尼亚和保加利亚的罗姆人，到《欧盟2020罗姆人融入国家战略》的有关国家落实情况，再到"开放社会"关于《罗姆人10年融入》的每年总结报告，结论都很清楚：欧盟有关罗姆人的政策和战略落实的情况并不理想。罗姆人不仅没有能够融入欧洲主流社会，他们的生活水平同他们所在国其他人民的生活水平的差距反而被拉大了。欧盟的罗姆人融入战略为什么没有达到预期效果呢？其主要原因大概有以下四点：

第一，罗姆人被歧视的处境没有得到根本改观，又怎么能谈得上融入主流社会？欧洲白种人的傲慢和与生俱来的优越感，不是现代文明所能够掩盖的。它像一张巨大而无形的防火墙，将罗

---

① Милко Бояджиев,"*Циганите в Европа и ромите у нас*", Сдружение Хелзински наблюдател-България, 2, 8, 2005.

姆人隔离在主流社会之外。

第二,欧盟的融入战略的重点就是提高罗姆人的生活和就业水平,改善教育、住房和医疗保健状况,但这些都需要大量资金。欧盟和欧元区国家忙于应对欧洲主权债务危机和欧元危机,拿不出更多的资金来落实这些措施。

第三,欧盟官僚机构和文牍之风盛行,说得头头是道,做起来则是另外一套。

第四,1000多年来的历史和实践证明,欧洲文化和文明是无法同化罗姆人的。因为欧洲的文明不可能包容罗姆人的文化和社会生活方式。欧洲只能是罗姆人借以栖身之地,而不是他们的家园。罗姆人是否会像犹太人那样寻找自己的家园,这值得我们进一步跟踪和观察。

## 第五节 美欧俄土四强博弈巴尔干

近年来,国际战略格局加速调整,并发生重大改变,世界政治力量的对比也发生重大变化。素有"火药桶"之称的巴尔干地区虽然不是世界关注的中心,但由于其特殊的地缘政治和战略地位,以及那里复杂的民族、领土、宗教问题和敏感的安全局势,依然是欧洲地区的热点。巴尔干地区长期是各大国觊觎的对象,现在仍是大国(集团)博弈的舞台。美国、欧盟(尤其是其中的德国)以及俄罗斯,各自从其自身的战略利益、经济利益及地缘利益考虑,仍在那里努力占据有利地盘,而土耳其作为新兴力量和地区强国,也尾随其后,加入利益博弈的行列,争当角逐巴尔干的第四势力。

## 一、美国：总体战略收缩，但要保住科索沃

美国为配合其全球战略重心东移，在巴尔干地区实行战略收缩，但同时又极力扶持科索沃建国并向其他地区兜售、推广"科索沃模式"。

为争夺巴尔干地区的控制权，扩大影响力，美国于1994年介入波黑内战，1999年发动科索沃战争，并开创了"人权高于主权"的"科索沃战争模式"，其结果是：彻底夺取了苏联的传统势力范围，挤压了俄罗斯的地缘政治空间，同时也震慑了欧洲、打击了欧元。美国成为这场游戏的最大赢家，从中获得政治和战略利益。从此，美国主导下的北约长期驻军科索沃及其周边地区，在巴尔干地区建成了密度最大的军事基地群，并在科索沃拥有了其在欧洲最大的"邦德斯蒂尔军事基地"。从军事角度看，北约设在欧洲的基地网络对美国利害攸关，美国要控制中东，其海军、空军基地只能依赖欧洲基地。2008年美国力主科索沃单方面宣布独立建国，并试图将"科索沃进程"、"科索沃建国模式"培育成国际政治中的新型演化模式，正在将其输出到中东和世界其他地区，以便广泛复制，从而在许多地区造成潜在或现实的分裂和动荡。

奥巴马入主白宫以来，受金融危机的打击，加之布什时期先后发动阿富汗战争和伊拉克战争，美国的经济实力和国民的自信心受到削弱和影响，再加上世界政治力量的对比发生变化，这一切决定了美国对其全球战略进行调整，实行战略重心东移。为配合其"战略再平衡"，奥巴马在做出巴尔干总体形势相对稳定、暂时维持巴尔干现状符合美国利益的结论后，敦促和力推其欧洲

盟友在巴尔干地区发挥更大的作用，同时开始在巴尔干地区进行战略收缩，从积极"介人"、"台前主导"转为"幕后指导"，从布什时期的崇尚武力、以压促变转向软硬兼施、全面对话、加强接触、谋求妥协，并转移和减少了美国在科索沃邦德斯蒂尔军事基地的兵力。

但值得关注的是，美国在巴尔干实行战略收缩的同时，依然关注巴尔干地区的三大潜在热点：波黑、马其顿和科索沃，并将其中由它卵翼和扶持的科索沃作为关注的重点。其主要考虑是：（1）巴尔干半岛是欧美跨大西洋合作的主要方面之一，美国支持巴尔干国家加人北约的同时也支持它们加入欧盟，显示美欧在巴尔干问题上的协调一致、精诚团结。鉴于巴尔干现状，欧美双方均认为，没有欧盟的努力，美国的目标不会达到；没有美国的协助，欧盟也不会成功。（2）科索沃作为美欧催生和卵翼下的产物，从其宣布独立的第一天起就被美国标榜为"民主建国的典范"，但直至今天仍被视为"未建成国家"。这一结果有违它们的初衷。为了应对科索沃建国在国际舞台上遭到的挑战，华盛顿一方面向科索沃当局承诺，科索沃建国已成定局，其边界不容改变，美国对科索沃建国所起的作用"感到自豪"，对它的支持"100年不变"[1]；另一方面，对所谓"失败国家"塞尔维亚进行安抚，承认塞尔维亚是巴尔干地区主要国家，鼓励其"加盟入约"，力促其与科索沃在欧盟主持下继续直接对话，以便尽快实现关系正常化，从而为科索沃入联、入盟、入约开辟道路。（3）美国把巴尔干地区，特别是把科索沃视为更大地缘战略目标的组成部分。美国在该地区实行军事部署可以更迅速地接近中东及其他关乎美国

---

[1] Vizita e zyrtareve amerikane dhe BE-se ne prishtine, KOHA NET, 30/Tetor, 2012.

利益的危险地区。美国表示,美国在一个不确定时期内随时在巴尔干地区的安全领域发挥独特作用,继续通过其在巴尔干地区的军事存在作出重要贡献,以便保持快速回击能力,防止巴尔干地区发生武装冲突、确保稳定的目的。分析指出,至少在今后五年内,美国和其他国家不会撤出在科索沃的军队。(4)缓和美国与伊斯兰世界的紧张关系。近年来美欧各国日益明显地感到伊斯兰因素在增长,而美国"反恐"更加激起伊斯兰世界的仇恨。为了改善其在伊斯兰世界的形象,缓和其间的紧张关系,美国政府一直把阿尔巴尼亚和科索沃称为"温和的穆斯林国家"(尽管阿尔巴尼亚并不承认是穆斯林国家)。美国力挺阿尔巴尼亚和科索沃,显然也有做给其他伊斯兰国家看的意图。

## 二、欧盟:主导入盟进程,谨防"后院失火"

巴尔干地区被称为欧洲的"火药桶"。鉴于该地区重要的地理位置以及与欧盟的邻近程度,也常被称为欧盟的"后院"。在欧盟看来,一旦巴尔干"城门失火",自然会殃及作为池鱼的欧盟一体化建设成果,甚至会使欧盟多年的建设成果前功尽弃。所以,欧盟在积极推动一体化建设、将巴尔干的欧洲化作为其长期战略组成部分的同时,不仅密切关注巴尔干地区的发展,政治上不断向巴尔干"输出民主",鼓励这些国家进行政治、行政、司法改革,实行西方国家的选举制度,经济上在巴尔干地区付出数十亿欧元的"血本",而且还主导波黑事务和科索沃—塞尔维亚对话,精心打造这个"后院"的安全。

早在1999年,欧盟就决定通过与西巴尔干国家签署《稳定与联系协议》的方式,协助巴尔干半岛实现稳定与发展。2003年在希腊萨洛尼卡召开的欧盟与巴尔干国家会议上确定:"西巴尔干国家的前景在欧盟。"但是,考虑到西巴尔干国家的复杂性,这次会议并未制定将所有西巴尔干国家吸收入盟的具体战略和时间表。尤其近年来,由于内部问题,特别是受金融危机和经济危机的困扰,扩容已经不再被列入欧盟的首要议事日程。此外,由于2004年的"历史性东扩"和2007年罗马尼亚和保加利亚两个巴尔干国家的"突击入盟"所产生的后遗症,欧盟迄今仍心有余悸,特别是"老欧洲"国家从此患上了"扩容疲劳症"。正如欧洲议会议长舒尔茨所称,欧盟近期内不会从西巴尔干国家中吸纳新成员。分析认为,除克罗地亚于2013年7月正式入盟外,西巴尔干其他国家入盟均被推至2020年,甚至2025年之后。而西巴尔干国家,虽然把入盟作为它们的既定战略目标,但其入盟进程相当艰难,可谓路漫漫,国民的入盟热情大为降低。

如果说巴尔干地区是欧洲的软肋,那么科索沃则是其软肋之软肋。美欧为了各自的战略安全利益,以"加盟入约"为诱饵,以"胡萝卜加大棒"为手段,分别向塞尔维亚和科索沃施压,极力敦促双方通过开展对话,实现加盟入约达标的主要条件——地区合作与睦邻关系。塞尔维亚是西巴尔干地区最具影响力的国家,它于2009年获得其公民进入欧盟免签证待遇,2012年成为欧盟候选国,2014年1月开启入盟谈判。而科索沃自2012年7月科索沃国际指导小组决定结束对其"国际监督"后,科索沃实现形式上的"完全独立"。国际上,科索沃迄今获得106个国家的承认(截至2014年2月11日),但欧盟28个成员国中尚有希腊、西班牙、罗马尼亚、斯洛伐克和塞浦路斯5个成员国未承认其独立,北约成员国中有希腊、西班牙、罗马尼亚、斯洛伐克4个成员国未承认其独立,联合国安理会5个常任理事国中有俄罗斯和中国两个常任理事国未承认其独立，而塞尔维亚则一再声明"永远不承认科索沃独立"，从而使科索沃的入盟、入约、入联的希望在相当长时间内十分渺茫。科索沃虽已开启与欧盟免签及《稳定与联系协议》的谈判，但是，它何时实现与欧盟免签、何时与欧盟签署《稳定与联系协议》，尚不得而知。塞尔维亚与科索沃在美国协助、欧盟调停主持下，自2011年3月启动的时续时断的直接对话，随着2012年10月底美国国务卿希拉里·克林顿和欧盟外交与安全政策高级代表阿什顿联手同访塞尔维亚和科索沃，开始由"技术对话"阶段升级为"高级政治谈判"阶段。分析认为，美欧两女强人同时造访的目的是：（1）显示美欧对科索沃问题的立场一致和精诚团结，美国不因战略重心东移而忽略由它催生的"科索沃建国模式"，欧盟不因金融债务危机而放任科索沃沦为"巴尔干安全黑洞"；（2）"维稳"，即维护巴尔干地区稳定，缓和塞科之间的紧张；（3）"促谈"，即敦促塞科双方继续进行直接对话；（4）"指向"，也就是进一步明确"塞、科的未来在欧盟"；（5）美欧通过在巴尔干半岛的存在及对科索沃事务的主导，扼制塞新政权的"疏西亲东"倾向，并抵消俄罗斯、中国、土耳其在巴尔干地区日增的影响力，防范"有人钻美欧政策的空子"。

值得关注的是，正是在美欧两女强人走访之后，塞、科终于在2013年4月19日第10轮谈判中达成了双边关系正常化协议（但未正式签署）。为了落实协议，2013年11月，包括塞族聚居区在内的科索沃全境举行了地方选举，而北部四个塞族乡镇准备成立市政联合体。

特别应该指出，德国利用自身地缘和政经优势，在欧盟主导巴尔干事务中占据突出地位。它主张中东欧国家进一步融入欧盟，深化与中东欧国家的关系，维持德国在巴尔干地区的传统影响力。德国作为"前南问题国际联络小组"成员，高度关注科索沃问题，在科索沃国际维和部队中出兵人数最多。2008年2月20日，在科索沃宣布独立的第三天德国即承认科索沃独立并与之建交，认为科索沃独立标志着前南问题最终得到解决，表示将继续在北约和欧盟框架内参与相应的军事和民事行动，维护科索沃独立成果和国家重建，并积极推销"两德模式"，力促塞尔维亚与科索沃尽快实现"关系完全正常化"。与此同时，它还准备为尽快解决马其顿与希腊之间的国名争端发挥主导作用，为马其顿久拖不决的"加盟入约"创造条件。

为了改变目前欧盟国家天然气供应依赖俄罗斯的局面，近年来欧盟努力修建途径巴尔干国家的天然气管道。首先是纳布科（NABUKO）天然气管道和跨亚得里亚海（TAP）天然气管道（通过竞争，最后NABUKO输给TAP），预计将里海和中东天然气输往意大利和西欧其他国家。这是欧盟支持的"欧洲能源网络"的首要工程，是欧盟解决天然气供应和安全的多样化能源工程。这些项目一旦建成，将部分改变欧盟国家天然气供应依赖俄罗斯的局面。据悉，欧盟和美国之所以支持跨境天然气管道，其主要原因是希望推动和加强东南欧天然气市场的流动性，平衡天然气价格，打破俄罗斯天然气工业股份公司事实上的垄断。

## 三、俄罗斯：低调重返，力挺"斯拉夫国家"

从传统上说，巴尔干地区属于俄罗斯的势力范围，俄罗斯在塞尔维亚等国有自己的地缘政治利益，塞尔维亚始终是泛斯拉夫主义运动链条上的重要环节，也曾是俄罗斯向西、向西南推进的平台。只是本世纪初，俄承受了巨大的地缘政治压力，不得不淡出巴尔干。近年来，随着其国力的增强，美俄战略竞争态势的改变，以及持续不断的欧债危机，俄罗斯在"向东看"的同时，低调重返巴尔干。因为对俄来说，在巴尔干地区的存在是其"强国"的重要标志，俄试图在解决当前巴尔干悬而未决的问题中发挥独特的作用。

由于宗教、民族等因素，巴尔干地区的"斯拉夫人"与俄罗斯有着传统的密切联系。如今，在巴尔干半岛，为了恢复传统影响力，俄罗斯利用自己的经济实力、能源和军工优势，着力发展与塞尔维亚、波黑塞族共和国、马其顿、黑山以及保加利亚等国在各领域的关系。

在能源领域：（1）俄积极促成跨巴尔干油管建设。由于中东局势长期动荡，相对稳定的里海—中亚地区的能源通道成为各国关注的焦点。处于里海石油管道中段的巴尔干地区，在世界能源领域的重要性日益凸显。恢复与深化同希、保两国的传统友好关系，铺设布尔加斯—亚历山德鲁波利斯港新石油管线，是俄重返巴尔干的可靠经济支点。（2）尽快修建"南溪"天然气管道。"南溪"项目最初由俄罗斯、意大利两国提出，目的在于摆脱出口西欧天然气对过境乌克兰的依赖，建设一条从俄罗斯直接通往欧洲的输气管道，实现欧洲能源供应渠道的多样化。根据设计线路，塞尔维亚将成为"南溪"管道的中转国，在其境内将修建两条支线，分别通往克罗地亚和波黑。据报道，俄罗斯已于2012年10月和塞尔维亚政府签署了建造"南溪"天然气管道塞境内部分管道的最后投资议定书。塞尔维亚是第一个参与并已签署最后投资议定书的"南溪"项目的国家。2013年11月，管线中的塞尔维亚段已经正式开工。据称，保加利亚、马其顿、波黑等国也相继与俄罗斯签署了相关协议。俄罗斯总统普京称，"南溪"管道项目不仅对塞尔维亚和巴尔干国家具有重要意义，同时对整个欧洲也是意义非凡。塞总统尼科利奇强调指出，由于"南溪"管道的建设以及其他投资项目，塞、俄两国关系进入一个新阶段。

俄罗斯副外长季托夫于2010年访问地拉那期间曾表示，俄罗斯有意将"南溪"天然气管道延伸到阿尔巴尼亚，但未得到响应。2013年，塞方则表示将开辟通往科索沃的管线，俄罗斯天然气工业股份公司同时也表示，该公司随时准备同意塞尔维亚天然气管道的一部分途径科索沃领土的要求（科方迄今未予响应）。①

在安全领域，俄罗斯在塞南部尼什建立了"区域人道主义中心"，并部署了特种部队，负责"在非常情况下采取快速反应"。分析人士认为，实际上这是俄罗斯在巴尔干地区建立的新的战略据点和军事基地，保护俄罗斯的油气管道，以应对来自美国和欧盟方面的不测。2009年，时任总统梅德韦杰夫亲自访问了这个据称是欧洲此类项目的最大机构，并签署了协议。塞总理达契奇指出，"人道主义中心"的建立曾引起"某些国家"（指美国）怀疑，但是它并"不是外国军事基地"。②

与此同时，据黑山共和国媒体透露，俄罗斯担心动乱中的叙利亚战局，有可能失去其在那里的塔尔图斯海军基地。出于战略利益的考虑，根据普京总统的指令，俄要求黑山政府为其提供亚得里亚海上的蒂瓦特港口，作为俄罗斯地中海舰队的海军基地。这一建议遭到正在积极要求加入北约的黑山政府的断然拒绝，因

---

① "Gasprom" i gatshëm që një pjesë e gazjellësit të kalojë nëpër Kosovë, QIK, Uashington, 3 janar 2014.

② Qender humanitare, Gazeta express, NISHI, 2/nentor, 2013.

为这是北约所不允许的。①

在经济领域，普京计划中的欧亚联盟将塞列入"第三梯队"，塞受邀加入俄关税同盟，卢布在塞银行享有特殊地位；俄、塞两国即将签署战略伙伴关系；俄对塞进行巨额投资，为塞基础设施建设提供的总数达8亿美元的贷款协议已获批准；俄塞中断多年的军事交流正在恢复。主管军工的俄第一副总理罗戈津2012年11月在贝尔格莱德表示，俄塞已达成协议，对塞的军事装备进行现代化改造，继续进行国防领域的合作。但与此同时，罗戈津也担心塞当局由于不断受到欧美施压而立场有变，要求塞当局"仔细考虑为了加入欧盟而接受科索沃地位是否符合塞的利益"，并重申：俄理解塞加入欧盟的要求，但入约不行！塞当局当即表示，塞关于科索沃问题的政策没有改变；塞奉行军事中立政策；塞不允许"任何方面"（欧美）破坏它同俄罗斯的友好关系。分析人士指出，罗戈津访塞的主要目的是明确告诫塞当局，包括普京总统在内的俄罗斯官员警告塞不要加入北约。俄允许塞成为北大西洋议会观察员的同时，也将接纳塞为以俄为首的集体安全条约组织的观察员。该组织规定，其成员国在面对危险的情况下其他成员国有义务给它提供必要的援助，包括军事支援，但其成员国不能加入其他军事联盟（指北约）。

2013年11月，塞尔维亚总理达契奇和俄罗斯国防部长绍伊古在贝尔格莱德会谈时指出，塞尔维亚尊重宪法和保持军事中立的宣言，塞、俄两国国防部决心推进军工、军官培训和专业化领域的合作和装备的现代化。他认为，目前塞、俄两国传统友好关系与合作是近几十年来的最好时期。

---

① Lista e shqiperise natyrore, Podgoricë, 19 dhjetor 2013.

在科索沃问题上，俄罗斯强烈反对科索沃独立，一是担心车臣问题会以此为先河，二是俄罗斯不可能放弃与西方世界博弈的巴尔干地区。在这一问题上，俄罗斯也在打自己的牌："如法炮制"科索沃模式，策动南奥塞梯、阿布哈兹独立；在联合国和其他国际场合及时策应塞尔维亚在科索沃问题上的立场；多次为科索沃北部塞族居民提供物质援助，博得北部塞族的好感，科北部塞族机构授予普京"荣誉市民"称号，那里的塞族居民甚至要求加入俄罗斯国籍。2014年初，俄罗斯还在科索沃北部塞族聚居区专门设立了"非政府组织"——"人权办公室"，这是俄罗斯首次在境外开设此类机构。

在波黑问题上，从政治、经济等领域大力支持波黑塞族共和国。塞族共和国总统多迪克称，波黑塞尔维亚族共和国与俄罗斯保持着"特殊的亲密关系"。

## 四、土耳其：大打"亲情牌"，重温"奥斯曼帝国梦"

近年来，土耳其作为新兴经济力量，随着它在国际和地区处境的改变，以及自身力量的逐渐上升，积极调整对外战略，更加强调奉行独立自主、全方位外交，其国际地位和影响力与日俱增。土耳其在国际政坛开始扮演地区大国角色。一个时期以来，土耳其总理埃尔多安奉行"新奥斯曼主义"（neo-Ottomanism）外交政策，将其"战略纵深"投向长期被忽视的东部周边地区，实现土耳其周边"零问题"。

14世纪下半期至20世纪初，奥斯曼帝国曾在巴尔干半岛统治了500年。可以说，巴尔干地区是土耳其的传统势力范围，土耳其与该地区有着深厚的历史和文化联系。作为土耳其外交转型强力推手的土外长达乌特奥卢，曾在 2001 年出版的《战略纵深》一书中提出了"新奥斯曼主义"，旨在利用特殊的地理位置、历史和经验，加强土耳其与穆斯林国家的关系，在全球新秩序中发挥有效作用，至少成为地区强国。事实表明，土耳其正在以巴尔干地区为依托，奉行积极对外政策，强调与周边邻国"等距离"、"零问题"，加强和邻国的政治对话，增加与邻国的贸易和能源关系，鼓励与邻国之间直接的人文往来，积极参与巴尔干地区的利益博弈，成为继美欧俄之后的第四势力。欧盟外交与安全政策高级代表阿什顿最近承认，土耳其在西巴尔干"已经成为一支重要力量，并具有相当影响力"。

土耳其对剧变后的巴尔干国家大打"亲情牌"，推行"亲戚外交"，其具体做法和表现是：

第一，积极介入地区热点问题的解决，增加其在该地区政治上的参与度。关于科索沃独立问题，土耳其是世界上第一个表态承认其合法地位的国家，同时在国际上特别是在伊斯兰世界呼吁承认科索沃独立。关于"大阿尔巴尼亚"主张，土耳其总理埃尔多安 2012 年 5 月公开表示支持，称阿尔巴尼亚人有权建立阿尔巴尼亚大国。关于波黑，埃尔多安 2012 年 7 月透露，波黑首任总统阿·伊泽特贝戈维奇 2003 年病重弥留之际曾与其耳语，留下"波斯尼亚由土耳其关照"的遗言，称赞"埃尔多安是波斯尼亚人的伟大领袖"。

分析认为，土耳其对巴尔干国家的政治支持，重要的是显示土耳其的意愿和能力，而不是真正能够解决危机。实际上，土耳其的影响力还不足以解决巴尔干危机。比如，它提出愿意承担波黑两政治实体分歧、马其顿与希腊国名争端和塞尔维亚与科索沃之间关系的调解工作，但实际上却充当不了中介人。

第二，鉴于巴尔干国家入盟难，土耳其便提出建立"西巴尔干联邦"的设想。2011年10月，土耳其媒体报道，考虑到西巴尔干任何一国都不可能近期内加入欧盟，巴尔干的欧洲怀疑主义增加，因此，应建立巴尔干联邦，制定共同纲领，发行统一货币"巴尔克"，各国之间取消边界，以便"摆脱欧盟、美国资本的魔爪"。

第三，发挥宗教影响力。土耳其公布了解决巴尔干地区伊斯兰团体关系问题的文件，在巴尔干各国投资兴建了诸多清真寺。如今，巴尔干地区的穆斯林把土耳其看作是这个地区的伊斯兰中心，按传统习惯每年进入斋月的日期以土耳其为准，许多宗教礼仪也均以土耳其为准。

第四，利用北约身份，支持波黑、黑山、马其顿等尚未加入北约的国家的入约要求，帮助科索沃训练安全部队，以便能够参加维和行动，为入约做准备。土耳其还有意接管美国在科索沃的"邦德斯蒂尔军事基地"。

第五，利用相对稳定的经济发展形势，加大对巴尔干地区的投资力度。土耳其是阿尔巴尼亚最大的投资者之一，对阿尔巴尼亚的电讯、金融、建筑具有战略控制。土耳其是第一个与科索沃签署经济互惠和投资保护协定的国家。目前，土耳其对科索沃投资11亿美元，占土耳其整个对外投资（150亿美元）的7.3%。考虑到土耳其在地中海和巴尔干地区的影响力，阿尔巴尼亚政府于2013年将土耳其增补为地区战略伙伴。阿尔巴尼亚总理拉马认为，鉴于土耳其独特的发展模式，及其在巴尔干地区，特别是在确保科索沃和马其顿的稳定方面所起的主要作用，以及它在处理与希腊的棘手谈判方面的经验，作为巴尔干地区战略项目的参与者，阿尔巴尼亚需要土耳其紧急的和具体的援助。土耳其是阿尔巴尼亚第二大贸易伙伴,是能够提供援助的国家,理应成为阿尔巴尼亚的战略伙伴。阿尔巴尼亚新任外长布沙蒂对土耳其的定位是:土耳其对巴尔干和地中海地区均具有特殊的影响力,它是阿拉伯世界、中东和西巴尔干之间的某种联系桥梁,是巴尔干地区投资的主要支撑点之一,它是阿尔巴尼亚加入北约的支持者。

第六,土耳其计划向巴尔干半岛输送里海石油天然气。处于欧亚连接部的土耳其,迫切希望未来的油气管道从自己境内通过。因为这不仅意味着土耳其成为稳定的能源供应基地,而且可从中获得可观的过境收入。土耳其开始酝酿西线管道方案,即阿塞拜疆的巴库—土耳其的杰伊汉管线。与此同时,阿塞拜疆宣布,选择跨亚得里亚海天然气管道(TAP),将其天然气途径巴尔干,即土耳其—希腊—阿尔巴尼亚,然后通过亚得里亚海底输往意大利。

第七,宣传奥斯曼时期是巴尔干最繁荣时期,要求巴尔干国家修改奥斯曼帝国500年占领史,取消"土耳其侵略者"的提法,并提供历史奖学金,以出版新的历史书。2005年至2011年,土耳其政府高官多次出访阿尔巴尼亚和科索沃,要求对方修改历史书。土耳其官员指出,共产党时期的阿尔巴尼亚历史把奥斯曼时期说得太负面,只说奥斯曼是暴力统治、压迫者,对奥斯曼帝国的片面的虚假的描述是对土耳其和奥斯曼的侮辱,增加了人们的仇恨。

第八,对原来存有积怨的国家持宽容态度,并主动沟通。如与塞尔维亚和希腊两国增加交往,实行平衡政策。土耳其支持科索沃阿族和北约的行动,率先承认科独立,致使土塞关系趋冷。但近来,土耳其尽力平衡与塞尔维亚关系,视塞尔维亚为重要的巴尔干伙伴,增加双边的经贸及人文交流。希土关系一向紧张。土耳其一改过去做法,不仅为希腊自然灾害提供援助,而且值希腊遭受债务危机之时,埃尔多安总理亲访希腊,重点放在土希经济合作上。双方签署了内容涉及经济、能源、旅游、环境、文化等多个领域的数十项协议。

但是,应该指出的是,土耳其政府,特别是总理埃尔多安本人近期以来的一些表态和做法也遭到西巴尔干有关国家的质疑和反感。比如,土耳其政府要求修改历史教科书的举动引起科索沃和阿尔巴尼亚历史学家和媒体的负面反应。埃尔多安总理2013年10月访问科索沃期间发表演讲时公开宣称:"科索沃就是土耳其,土耳其就是科索沃。"他的话音刚一传开,立即遭到科索沃、阿尔巴尼亚和塞尔维亚三个方面的谴责,其中塞政府谴责最甚,批评他的讲话严重违反国际法,塞总统尼科利奇称"该讲话具有好战的特点,是一种非武装的侵略",他要求土耳其道歉。为此,塞议会还拒绝审议塞、土双方达成的某些协议。

2013年12月,埃尔多安又发表言论说,"巴尔干的领土属于土耳其",称希腊的塞拉尼克、保加利亚的一些城市,马其顿的斯科普里,科索沃的普里什蒂纳和波黑的萨拉热窝"都是我们的"。[1] 随后,土耳其外长达武特奥卢于2014年1月不得不发表声明,对埃尔多安关于科索沃等地的讲话予以"澄清"。他指出,"埃的讲话没有侮辱塞尔维亚的意思,只是怀有良好的心情,因为塞尔维亚和土耳其的关系是巴尔干稳定的支柱"。[2]

---

[1] Erdogan: Territoret ballkanike i përkasin Turqisë, MRS, E Enjte, 19 Dhjetor 2013.
[2] Davutoglu: Erdogan's statement on Kosovo was noinsult, Tanjug, Belgrade, Jan/13, 2014.

# 第三章 中国与中东欧和欧盟的合作关系

近年,中国和中东欧国家的关系进入了一个崭新和务实的发展阶段,中国领导人主动出访并与中东欧16国政府首脑会晤,提出切实可行举措,举行双边经贸论坛,努力发挥地方积极性,与欧盟密切协调,相向而行,双边关系正在向着合作双赢的良好方向前进。

中国、中东欧国家与欧盟的关系不是一个三角关系,而是一组相辅相成的关系,中国发展同中东欧国家的关系既有利于中东欧国家本身的经济发展,又能推动它们的经济尽快地向欧盟的平均水平靠拢,当然也有利于中国经济的快速发展,更有利于欧盟总体经济水平的提高。只要中国与中东欧国家双方能消除疑虑和猜忌,并排除外来的干扰,本着平等相待、相互尊重、互利共赢、共同发展的原则,相向而行,共同努力,这条合作之路一定会越走越宽广,务实合作的成果一定会越来越丰硕,共同发展的前景一定会越来越美好。

中国与中东欧国家经贸关系虽有所起伏,但总体发展较顺利。自本世纪以来,中国与中东欧国家经贸关系保持快速发展势头，其主要特征为：双边货物贸易高速增长；双向投资不断增加，合作领域和影响力日趋扩大；承包工程合作有所进展；双边经贸合作向多元化、多领域发展等。中国与中东欧地区国家经贸合作蓬勃发展，处于历史最好时期，发展互利合作面临前所未有的机遇。

# 第一节　当前中国—中东欧关系发展的特点与趋向

2014年是中国与中东欧国家建交65周年，也是中东欧一些国家加入欧盟10周年。令人欣慰的是，近几年，中国与中东欧国家的关系正在进入一个崭新和务实的发展阶段，这一关系发展的特点和趋向是：中国作为1+16的主要一方，领导人主动出访举行会晤，提出发展关系的切实可行举措，举行双边经贸论坛；发挥地方积极性，配合中央步骤；和欧盟积极协调，相向而行。双边关系正在向着良性方向发展，并蕴藏着巨大的机遇和潜力。

## 一、领导人出访会晤，双方达成行动纲要

继2011年在布达佩斯举行第一届中国—中东欧国家经贸论坛、2012年温家宝总理访问波兰和出席中国—中东欧16个国家领导人会晤和第二届经贸论坛后，李克强总理于2013年11月下旬访问罗马尼亚和出席第二次与16个国家领导人的会晤，被视为再次向中东欧刮起了一股强劲的东风，一股为巩固中国和中东欧国家的传统友谊、加强政治互信、深化务实合作、促进人文交流和推进中欧关系全面发展的春风。会晤后发表的《布加勒斯特行动纲要》（以下简称纲要）一致认为，"中国—中东欧国家合作契合了各自发展的特点与合作需求，符合中国和中东欧国家人民的共同愿望和利益"，整个活动充分体现了本次会晤"合作共赢、

共同发展"的主题。①

11月25日，访问伊始，李克强和匈牙利总理欧尔班及塞尔维亚总理达契奇会晤后，就共同宣布了合作建设连接贝尔格莱德和布达佩斯的匈塞铁路，开了个好局。欧尔班对于这一合作给予高度评价，认为中欧将是欧盟经济增长的发动机，在匈牙利和欧盟都缺乏投资能力的情况下，中国的投资决定具有历史意义。这一决定鼓舞了后来的协议，说明中国对中东欧的投资是诚心诚意、立竿见影的。

罗马尼亚和中方官员也签署了13项协议，双方决定在核能、热电项目上进行合作，并恢复罗马尼亚牛肉和猪肉的出口；中方将扩大进口罗方牛、羊肉等优质农产品，加强长期合作。中国将拓展铁路等基础设施建设合作，将中国高铁的技术、成本和融资等优势与罗马尼亚基础设施更新换代、增量提质的需求相结合，推进铁路等交通基础设施建设，促进本地区和欧洲各国互联互通。此外，双方还将推动中国企业在参与罗马尼亚切尔纳沃德核电站等电力项目建设方面早日实现突破，以落实这次签署的能源合作协议。

根据《纲要》，以后每年将举行中国—中东欧国家领导人会晤，梳理合作成果，规划合作方向，并适时考虑制定中期合作规划。2014年是"中国—中东欧国家合作投资经贸促进年"，将举办首届中国—中东欧国家促进创新技术合作及国际技术转移的研讨会，以及高级别欧亚交通物流贸易通道等会议。②

在促进经贸合作，推进互联互通，拓展科技、环保创新等领

---

① 新华网，2013年11月26日北京电。
② 新华网，2013年11月26日北京电。

域合作方面,《纲要》都有较为详细的计划。例如,将推动中国—中东欧投资合作基金(二期)的启动,鼓励各自的金融机构开展灵活多样的合作,充分发挥"100亿美元专项贷款"对双边经贸合作的促进作用。这次访问的一个显著特点是务实,中方明确表达了对基础设施、新能源和农业等领域合作的兴趣,与中东欧国家签署了一系列合作协议。

《纲要》在活跃人文交流合作方面也有具体计划。如会议后,即2013年12月已在北京召开了首届中国—中东欧国家高级别智库研讨会;合作秘书处将组织中国和中东欧国家各50名记者参加互访团,每两年举行一次青年政治家论坛和文化合作论坛,尽快商定2015年论坛举办的地点和时间,支持建立中国—中东欧国家旅游促进机构和旅游企业联合会,将继续举办旅游产品专场推介会;定期举办教育政策对话,积极探讨建立高校联合会;采取有效措施便利人员往来。中方欢迎罗、捷等国为中国公民申办签证、居留实行便利措施,宣布将中东欧16国全部列入外国人72小时免签过境北京、上海等口岸名单。鼓励和支持地方合作,将地方合作作为重要支撑之一。支持建立地方省州长联合会,每两年举行一次地方领导人会议。这些计划既具体又务实,令人鼓舞。李克强总理与罗马尼亚总理蓬塔在共同会见记者、介绍会晤成果时非常形象和风趣地说:"我们的合作将产生1+16远大于17的效应",高度概括了这次会晤和访问的成果。

## 二、抓住重点,机遇和潜力巨大

中东欧16国的国情和发展水平差别较大,其中11国已加入欧盟,它们的面积和人口均占中东欧地区的84%,GDP占其总额的94%，各方面情况相对较好。从发展水平来说，北高南低是这一地区的一大特点。2013年，16国对华贸易总额为521亿美元，它们中的前5位依次是：波兰、捷克、匈牙利、斯洛伐克和罗马尼亚，这5国就占了总额的78.6%。如果按16国的对华投资额和中国在这16国的投资额计算依次是匈牙利、罗马尼亚、捷克、波兰和保加利亚，这5国占了总额的81%。在非欧盟的5国中，塞尔维亚国土面积较大，是我国重要的经贸合作伙伴。因此，抓住重点国家和重点项目是我们工作的中心。

目前中国是中东欧16国在亚洲地区的最重要贸易伙伴，进出口贸易都占第1位，贸易额已从2001年的43亿美元增长至2012年的521亿美元，年均增幅达到27%以上。但总体来说水平还比较低，还不到中欧总贸易额（2012年为5672亿美元）的1/10。在当前形势下，特别是因为欧洲的债务危机还未完全过去、欧盟的经济复苏面临长期和脆弱的前景，双方增进相互了解、加强经贸合作十分必要，而且也蕴藏着巨大潜力。这些机遇和潜力李克强总理在访问前的《匈牙利民族报》上阐述得非常明确，他指出：

——中东欧国家拥有高品质的肉、奶、酒制品，中国城镇化进程将带动牛羊肉、奶酪及葡萄酒等需求扩大，中东欧将成为中国重要的农产品进口来源地，彼此的农产品贸易额提高一个数量级没有问题。

——大多数中东欧国家铁路、公路、港口等交通设施都面临改造更新问题，中国交通运输装备制造业飞速发展，特别是高铁工程建设水平高、设备性能好，总运营里程已超过1万公里，完全有把握高质量承接中东欧各种交通基建项目。

——中东欧国家电力设施亟待升级换代，中国火电、水电包括抽水蓄能电站设备制造和安装水平已达到世界标准,核电、风电、光电技术也很成熟,设备加工能力全球一流,性价比高,可成为中东欧国家的理想选择。

——中东欧国家基础设施建设需要资金保障,中方愿与各国协商,灵活用好中国—中东欧国家合作"100亿美元专项贷款",共同支持中东欧大项目建设。中方愿推动与中东欧国家互设金融分支机构,签署更多本币互换和结算协议,为各国企业贸易投资提供更多便利。

此外,中国与中东欧国家人文交流可谓异彩纷呈。学习汉语、留学中国、欣赏中国艺术在中东欧国家已成为潮流。不少中东欧国家的青年学生踊跃参加"汉语桥"竞赛活动,并取得了优异成绩。中东欧国家的经典影片、体育表演令中国观众印象深刻。赴中东欧国家观光旅行是中国百姓新的时尚,2012年中国与中东欧国家旅游等人员往来近32万人次,进一步扩大双向旅游已成为彼此共识。中国正与16国商谈建立旅游联合会,为促进双向发展提供服务平台。相信旅游业将成为中国—中东欧国家人文合作的重要增长点。

## 三、发挥地方积极性,与欧盟相辅相成

引人注目的是,这几年中国和中东欧国家发展关系的一个新亮点是地方间关系的突破,把国家间的关系落实到地方和民间,使外交关系不仅有了横宽度,同时具备了纵深度。用一些外交人士的话来说是外交在民间扎了根,今后不管国际风云如何变幻,地方和民间的交流不可阻挡。2013年7月初,为期三天的中国—中东欧国家地方领导人会议在重庆举行就是一个很好的开端。包

括马其顿和罗马尼亚两国总理,以及中国和中东欧 16 个国家的 60 多个省市领导人、外交使节和企业代表共千余人参加了会议。会议发表了《重庆倡议》,签署了 25 项协定,极大地增进了彼此了解,取得了积极成果。可以说,会议为渝新欧"丝绸之路"谱写了新的篇章,中国与中东欧国家的关系又迈出了坚实一步。正如《重庆倡议》所说,双方认识到在发展经济、改善民生等方面有着共同需求,也面临类似的挑战;合作的开启将为地方发展带来重要的机遇,注入新的动力。

其实,绝大多数中东欧人士来前并不了解重庆,觉得重庆地处中国内地,交通不便,发展经贸关系不如沿海地区。他们来后发现并认为,重庆是一座开放包容、充满活力与魅力的城市,尤其是进入新世纪后,为适应中欧交流的迅速发展,重庆于 2011 年开通了东起重庆,西从新疆阿拉山口进入哈萨克斯坦,经俄罗斯、白俄罗斯、波兰到达德国杜伊斯堡的国际铁路线。这条国际联运大通道也造就了重庆,使其成为最合适的枢纽,始于 2000 多年前的丝绸之路今天在新的环境下得以真正实现。

《重庆倡议》还强调反对任何形式的贸易保护主义,坚持贸易自由化、便利化,鼓励双向投资,并愿搭建更多平台,支持企业加强全面合作。也正因为如此,为发挥渝新欧国际通道更大的战略作用,我方计划将铁路向西延伸到荷兰、比利时等国;重庆在国内积极协调"长三角"、"珠三角"及香港等地到欧洲内陆的出境货运。

近两年来,西方一些媒体在报道中国—中东欧国家间的合作时也曾出现些偏颇和成见,认为中国—中东欧国家论坛是"分裂"欧盟,这真有些无知加偏见。中东欧一些人士在谈话中明确地驳斥了这些说法。《重庆倡议》认为,这种合作是"中欧整体合作不可或缺、符合时代发展潮流的一部分",欢迎一年多来这一合作在各个领域所取得的进展,这符合双方人民的共同愿望和利益,也有利于中国和欧洲的总体关系。这不仅解除了一些人的顾虑,也明确了合作的总体方向。正如李总理指出:"中东欧国家是欧洲大家庭的重要一员。中国坚定支持欧盟一体化进程,希望看到一个更加团结和繁荣的欧洲。中国支持中东欧国家加入欧盟的选择,相信中国—中东欧国家全面合作不仅有利于双方人民,也必将为中欧关系健康、均衡和持续发展注入新的动力。"①

中东欧16国发展不平衡,国情不一,对会晤的期待也不尽相同。中国理解11个欧盟成员国既享有欧盟的权利,但又必须承担欧盟的义务,有些事由不得它们自己决定,只能在欧盟的整体框架下来考虑问题。这次《纲要》中特别强调,与会各方强调中国—中东欧国家合作与中欧全面战略伙伴关系相辅相成,并行不悖,愿继续本着相互尊重、平等互利、合作共赢的原则,加强和深化中国—中东欧国家合作,致力于将中国—中东欧国家合作打造成为中欧合作的增长点,服务各自发展,造福各国人民,促进世界和平与稳定,并为处于不同文明、不同制度和不同发展阶段的国家和谐相处、共同发展提供有益经验。同时也指出坚决反对任何形式的保护主义,致力于促进相互投资,提升经贸合作规模和水平;在扩大贸易规模的同时,努力减少现有贸易不平衡现象。

---

① Li Keqiang, "Meg magasabb szinvonallal egyuttmukodes", Magyar Nemzet, 25, 11, 2013. (李克强总理署名文章,载《匈牙利民族报》,2013年11月25日。)

＊　＊　＊

2014年新年和春节期间，保加利亚总统普列夫内利耶夫和匈牙利政府总理欧尔班先后访问中国，分别同习近平主席和李克强总理举行会谈。中保两国元首积极评价双边关系发展历程，并就未来两国合作作出规划，决定建立中保全面友好合作伙伴关系。中匈两国总理会谈后发表联合声明，表示将进一步推进中匈友好务实合作，为两国和两国人民之间的友谊发展注入新动力。"良好的开始是成功的一半"，预示着今后中国—中东欧关系会迎来更好的明天。

回顾过去，展望未来，正如李克强总理总结的那样："从布达佩斯到华沙再到布加勒斯特，从经贸论坛到领导人会晤，中国—中东欧国家合作一路走来，留下了坚实的脚印。双边的合作之路一定会越走越实，越走越宽。"[①]

## 第二节　中国—中东欧关系的发展有利于中欧关系进一步深化

中国、中东欧国家和与欧盟之间是相辅相成的关系，因为中东欧16国中有11个国家是欧盟成员国，而且这11国虽是中东欧国家中经济比较发达的国家，但又是欧盟国家中欠发达的国家。所以，中国与中东欧国家发展关系既有利于中东欧国家本身的经

---

[①] Li Keqiang, "Meg magasabb szinvonallal egyuttmukodes", Magyar Nemzet, 25, 11, 2013.（李克强总理署名文章，载《匈牙利民族报》，2013年11月25日。）

济发展,又能推动它们的经济能尽快地向欧盟的平均水平靠拢,当然也有利于中国经济的快速发展,更有利于欧盟总体经济水平的提高,这绝对是双赢的结果。但是,当前的问题是事情并不那么顺畅。首先,欧盟对中国—中东欧国家发展关系有着各种猜忌和疑虑;其次,中东欧国家本身也有很多顾虑。为了推动中国与中东欧国家关系发展,我们有必要对相关问题作一分析。

## 一、发展与中东欧国家的关系是当前中国外交战略的重要组成部分

当今世界正处于深刻、复杂的变化之中,世界多极化和经济全球化正在深入发展,全球合作正向多层次、全方位拓展,但世界并不安宁。国际金融危机的影响尚未消除,欧债危机仍在发酵,这不仅给世界各国带来了严峻的挑战,也为世界各国带来了新的发展机遇。面对这一形势,中国的对外政策面临着新的挑战和机遇,对外战略也在新一轮的调整中。

一是,眼下美国正在实施其"回归亚洲"的战略,伙同其亚洲的盟友日本直逼中国。中国为了减轻和制约美国的压力,力求做好对欧盟的工作,而由于中东欧国家在欧盟中的特殊地位,就自然成为中国"西进"的首选对象。二是,中国与中东欧国家在65年间相互尊重、相互支持的交往中所形成的传统友好关系深深地铭刻在中国和中东欧国家人民心中,随着中国的改革开放和中东欧国家经济转轨取得的积极成效,使这种相互关系在当前新的历史条件下再一次焕发出新的生机,也为彼此国家间的合作奠定了坚实的基础。三是,中国与中东欧国家发展水平比较相近,经济互补性强。特别需要指出的是,中国现在正处于对外投资快速

增长的阶段，而中东欧又是一个较好的投资市场，中国要全面完善对欧交往，就必须抓住中东欧这一重要市场。这既是对中国与欧盟关系发展的重要推动，也将均衡和充实中国的外交战略格局。四是，中国政府正进一步加强国内企业对中东欧投资的宏观政策指导和信息服务①，以提高中国企业对外投资的便利化程度，从而促使中国企业在中东欧的投资规模不断扩大。中国与中东欧国家的合作一定会实现互利共赢的共同目标。

## 二、进军亚太是当前中东欧国家的重要战略目标

中东欧地区是欧洲最具活力和潜力的区域，是连接东西方的交通枢纽，地理位置十分重要。这一区域涵盖16个国家，总面积约134万平方公里，占欧盟面积的1/3；总人口1.23亿，占欧盟人口的1/4。2012年16国国内生产总值共计约1.45万亿美元，人均GDP约1.18万美元，部分国家经济增速名列欧洲国家前茅。汽车及零部件、机械设备、化工、农产品食品加工等是中东欧地区的优势产业。②

### （一）中国已成为中东欧国家进军亚太的主要目标

近年来，由于国际金融危机和欧债危机的持续影响，中东欧国家的经济发展受到了很大的冲击，不得不主动加强对亚太地区的东进战略，中国则成为它们进军亚太的主要目标，这就为加强中国与这些国家的双边关系创造了条件。按匈牙利总理欧尔班的话说，现在的世界经济"吹着东风"，"要调转船帆，朝向中国和

---

① 金鑫：《中国在中东欧的投资机遇与挑战并存》，新华网，2013年9月6日。
② 钟山：《深挖中国与中东欧国家合作潜力》，载《人民日报》，2014年1月2日。

亚洲"①。

（二）欧债危机仍在冲击着中东欧国家

由于中东欧国家的经济历来对欧元区经济的依存度很高，因此受欧债危机制约的欧元区经济持续不振，使中东欧国家的出口疲软、失业率居高不下、投资不足等问题更加突出。加之受欧元区经济"二次衰退"的打击，中东欧地区经济在2012年和2013年都受到不同程度的打击。而且，至今经济复苏的速度非常缓慢。

（三）发展与中国的合作符合中东欧国家自身的利益

中东欧国家日益被视为欧洲发展的潜在增长点，现正在努力摆脱世界金融危机和欧债危机的影响，重回复苏和增长的轨道，在金融、投资、能源、农业、信息和基础设施建设等领域均出现新一轮发展机遇期。中国是当今世界上最大的发展中国家，预计未来5年将进口10万亿美元左右的商品，对外投资将达5000亿美元。因此，中东欧国家希望分享中国的发展机遇、深化对华合作，这既是它们自身发展的需要、符合自身的利益，也有助于实现优势互补、共享发展机遇。

（四）中东欧国家有能力进入中国市场

中东欧国家劳动力素质普遍较高，投资成本相对欧洲其他地区较低，法律法规较为健全，公路、铁路、港口、电站等建设需求很大，中国企业可以从这些方面入手拓展合作。加之，中东欧国家农业、机械制造、能源、食品加工等基础良好，有自己的技术优势和特色产品，有能力进入中国市场，在扩大对华出口方面

---

① 舒雪：《中东欧"向东看"，李克强出访推合作新局》，中国新闻网，2013年11月25日。

也具有很大潜力。①

## 三、加强中国与中东欧国家关系有助于中欧关系的均衡发展及整体水平的提升

当前，在《中欧合作 2020 战略规划》已正式出台的背景下，中国与中东欧加强合作将有力地推动中国与中东欧及中欧整体关系再上新台阶。

（一）中国—中东欧国家合作是中欧两大市场之间对接的重要渠道

中东欧国家是欧盟大市场不可或缺的组成部分，也是连接欧亚大陆的桥梁，正处于融入欧洲的进程当中，有的成员国已是欧元区成员。中国政府大力支持中资企业充分利用中东欧国家背靠欧盟大市场的区位优势，赴中东欧国家发展和合作，并在合作中积累经验和人才，提高适应力和竞争力，进而扩大和促进中欧经贸合作。因此，中国—中东欧国家合作是中欧双边关系的重要组成部分，也是中欧两大市场之间对接的重要渠道。

（二）中国帮助中东欧国家发展也是帮助欧洲

众所周知，中东欧国家的发展水平落后于西欧国家，其社会、经济转型的目标就是要追赶西欧发达国家经济、社会发展水平。至今，欧盟主要是通过凝聚基金以及欧洲复兴与开发银行等渠道帮助中东欧国家发展，但远不能满足这些国家发展的需要。而中国却可以通过基础设施、农业以及制造业等领域的合作来提

---

① 汪巍：《我国与中东欧国家经贸合作潜力待挖》，载《环球财经》，2012 年 11 月 14 日。

升中东欧国家的发展水平,更好地促进中东欧国家与欧盟的经济融合,消除欧盟老成员国和新成员国之间的地区发展差异。中东欧国家发展好了,作为市场和投资目的地,无疑将给西欧企业带来更大的经贸机会,从而促进欧盟国家的整体发展。这对于欧盟来说是件好事。①

(三) 中东欧的稳定与繁荣,也有利于欧洲更好地发挥世界重要一极的作用

中国推进同中东欧国家关系的基本原则是平等相待、相互尊重、互利共赢、共同发展。这有利于中东欧的稳定与繁荣,也有利于欧洲更好地发挥世界重要一极的作用。中国愿以战略思维和长远眼光推进合作,实现"义"、"利"结合,相互促进,为世界和平与发展作出贡献。

中国和欧盟中的西欧大国在中东欧地区并非竞争关系,而是存在相互补充的可能性,尤其是在当今欧洲经济低迷的情况下,无论谁投资中东欧地区都应该受到欢迎,中东欧成员国经济状况的好转不但能够减轻欧盟的援助压力,也可以缩小与欧盟老成员国经济发展和生活水平的差距,有利于欧洲一体化进程。

## 四、中国—中东欧国家合作的现状及其发展前景

中国和中东欧国家有传统友谊基础,当前发展阶段相似,同为新兴市场国家,都面临转型创新、提升竞争力的紧迫任务,合作机遇多,发展潜力大。面对复杂变化的世界经济形势,双方都需要广泛探讨深化务实合作的新举措,不断扩大利益汇合点,推

---

① 张健:《帮中东欧就是帮欧洲》,载《人民日报》海外版,2013年11月26日。

动中国与中东欧国家全方位、宽领域、多层次互利合作，实现互利共赢，共同发展。

（一）中国—中东欧合作的契合点

分析人士认为，当前中国—中东欧合作的契合点就是：中东欧迫切需要更多的国外投资，而中国拥有较强的技术及资金优势。由于中国和中东欧国家现今都仍处于经济发展的转型期，彼此又都具有扩大与对方合作的强烈愿望和不同的比较优势，特别是，中东欧国家面临经济结构调整和基础设施升级的强烈需求，迫切需要扩大国外对它们的投资，推动经济增长，而中国在装备制造、基础设施建设等领域具有竞争优势，加上资金和技术方面的优势，这就自然成为中国和中东欧国家开展合作的重要契合点。①

（二）中国与中东欧国家之间务实合作潜力巨大

**1. 经贸合作是中国与中东欧国家关系中最活跃、最具潜力的合作领域**

一方面，随着欧洲一体化进程的不断加快，中东欧各国经济总体上仍会保持良好发展势头；另一方面，中国与中东欧国家之间的合作规模和领域仍需进一步扩大，合作机制仍需进一步健全，市场开放也需进一步扩大。虽然双方的贸易额已从2001年的43亿美元发展到2011年的529亿美元，年均增长27.6%，但由于国际金融危机和欧债危机的影响，近两年的贸易总额（2012年双方进出口贸易额为521亿美元）有所波动，但仍能保持在500亿美元以上。即使这样，与中国和欧盟的贸易额相比，中国—中

---

① 钟欣：《中国深化与中东欧务实合作》，载《深圳特区报》，2013年11月26日。

东欧国家的贸易额也只约为中欧之间的1/10,这进一步说明其中蕴含着巨大的潜力。而值得注意的是,近几年来中国自中东欧国家的进口增长较快,年均高达30%,这表明双边贸易发展态势已开始向均衡方向发展。因此,只要双方的开放战略相向而行,经贸合作定会焕发出新的活力,展现出新的增长亮点。中东欧在扩大对华出口方面也具有很大潜力。[1]

### 2. 双向投资日趋活跃

近年来,中国与中东欧国家相互投资不断扩大,合作领域也日趋多元。据不完全统计,目前中国企业在中东欧国家投资已超过35亿美元,中东欧16国在华投资也已超过11亿美元[2]。中国企业在中东欧地区的投资已涵盖化工、机械、家电、电信、汽车和新能源等行业,并向农业、金融、科技等领域拓展,对当地经济增长和就业的贡献日益明显。双方基础设施建设合作也已初见成效,合作亮点增多,进一步加深了彼此的利益融合。塞尔维亚贝尔格莱德跨多瑙河大桥项目、科斯托拉茨电站一期改造项目,波黑塞族共和国斯坦纳里火电站项目等顺利启动就是一个很好的开始,一批合作项目也正在积极探讨和落实中。这些领域广泛、富有成效的合作,极大地增进了双方人民间的友好感情,也为深化下一步合作奠定了坚实基础。毫无疑义,近年来,在中东欧国家的国外投资出现明显萎缩的时候,未来五年中国对外巨额投资的信息对中东欧国家也具有很大的诱惑力。

---

[1] 汪巍:《我国与中东欧国家经贸合作潜力待挖》,载《环球财经》,2012年11月14日。

[2] 钟山:《深挖中国与中东欧国家合作潜力》,载《人民日报》,2014年1月2日。

### 3. 人文交流一直是双方关系的重要推动力

发挥好传统友谊这一难得优势，深化人民间情谊，带动务实合作是中国与中东欧国家之间人文交流的重要前提。近年来，中国与中东欧国家之间的人文交流发展非常迅猛，而且内容也逐年扩大。中东欧国家的孔子学院不断增多，学习汉语、留学中国、欣赏中国艺术在中东欧国家已成为一种时尚潮流。中东欧国家的经典影片、体育运动项目早已在中国观众中留下深刻印象。中东欧国家的一些世界著名体育名人早已是中国青少年体育爱好者的偶像。很多人对华沙的肖邦故居、布达佩斯的渔人堡、罗马尼亚的锡纳亚王宫津津乐道，进一步扩大双向旅游已成为彼此共识。① 中国—中东欧国家"专场旅游产品推介会"、"文化合作论坛"、"教育政策对话"等活动相继成功举办，都表明双方的人文交流已进入一个新的发展阶段。据悉，中国正与16国商谈建立旅游联合会，为促进双向旅游发展提供服务平台，因此，旅游业必将成为中国—中东欧国家人文合作的重要增长点。同时，中方愿与各国一道采取相应措施，为本国公民赴对方国家旅游、工作等提供签证方面的便利，以促进双边人文交流不断扩大。

### （三）发展前景

从2012年4月温家宝总理在华沙与16个中东欧国家领导人共同举行中国—中东欧国家领导人会晤，并就推进中国和中东欧国家关系提出12项举措，到2013年11月在布加勒斯特举行的中国总理李克强与16个中东欧国家领导人的会晤，并发表《中国—中东欧国家合作布加勒斯特纲要》，中国与中东欧国家的合

---

① 李克强：《跨越千山万水的问候——写在第二届中国—中东欧国家领导人会晤即将举行之际》，新华网，2013年11月25日。

作已进入一个新的阶段。这一纲要不仅涵盖了经贸、金融、通信、绿色创新、地方、人文六大领域 30 多项合作,也为新形势下的全方位合作提供了一个全新的框架。这些举措不仅得到了国际社会高度关注和中东欧国家的积极响应,而且也为中国与中东欧国家的合作敞开了大门,为中国与中东欧国家经贸关系开拓新局面勾画了新蓝图。

中国同中东欧国家的合作当前仍面临不少挑战和难点:一是,欧盟总部对中国发展与中东欧国家的关系存有疑虑,特别是看到中国为加强与中东欧国家的合作推出一系列积极和优惠举措之后,认为中国在挖欧洲的后院和墙脚,在拉拢中东欧国家和"分化欧盟",虽然这些看法对中东欧国家中的欧盟成员国与非欧盟成员国的影响程度不一,但却或多或少会影响某些中东欧国家与中国合作的积极性。二是,东欧剧变后,西欧发达国家一直是中东欧市场的主导者,而且不少中国商品都是经西欧发达国家转入中东欧国家的,中东欧国家引进的外资也大都是来自西欧或美国。因此,西欧对当前中国与中东欧国家加强直接的经贸和投资合作心存芥蒂,甚至误解中国是在与它们"抢生意"。三是,中东欧地区市场竞争环境复杂,个别国家政局不稳,中国企业对此缺乏全面了解,面临较高的社会风险和投资风险。

当然,任何新生事物的发展都会遇到挑战和难点。从总体看,中国—中东欧国家的合作前景仍然是光明的。

其一,第十六次中欧领导人会晤已于 2013 年 11 月 20—21 日在北京举行,会后双方共同发表了《中欧合作 2020 战略规划》[①],

---

[①] 第十六次中欧领导人会晤发表《中欧合作 2020 战略规划》,中央政府门户网站,2013 年 11 月 25 日。

勾画了未来中欧合作的新蓝图。欧洲是世界上的重要一极,中国支持欧洲一体化进程,一个团结、繁荣、发展的欧洲符合世界和平发展的潮流,符合中国的根本利益。中东欧国家是欧洲的重要组成部分,加强中国与中东欧国家务实合作,有利于中国与中东欧国家各自发展,有利于欧洲平衡发展,可以为中欧全面战略伙伴关系充实更加丰富的内容,这一点得到中欧双方高层领导的认可。

其二,事实是,中国与中东欧合作仍处于爬坡阶段,中国政府希望把中国与中东欧合作打造成为中欧合作的新亮点,希望尽快提升合作的规模和质量。今后中国政府会进一步加强对国内企业在东欧投资的宏观政策指导和信息服务,提高企业对外投资的便利化程度。由于中国同中东欧国家在很多领域的合作具有很强的互补性,所以中国和中东欧国家间务实合作的契合点会不断增多。相信经过双方共同努力,中国企业在中东欧的投资规模会不断增大,中国与中东欧国家的合作一定会实现互利共赢的共同目标。①

其三,中东欧国家的专家也普遍认为,中东欧国家中的大部分相比西欧尚欠发达,基础设施较为落后,发展能力相对有限,因此,这些国家对与中国发展合作态度非常积极。中东欧国家中许多是欧盟成员国,它们的发展也是欧盟的发展。② 他们还认为,此次中国—中东欧国家领导人的布加勒斯特会晤是对中欧关系发展的重要推动。

总之,面对当前全球经济复苏一波三折的现实,要摆脱国际

---

① 金鑫:《中国在中东欧的投资机遇与挑战并存》,新华网,2013年9月6日。
② 韩梅、赵毅等:《国际社会高度评价中国与中东欧国家加强合作》,新华网,2013年11月28日。

金融危机的深层次影响,各国就必须加强国际合作、反对贸易和投资保护主义。中国与中东欧国家要在过去合作的基础上,广泛探讨务实合作新举措,不断扩大利益汇合点。当前,为使《布加勒斯特纲要》能有效地实施,推动中国与中东欧国家之间全方位、宽领域、多层次互利合作,中国—中东欧国家应共同作出努力。一是,共同推动相互贸易规模再翻一番,并促使彼此贸易尽快地向动态平衡发展;二是,启动一批合作建设的基础设施大项目,使中国和中东欧之间的投资规模迅速提升,从而带动贸易规模大幅度增长;三是,积极扩大企业双向投资,并在市场准入、居留签证、劳务许可等方面向对方企业提供更多便利,为企业相互投资、开拓创新创造良好条件。

我们深信,只要双方本着平等相待、相互尊重、互利共赢、共同发展的原则,相向而行,共同努力,中国与中东欧国家之间互利共赢之路一定会越走越宽广,务实合作的成果一定会越来越丰硕,共同发展的前景一定会越来越美好。中国—中东欧合作的不断深化,不仅造福中国人民,也将惠及中东欧和欧洲国家的人民。

## 第三节　中国与中东欧国家经贸关系的特点和前景

中东欧地区共有13个国家(波兰、捷克、匈牙利、斯洛伐克、罗马尼亚、斯洛文尼亚、保加利亚、克罗地亚、塞尔维亚、阿尔巴尼亚、马其顿、波黑、黑山),其中8个国家已加入欧盟,塞尔维亚等5个国家为欧盟候选国或联系国。该地区总面积117

万平方公里，总人口1.2亿。

## 一、我国与中东欧国家双边经贸合作情况

中东欧国家是最早一批承认中华人民共和国的国家。成立于1951年的中波轮船公司是新中国第一家对外合资企业，至今仍运作良好。65年来，我国与中东欧国家双边关系保持正常发展。双边经贸关系虽有所起伏，但总体发展较顺利。自本世纪以来，我国与中东欧国家经贸关系保持快速发展势头，其主要特征为：

（一）双边货物贸易高速增长

据中国海关统计，2000年中国与中东欧13国贸易额仅为30.9亿美元，2013年双边贸易额达到505亿美元，创历史最高水平，为13年前的16倍。我国与中东欧国家贸易额最大的依次为：波兰（148亿美元）、捷克（95亿美元）、匈牙利（84亿美元）、斯洛伐克（65亿美元）、罗马尼亚（40亿美元）、斯洛文尼亚（21亿美元）等。

（二）双向投资不断增长，合作领域和影响力日趋扩大

据不完全统计，截至2013年年底，我国对该地区国家累计投资40多亿美元，已建成包括餐饮、商贸、化工、机械制造、家电、自行车、医药、木材加工、纺织、农业等多个领域的生产性企业，其中烟台万华集团并购匈牙利化工企业，金额超过10亿欧元（我国企业对匈牙利投资总额超30亿美元）。我国企业为马其顿新建的"科佳"电站为马其顿经济发展和人民生活水平的提升发挥了重要作用。

截至2013年年底，中东欧国家在华投资约为12亿美元，涉及机械制造、汽车生产、食品加工、医药、化工、能源、畜牧等

领域。对我国投资前几位的国家为匈牙利（3.6亿美元）、罗马尼亚（2.8亿美元）、捷克（2.3亿美元）、波兰（1.3亿美元）。

（三）承包工程合作有所进展

近年来，中东欧国家均把基础设施建设作为其经济发展的重点。特别是随着大量欧盟援助资金的流入，不少中东欧国家迎来了基础设施建设的热潮。我国企业对参与部分中东欧国家基础设施建设兴趣浓厚，并已取得了一定的成绩。截至2013年年底，我国在13国累计完成工程承包营业额20多亿美元。

（四）双边经贸合作向多元化、多领域发展

除货物贸易外，金融、电讯、航空、物流、新能源、工程承建等领域的合作不断拓展。以华为、中兴为代表的高科技企业加大了对该地区市场的拓展，屡屡在大项目招标中胜出；中国银行继2003年在匈牙利布达佩斯开设了在中东欧地区的第一家分行后，于2011年又在布达佩斯增设了一家营业网点。2012年5月，中国工商银行和中国银行又分别在波兰开设了分行。波兰航空公司于2012年5月恢复了华沙至北京的航线，很大程度上方便了双方人员往来和信息交流。烟台万华巨资收购匈牙利化工企业、广西柳工收购HSW公司旗下工程机械业务单元及位于波兰的全资子公司Dressta（含Dressta旗下的3家子公司）100%的股权及资产，并拥有其全部知识产权和Dressta商标。

## 二、中国与中东欧国家经贸合作中存在的主要问题

（一）贸易额偏小且商品结构较单一

虽然近年来我国与中东欧国家双边贸易额高速增长，但总量仍较小，在各自进出口贸易总额中的占比均微不足道。2013年我

国与中东欧国家贸易总额505亿美元，其中出口364亿美元，进口141亿美元，仅占对欧贸易总额（7300亿美元）的6.9%，占对欧进口（4058亿美元）、出口（3242亿美元）的比重分别为8.9%和4.3%。

除贸易额小外，双方进出口商品结构较为单一。目前，我国对该地区国家出口仍以电子和轻纺类等附加值较低的劳动密集型产品为主，进口则偏重于原材料性产品。

（二）贸易不平衡问题仍较严重

长期以来，我国对中东欧国家出口始终保持较快增长，尤其是近几年我国出口增长强劲，对该地区国家贸易顺差也随之不断增大。2004年我国对其顺差62亿美元，2013年增至223亿美元，进口和出口比值近1:4。尽管我国采取了一系列扩大进口的政策和措施（如进口财政支持等），鼓励企业增加自中东欧国家的进口并取得了一定成绩，但顺差绝对值仍保持高位，对方时有抱怨和不满。

贸易不平衡问题的解决不是一朝一夕就能实现的，但长期不改善势必会影响双边经贸关系的稳定发展。

（三）双边合作中不确定性和复杂性明显增加

目前，中东欧地区主要国家均已加入欧盟，使我国在与其合作时面临来自欧盟的限制和挤压，大大增加我国发展与其经贸合作、处理经贸合作问题的复杂性。

（四）缺乏有影响力的合作项目支撑

尽管近年来我国与中东欧国家双向投资等合作有所发展，也取得了一定的成绩，但整体看，仍远远落后于与其他地区国家的合作。近几年，中东欧地区国家出台了一系列吸引外资的政策且其投资环境也有较大改善，欧盟及日本、韩国等发达国家均加大了对该地区国家的投资且成效明显。反观我国企业，对该地区国家的了解和投入均显不够，对欧盟为阻止我国企业进入而设置的障碍更是缺少深入研究，破解难题和集团作战的能力欠缺，缺乏有较强影响力的大项目支撑。

（五）融资和担保瓶颈较突出

融资难和担保费用高是制约我国企业拓展中东欧地区国家大项目和参与其基础设施建设的关键性问题。我国银行在向中东欧地区国家及相关工程等项目提供贷款时往往考虑风险大而要求对方提供主权担保，而这些国家又因受制于欧盟、世行、国际货币基金组织等国际金融机构无法提供主权担保，致使相关合作无法实施。此外，相关保险公司对我国企业开展境外工程项目等合作的支持力度也远显不够。

（六）文化和意识形态差异不可忽视

东西方存在较明显的文化差异，且由于政治制度的不同，我国与中东欧地区国家在意识形态上的冲突有所增加。尽管我国30多年的改革开放所取得的巨大成就为世人瞩目，经济发展的经验得到国际社会的高度评价，但西方国家出于其政治需要并未放弃对我国的政治偏见和打压。加上世界经济发展受到全球金融危机和欧洲债务危机等影响而严重受阻，贸易投资保护主义抬头，中东欧国家尽管对扩大与我国的合作有所期待，但由于文化和意识形态差异、欧债危机的发酵、社会矛盾增加等诸多因素的制约，在发展对华经贸合作中普遍存在十分矛盾的心态，既不完全排斥合作，又不愿给我国企业提供宽松的竞争环境和便利。近年来，在欧盟对我国产品发起的反倾销反补贴案件中，中东欧新成员国几乎千篇一律支持欧方立场。

(七) 我国企业存在诸多自身不足

其主要表现在：对中东欧地区国家和欧盟的了解，尤其是法律法规等方面的了解和深度研究远远不够，开展合作相对较盲目；急功近利思想较普遍，缺乏长期合作意识；善于单兵独斗、内部竞争，缺乏集团对外作战能力；对外开展合作人才奇缺，缺少奇才、能人。

### 三、发展与中东欧地区国家双边经贸关系前景宽广

我国与中东欧地区国家经贸合作蓬勃发展，处于历史最好时期，发展互利合作面临前所未有的机遇。

(一) 合作基础稳固

我国与中东欧国家开展双边经贸合作已有60年历史，且总体发展较好。我国与中东欧国家人民保持友好往来，双方有较高的互信度。尤其是近10年来，双方政府都高度重视发展彼此互利经贸合作。2012年4月和2013年11月，时任总理温家宝和李克强总理分别访问波兰和罗马尼亚，期间密集会见了中东欧16个国家领导人（中东欧13国+波罗的海3国），出席了中国—中东欧国家经贸论坛并宣布了中国政府为推进与中东欧国家友好合作而采取的12项举措，发布了《中国—中东欧合作布加勒斯特纲要》，传递了我国重视与中东欧国家开展务实合作的积极信息，在地区国家中引起强烈反响，为进一步推动与中东欧国家各领域合作注入强大动力。其中与经贸相关的举措有：(1) 设立总额100亿美元的专项基金，其中配备一定比例优惠性质的贷款，重点用于双方在基础设施建设、高新技术、绿色经济等领域的合作项目；

(2)中方将向中东欧国家派出贸易投资促进团;(3)根据中东欧国家的实际情况和需求,推动中国企业在未来5年同各国合建一个经济技术园区;(4)成立"中国—中东欧交通网络建设专家咨询委员会",共同探讨通过合资合作、联合承包等多种形式开展区域高速公路或铁路示范网络建设;(5)在华举办中国—中东欧国家经贸合作部长级会议;(6)举办中东欧国家特色产品展及投资领域相关合作举措。

(二)经济技术合作潜力巨大

中东欧国家经济发展受到世界金融危机、欧债危机的冲击严重,复苏难度大,对外资需求迫切。该地区国家基础设施普遍陈旧落后(公路、铁路、机场、港口、电讯、市政建设等),成为经济发展的瓶颈;该地区国家普遍缺乏资金和实用技术且相关制造业技术落后,为我国企业扩大与中东欧国家经贸合作提供了难得的机遇。

(三)货物贸易增长仍有较大空间

作为传统合作方式的货物贸易,近几年尽管因受金融危机和欧债危机以及贸易保护主义抬头等影响,增幅较前几年有所波动和减少(2009年308亿美元,较上年下降14.5%,2010年412亿美元,较上年增长34.1%,2011年489亿美元,较上年增长18.8%,2013年505亿美元,较上年增长6.2%),但中东欧国家市场还在,一旦其经济复苏,对我国产品的需求势必转旺。同时,只要我国有效改善进出口商品结构,增加自该地区的进口,顺差得到切实减少,与中东欧国家实现贸易额过1000亿美元的目标将不会太久。

## 四、几点建议

第一,加强对外交流,增进互信。对对方的主要关切和对我国快速崛起产生的忧虑,应在作好深入分析和研究的基础上,以充分有说服力的理由和论据、以对方"听得懂"的语言,利用各种不同机会和场合做增信释疑工作,为双边经贸关系的稳定发展扫除障碍。

第二,切实落实温家宝总理、李克强总理访问波兰和罗马尼亚期间宣布的合作举措,力争使对方真正感受到通过与我国合作可获得巨大利益,为进一步发展我国与中东欧国家互利合作打下坚实基础。

第三,加大对中东欧国家和欧盟相关法律法规的深入研究,以便利我国企业进入并立足中东欧市场。

第四,建立境外合作企业人才培训机制,为我国开展境外经贸合作的各类企业,尤其是民营企业培养一批懂业务、善经营和会管理的专业人才。

第五,加大金融支持力度,切实对在境外开展投资等经贸合作的企业,尤其是民营企业提供金融支持。

# 第四章　中东欧转轨的优等生：波兰

波兰历史上曾经是中东欧地区乃至整个欧洲的大国，16世纪之后逐渐衰弱。1989年波兰开始转型并取得了很大成就，目前波兰经济实力增强，社会发展稳定，国际上很多组织对波兰经济发展的前景较为看好，有学者指出波兰从欧洲的边缘回到了欧洲的中心。

波兰社会经济转型较为成功以及经济保持长期发展的原因有：第一，在经济转型初期，波兰人民忍受了"休克疗法"带来的阵痛，经济转型得到了各界的支持。第二，波兰没有照搬西方的财政和金融政策，而是结合本国实际制定相关政策。第三，波兰在经济发展中较好地处理了贫富分化的问题。第四，波兰政府既发挥经济发展中的领导作用，同时又维护市场经济的基本原则，没有过多地插手具体的经济事务，充分调动企业、市场方面的积极因素。

在政治体制方面，波兰政党制度的变迁是其政治转型的主线，考察政党制度的演变过程可以为深入分析其政治转型提供有效路径。本章主要通过考察波兰转型以来的历次议会选举结果和组阁情况，分析决定政党制度基本性质的根本要素——政党数量和规模的变化脉络，从而总结出波兰转型时期政党制度变迁的基本趋势是由极端分裂的离心性竞争向有限分裂的向心性竞争变化。

在外交政策方面，波兰图斯克政府自 2007 年组建后即开始对波兰的外交政策进行调整，但受到时任总统卡钦斯基的制约，难以遂愿。直到 2010 年科莫罗夫斯基当选波总统后，才逐步形成了公民纲领党独特的对外政策，即坚持"亲美不脱欧"的基本原则，放弃疑欧立场，并首次把加强欧盟一体化放在与美国同盟关系的前面，同时，努力缓和与俄关系，加大在亚洲的存在，处处以欧盟大国的姿态参与世界及欧洲事务，使波获取最大的国家利益。2014 年波兰外交的重点是：欧洲议会选举及与之相联系的欧盟领导班子的变化，波兰入盟 10 周年，加入北约 15 周年和民主变革开始后的 25 周年纪念活动，以及从阿富汗彻底撤军等。

第四章　中东欧转轨的优等生：波兰

## 第一节　波兰转型时期的政党制度变迁

1989年6月，波兰在圆桌会议后首次举行了真正由多党参加的议会选举，团结工会在选举中大获全胜，以波兰统一工人党为首的执政联盟彻底失败，几乎在议会中消失。1947年议会选举后确立的波兰社会主义一党制①在时隔42年的另一次议会选举后终结，成为引发东欧剧变的第一块多米诺骨牌，也开启了波兰20多年的转型进程。波兰政党制度的变迁是其政治转型的主线。

从狭义概念上讲，政党制度的实质就是政党与政党之间相互竞争与合作的结构。在这种结构关系中，与政党自身密切相关的有政党的数量和规模、政党意识形态分布以及政党对社会渗透程度三方面因素。其中，政党数量是指具有"执政潜力"或"讹诈潜力"②的"相关政党"的数量，政党规模是指不连续的四类不同政党规模组合形式，即主导形式（长期由一党占有50%或更多席位）、接近平衡的两党形式（两党占有接近50%的多数席位）、有限分裂形式（没有一个政党占有接近绝对多数的席位，政党数量较少，一般为3—5个）和极端分裂形式（没有一个政党占有接近绝对多数的席位，但政党数量很多，达到6个或6

---

① 确切地说，波兰在社会主义时期实行的是在波兰统一工人党领导下的统一工人党、统一农民党和民主党三党联合执政，但其实质是波兰统一工人党领导下的一党制。
② 具有讹诈潜力的政党是指，某个政党的存在或出现影响到政党竞争的战术，特别是改变了执政党的竞争方向——或是从向心性竞争变为离心性竞争，或是左右向度上的改变。

个以上)。① 政党的数量和规模是决定政党制度性质的根本因素。政党意识形态分布是指不同政党的意识形态派别②在一个意识形态的政治光谱上的分布状况,它是影响政党制度结构的重要因素。政党对社会渗透程度反映政党与选民的联系是紧密还是松散,是影响政党制度稳定性③的关键因素。本文将着重考察波兰政党制度演变过程中政党数量和规模的变化情况。

波兰宪法规定,国民大会由众议院和参议院两院组成,议会成员由全民普选产生,其中众议院议员460名,参议院议员100名。从1989年圆桌会议后进行的首次"半开放"式议会选举开始,波兰共举行了8次议会选举。通过比较议会选举结果和组阁情况,可以大致看出政党数量和规模的变迁脉络。

## 一、1989年和1991年议会选举右翼占据优势

根据波兰各方在圆桌会议上达成的协议,1989年6月举行了波兰历史上第一次自由竞争性选举。选举之前,雅鲁泽尔斯基领导的执政当局的目的是将团结工会的领导人增选入一个"更广泛

---

① [意] G.萨托利:《政党与政党制度》,王明进译,商务印书馆2006年版,第173—175页。
② 意识形态派别(famillesspirituelles)按照其在欧洲政治中出现的时间先后分别是:(1)自由与激进的党;(2)保守党;(3)社会主义与社会民主主义党;(4)基督教民主党;(5)共产党;(6)农民党;(7)地区和民族党;(8)极右翼党;(9)生态运动党。见 Klaus von Beyme, *Political Parties in Western Democracies*, Aldershot: Gower, 1985, p.3。
③ 政党对社会渗透程度与政党制度稳定性之间有三种联系:一是,在整体渗透度较低的政党制度中,不稳定的政党制度使得其中的一些政党对某些特殊社会群体的渗透度极高。二是,在政党渗透度很低的政党制度中,某些政党的特殊结构可以减弱政党制度的过度不稳定性。三是,在政党对社会渗透程度较低的国家,制度因素能限制新兴政党的发展。见 Alan Ware, *Political Parties and Party Systems*, Oxford University Press, 1996, pp.150–151。

的独裁政权"①。他们希望通过让团结工会再次合法化和作为议会中的弱小反对派参与到统治体系中，让反对派既掌握一定的权力，又对国家承担"共同责任"，从而使这些措施合法化并减少社会动荡的可能。波兰统一工人党创造了新的议会和总统制度，也接受了新的有限竞争的选举规则，即此次选举众议院议员数量的65%分配给以波兰统一工人党为首的"执政联盟"，具体人选须经选举得以确认；其余35%的议员由全国选民普选产生，参议员依照选区划分名额②普选产生，因而这也是一次"半开放"式的选举。

6月4日进行了第一轮投票，其结果为，执政联盟在众议院按比例分配的65%协议名额的299席中仅得2席，几乎全部落选，提名的候选人在35%的普选中无一人当选，在参议院的100席中竟未获1席；而以团结工会为首的反对派则取得众议院按比例分配的161席中的160席，在参议院获得92席。面对这一出乎所有人意料的结果，在6月18日举行的具有补缺性质的第二轮选举中，原本计划以小部分议席来稳定执政地位的波兰统一工人党为首的执政联盟以指定的方式确定议员人选；以做"建设性的反对派"③为目标的团结工会领导的反对派则呼吁选民帮助这些指定人选"当选"，以保证反对派能获得35%的议席。因此，经过两轮投票，在这届"协议议会"中，执政联盟候选人获得众议院的299席，其中波兰统一工人党获173席，统一农民党获76席，

---

① Adam Przeworski, *Democracy and the Market: Political and Economic Reforms in Eastern Europe and Latin America*, Cambridge University Press, Cambridge, New York, 1991, pp. 54 - 66.

② 参议院的100个席位在全国49个省进行分配，每省2个席位，其中华沙省和卡托维兹省各3个席位。

③ 所谓"建设性的反对派"，又称"制度内的反对派"，在认同社会主义的前提下，反对政府或政府的某些政策的反对派。

民主党获 27 席，天主教社会联盟和帕克斯协会等 4 个组织获 23 席；团结工会获得 161 席。此外，团结工会还获得了参议院的 99 个议席，剩余 1 席由个体农民获得。①

这是在波兰历史发展的岔路口上的一次选举。波兰统一工人党原本以为，这种改革能在保证党的领导权的情况下，更好地行使国家政权，按照其设想引导波兰走上正轨。但是，波兰人民在选举过程中用他们的选票表达了对波兰统一工人党领导下的执政联盟的不满和改变现状的愿望，选举结果将波兰推离了原有的社会主义发展轨道，加速了波兰政治制度剧变的进程，也迈出了波兰政治转型中政党制度变迁的第一步。

根据政党数量计算的"相关性"标准，除统一工人党、统一农民党和民主党之外，团结工会亦进入议会，成为第二大党和最大的反对党。在议会的四个政党中，获得席位最多的两大党派统一工人党（37.6%）与团结工会（35.0%）都没有占有接近或超过绝对多数的席位，因而政党规模可以看作是"类有限分裂形式"。但由于这次选举本身是政党之间妥协的结果，统一工人党所获席位并不完全是选民的投票结果，合法性明显不足，而团结工会所获席位完全是选民真实意愿的反映，说明团结工会当时已经具有了极强的动员能力和迅速提升的政治实力。该选举结果一方面严重打击了统一工人党领导的执政同盟，使其内部出现明显分裂倾向，另一方面大大鼓励了团结工会领导的反对派，让他们看到了原本打算在四年之后实现的夺权计划在短期之内得以实现的极大可能性。这种"类有限分裂形式"的政党规模是在特殊历史条件下一种极为不稳定的过渡性的政党组合形式，它必然会引

---

① 刘祖熙：《波兰通史》，商务印书馆 2006 年版，第 546—547 页。

起政党间力量对比的更大调整。被协议"当选"的执政联盟候选人为维护个人名誉，纷纷在大选后宣布退党，统一农民党和民主党也与统一工人党分手转而与团结工会结盟，于是执政联盟所得到的多数议席失去了意义。

1989年7月，议会众议院和参议院以仅比50%的绝对多数多一票的投票结果选举雅鲁泽尔斯基为总统。经他提名，波兰议会于当年8月任命团结工会顾问、《团结周刊》主编马佐维耶茨基为政府总理，组成了由非共产党员领导的政府。但团结工会阵营同意雅鲁泽尔斯基出任总统，是在美国等外国势力的斡旋下勉强为之，很快瓦文萨就对雅鲁泽尔斯基发起攻势，同时马佐维耶茨基政府一方面推行巴尔采罗维奇提出的激进的"休克疗法"经济政策，另一方面将属于原执政联盟的政府成员排挤出政府，撤换了担任省级领导的统一工人党成员。1990年7月，瓦文萨要求雅鲁泽尔斯基尽早结束总统任期，主张提前举行新一届总统选举。11月，波兰举行第二次总统大选，在登记参选的6名候选人中，由团结工会阵营分裂出来的瓦文萨和马佐维耶茨基进入了第二轮投票，最终瓦文萨以74.25%的得票率当选。1991年1月，由瓦文萨提名的别莱茨基政府在议会获得通过，组成新一届政府。

1991年10月，波兰提前一年零八个月举行了第二次议会大选。参选的党派有80多个，由于选票分散，共有29个政党进入议会。其中，获得议席最多的三个政党分别是：马佐维耶茨基领导的民主联盟，62席（13.4%）；以社会民主党为首的民主左翼联盟，60席（12.9%）；瓦文萨领导的团结工会，27席（5.9%）。团结工会继续在台上执政。

此次选举将众议院460个席位中的391个分别从37个选区选举产生，每个选区选出7—17个席位，席位分配采用Hare-Niemeyer 公式①，并且没有门槛限制。其余 69 个席位列为全国名单。政党的候选人在至少 5 个选区当选，或在全国获得选票超过 5%，才有资格参与分配 69 个席位。参议院选举则采用相对多数表决制，取消两轮选举。

1991 年 12 月，瓦文萨总统提名中间派协会候选人杨·奥尔谢夫斯基为政府总理，议会通过了该任命。奥尔谢夫斯基组成了由中间派协会、农民协会、基督教民族统一、基督教民主党 4 个中右翼小党和 10 名无党派人士组成的少数派政府，该政府将民主联盟和民主左翼联盟两个议会大党排除在外。过分松散的结构使得这届政府具有明显的不稳定性，只存在了 6 个月。② 1992 年 7 月，民主联盟的哈娜·苏霍茨卡组建由民主联盟、基督教民族统一、自由民主大会党、农民协会、基督教民主党、农民基督教党和波兰经济纲领党 7 个政党组成的新一届政府，在议会中占有微弱多数。1993 年 5 月，议会提出对政府的不信任案，瓦文萨总统解散议会和参议院。

这一届众议院中共有 29 个政党，参议院共有 13 个政党，先后参与过组建两届政府的共有 8 个政党，反对党也不止一个。因此，1991—1993 年间波兰的相关政党数量大于 8（个）。组成第一届政府的 4 个政党在议会所占议席比例之和不足 50%，组成第二届政府的 7 个政党在议会所占议席比例之和刚刚超出 50%，而这届议会的最大党——民主联盟在议会所占席位比例仅为 13.5%，并且仅得以参加一届政府，其人数也并不占优势，再加上 1992 年该党内部发生分裂，该党规模极为有限。由此可见，1989—1993 年

---

① 计算公式为：政党有效选票除以选区有效选票，所得商数乘以选区应选名额。
② 刘祖熙：《波兰通史》，商务印书馆 2006 年版，第 570 页。

间,波兰政党规模的形式属于"极端分裂形式",政党生态呈现出明显的离心性竞争格局,对国家政局的稳定极为不利。

## 二、1993年议会选举中左翼登上舞台

1993年9月19日,波兰提前两年零一个月进行第三次议会选举。此次选举依照同年5月新修订的选举法实行,其中规定了政党进入议会的门槛是在全国获得超过5%的有效选票,政党联盟进入议会下院的门槛是获得超过8%的有效选票。众议院的391个席位由重新划分出来的52个选区选举产生,其余69个全国名单议席由获得7%以上选票的政党参与分配。该选举法还规定,波兰在总体实行比例代表制的基础上,采取"顿特公式"(d'Hondt)① 来计算议席的分配。这些选举规则的实施将大幅度减少进入议会的小党的数量,使大党的优势地位更为集中,有效减少相关政党数量,改变碎片化的政党格局。

在这次大选中,民主左翼联盟获得众议院的171席(37.2%)、参议院的37席,农民党分别获得132席(28.7%)和36席,右翼的民主联盟获得众议院的74席,而团结工会在众议院一席未得,在参议院只得9席。最终,有6个政党或联盟通过政党门槛获得席位。政府由民主左翼联盟与农民党联盟组阁,结束了团结工会的4年执政。

右翼政党虽然支持新的选举制度,但是大多数右翼政党在席位分配、改革方案等方面存在分歧,因而没能在选举中结成有效的政党联盟。4个天主教政党只获得了6.4%的选票,而且没有一

---

① "顿特公式,是最不具有比例代表性的,而且它制度性地偏袒大党。"见[美]阿伦·李帕特:《选举制度与政党制度》,谢岳译,上海人民出版社2008年版,第21页。

个所获选票超过5%；瓦文萨创建的支持改革无党派集团仅仅以5.41%的得票率跨过议会门槛，同样也没有资格参与全国名单中议席的分配。

选举结束后，议会两大党民主左翼联盟和波兰农民党组建联合政府。10月，经总统任命和议会通过，波兰新一届政府组成。该届政府总理由波兰农民党主席瓦尔德马尔·帕夫拉克担任，21名政府成员中，有来自波兰农民党、民主左翼联盟、劳动联盟、支持改革无党派集团4个政党或联盟的成员以及一些无党派人士。但自从两党政府建立时起，帕夫拉克政府与瓦文萨总统之间一再发生矛盾冲突，1995年3月，议会接受帕夫拉克辞职，推举时任议会议长的民主左翼联盟的约瑟夫·奥莱克西为总理。第二届组阁的政府由民主左翼联盟和波兰农民党两党的成员以及个别无党派人士组成，其中有9人为民主左翼联盟成员，两位无党派人士为民主左翼联盟推荐，因此，在新的两党政府中，民主左翼联盟占有明显优势。1996年，瓦文萨总统蓄意制造了诬陷奥克莱西总理的间谍案丑闻，导致奥克莱西被迫辞职。2月，民主左翼联盟成员弗·齐莫谢维奇担任总理，组建民主左翼联盟和波兰农民党第三届联合政府，其成员分布基本延续了奥克莱西政府时的状态，由民主左翼联盟和波兰农民党以及无党派人士组成。

1995年11月，进行了波兰第三共和国的第二次自由的总统直接选举，经过两轮竞争，社会民主党主席克瓦希涅夫斯基击败瓦文萨当选总统，克瓦希涅夫斯基在当选后辞去了社会民主党主席职务。

这一届议会期间，有民主左翼联盟、波兰农民党、民主联盟、劳动联盟、独立波兰联盟和支持改革无党派集团6个主要政党和联盟进入议会，其中有民主左翼联盟、波兰农民党、劳动联盟和支持改革无党派集团4个政党曾经参与组建政府，其中劳动联盟和支持改革无党派集团参与了第一届政府的组阁，主要执政党是民主左翼联盟和波兰农民党。1994年3月，议会第三大党自由联盟与自由民主大会党合并，成立自由联盟，该党成为民主左翼联盟和波兰农民党政府的主要反对派。支持改革无党派集团作为议会中的一个小党，所占议席比例极少，但该党是总统瓦文萨一手建立起来的，在瓦文萨同执政联盟的矛盾斗争中坚决支持和帮助前者，是执政联盟的坚决反对派。德意志少数民族党在议会所获席位有限，团结工会只在参议院获得极少量席位，既未能参与任何一届政府，也不具有明显的否决潜力和实力，不能被视为讹诈性政党。可见，1993—1997年间，波兰的相关政党数量为6（个），其中最大两党民主左翼联盟和波兰农民党分别获得37.2%和28.7%的席位，共占有议席比例的60.9%，两党均未达到或接近50%的多数席位，因而其政党规模的组合形式为"极端分裂形式"。虽然同上届议会相比，有效政党数量大大减少，但政党间的离心性竞争格局并未根本改变，政党政治仍处于较为不稳定的状态，一届议会三次组阁就是最突出的表现。

## 三、1997年议会选举中右翼重新上台

到1997年，波兰登记的合法政党有362个，其中很多是只有几十个人的"沙发党"。为了控制政党数量，同年6月，波兰议会在新修改的《选举法》中将建立政党的最低人数限制从15人提高到1000人。同年9月，议会任期届满，举行了新一届议会选

举，此次选举的公民投票率为47.93%。结果，由34个右翼派别联合组成的团结工会选举运动获得33.8%的选票，得到众议院议席201席，民主左翼联盟得票率为27.1%，得到164个议席，自由联盟得票率13.4%，获得60个议席。

团结工会选举运动与自由联盟在选举结束后组成新的内阁，民主左翼联盟沦为在野党，民主左翼联盟与团结工会选举运动形成了左右对立的两大政党联盟。11月，议会通过了对克瓦希涅夫斯基总统任命的耶日·布泽克政府的信任投票，在该届联合政府的23名成员中，团结工会选举运动有17人，自由联盟6人，这意味着右翼团结工会阵营重新取得政权。

波兰政治制度剧变以来的第三次总统普选在2000年10月举行，时任总统的克瓦希涅夫斯基在第一轮投票中即以53.9%的绝对多数得票率成功当选，得以连任波兰第三共和国总统。克瓦希涅夫斯基在担任总统之初即退出了社会民主党，成为一个无党派总统，但他实际上获得了几乎所有民主左翼联盟和社会民主党支持者的选票，他本人的民众支持率超过社会民主党的民众支持率约两倍之多。

从选举结果分析，参与组阁执政的右翼政党——团结工会选举运动和自由联盟符合执政相关政党标准，但团结工会选举运动占有43.7%的议席，并未超过绝对多数。左翼政党民主左翼联盟占有35.6%的议席，是议会第二大党和最大的反对党。1997—2001年，波兰政党制度中的相关政党数量为3（个），其中两个最大的政党占有绝对多数席位，因此政党规模形式为非典型"有限分裂形式"，政党竞争格局较为激烈，有意识形态完全对立的反对派政党存在。右翼联合政府在此届任期的后两年，虽然问题不断、丑闻频发，但仍完成了一届执政周期，使波兰保持了政局稳定性和执政连续性。

## 四、2001年议会选举中左翼再度获胜

2001年4月，波兰议会通过新修改的《选举法》，与之前的选举规则相比，该选举法的主要变化在于，将原有的选举计算方法顿特公式改为圣拉各公式（St. Lague）①，而且还取消了全国名单的69个席位。这种选举方法更有利于中小型政党。

9月，第四届议会选举如期举行。投票结果显示，民主左翼联盟和劳动联盟组成的竞选联盟获得了41%的选票，得到216个众议院议席，远远超出第二名公民纲领党，获得压倒性胜利。从团结工会选举运动中分离出来的公民纲领党和法律与公正党分别得到12.68%和9.5%的选票，获得65个和44个议席，上次大选中获胜而组阁的右翼政党——团结工会选举运动和自由联盟严重受挫，由于未达到联盟所需的8%的门槛而双双无缘进入议会。参议院选举的最大赢家也是民主左翼联盟—劳动联盟，获得了75席，占有绝对优势。

选举后形成的议会第一大党民主左翼联盟—劳动联盟，联合中间派政党波兰农民党组成多数联合政府。民主左翼联盟领导人莱谢克·米莱尔出任总理，组建了由18名成员组成的政府，其中有13名民主左翼联盟成员、2名波兰农民党成员、1名劳动联盟成员和2名无党派人士。民主左翼联盟开始了波兰剧变后的第三次执政。到2003年，波兰农民党退出政府，民主左翼联盟遭受腐

---

① "圣拉各公式"与"顿特公式"不同之处在于，将除数改为1, 3, 5, 7……除数增大，导致已经分配到席位的政党要再次分配到席位的难度加大，而尚未分配到席位的小党则更有机会获得席位分配。这种方法修正了"顿特公式"有利于第一大党的结果，但同时也容易造成小党过多的状况。

败丑闻打击，联合政府解体。2004年3月民主左翼联盟发生分裂，议会主席马雷克·博罗夫斯基带领33名众议院议员脱离民主左翼联盟决策层并成立新党——波兰社会民主党，自称为"革新左翼"。① 次日，米莱尔宣布辞职，5月起由左翼民主联盟成员、有经验的经济学家、原副总理和财政部长马雷克·贝尔卡担任临时看守内阁总理。

2001—2005年，参与组建政府的有民主左翼联盟—劳动联盟和波兰农民党，其中民主左翼联盟和劳动联盟结成的竞选联盟获得46.96%的众议院议席，波兰农民党所占议席比例为9.13%。右翼的公民纲领党和法律与公正党是民主左翼联盟的天然反对党。农民自卫党与波兰农民党的竞争极大地牵制了后者在执政联盟中的价值判断和行为选择，直接造成执政联盟破裂，可见农民自卫党具有讹诈能力。因此，这一时期，相关政党的数量为5（个），没有一个单独的政党占有接近绝对多数的席位，政党规模的形式为"有限分裂形式"，政党竞争基本呈现出向心性特征，但农民自卫党是不负责任的反对党。

## 五、2005年以来的三届议会选举中两个右翼政党轮流执政

2005年，波兰4年举行一次的议会选举与5年举行一次的总统选举先后在9月和10月举行，两次选举不可避免地产生了相互影响。议会选举结果显示，上一届组成议会的6个主要政党将在新一届议会中继续留任，但所占议席比例发生明显改变。脱胎于

---

① 孙敬亭：《转轨与入盟——中东欧政党政治剖析》，中国文史出版社2006年版，第252页。

团结工会的右翼政党——法律与公正党和公民纲领党获得了33.7%和28.9%的议席,成为议会两大政党。而上届执政的左翼民主联盟—劳动联盟实力大为削弱,仅获得了11.96%的议席,沦为第四大党。

当年10月,时任华沙市长、法律与公正党领导人莱赫·卡钦斯基在总统选举第二轮投票中获得54%的选票,当选总统,其竞争对手公民纲领党候选人图斯克获得了46%的选票。此前几日,法律与公正党成员马尔钦凯维奇出任波兰总理,但法律与公正党同公民纲领党联合执政的谈判破裂,法律与公正党单独成立少数派政府。2006年5月,法律与公正党同自卫党、波兰家庭联盟联合组阁,形成了议会多数派政府。波兰组成了以法律与公正党主导的、自卫党和波兰家庭联盟参加的联合政府。2006年7月,马尔钦凯维奇总理辞职,总统的孪生哥哥雅罗斯瓦夫·卡钦斯基担任总理。三党联合政府自成立之后,在执政理念和政策主张方面差异较大,自卫党丑闻不断,波兰家庭联盟要求推动极为严厉的反堕胎法。三党之间的严重分歧导致几度出现政府危机。2007年8月,应总理雅罗斯瓦夫·卡钦斯基的要求,总统莱赫·卡钦斯基解除了三党执政联盟中波兰家庭联盟和自卫党所有4名内阁部长的职务,执政联盟宣告破裂,三党联合政府垮台,法律与公正党同意解散政府,提前举行议会大选。

2005—2007年间,公民纲领党同法律与公正党组阁谈判破裂,导致后者不得不与自卫党及波兰家庭联盟组阁,公民纲领党之后成为最大的议会反对党,这4个政党都具有执政相关性。虽然左翼民主联盟—劳动联盟与上述右翼政党具有天然的意识形态对立,但在这一届议会中该联盟所占议席有限,是实力最弱的反对党。可见,波兰政党制度中的相关政党数量应为5(个),政党规模形式是较为典型的"有限分裂形式",同为右翼的4个政党形成了向心性的政党竞争格局。

2007年10月,波兰提前两年举行议会选举,共有4个政党和联盟得票率超过5%和8%的门槛,进入议会。自由派政党公民纲领党得票率为41.52%,跃居第一,成为议会第一大党,保守民族主义政党法律与公正党退居次位,获得32.11%的选票。左翼政党联盟——左翼与民主者联盟得到13.15%的选票,略高于上届民主左翼联盟—劳动联盟的得票率,但所获议席减少2个。

2007年11月,波兰总统莱赫·卡钦斯基任命公民纲领党主席图斯克为新一届波兰总理,公民纲领党与波兰农民党联合组阁,成立多数派政府。2010年4月,时任总统莱赫·卡钦斯基和夫人以及多名军政要员在飞机事故中遇难,原计划于10月举行的总统选举提前至6月20日举行。原众议院议长、公民纲领党副主席博罗尼斯瓦夫·科莫罗夫斯基在第二轮投票中获得53%的选票,当选总统,击败法律与公正党主席雅罗斯瓦夫·卡钦斯基。

2007—2011年,参加波兰执政联盟的是公民纲领党和波兰农民党,法律与公正党是议会内最大的反对党,左翼与民主者联盟仍然扮演着弱势反对党的角色,波兰政党制度中的相关政党数量为4(个)。由于只有公民纲领党一党所占议席比例接近50%,其余三党所占席位均接近50%,因此政党规模的组合形式仍是"有限分裂形式",相比上届,政党之间竞争的向心性更为明显。

2011年议会选举结果基本延续了上一届政党格局,两大主要政党状态仅有微小变化,从法律与公正党分裂出来的帕里科特运动和波兰人民党进入议会(见表10)。

表10  1989—2011年波兰政党各类数量值变化情况

| 时间 | 参加议会选举政党总数 | 进入议会政党数量 | 相关政党数量 |
|---|---|---|---|
| 1989—1993 | 111 | 29 | 大于8个 |
| 1993—1997 | 35 | 7 | 6个 |
| 1997—2001 | 21 | 6 | 3个 |
| 2001—2005 | 14 | 7 | 5个 |
| 2005—2007 | 22 | 7 | 5个 |
| 2007—2011 | 10 | 5 | 4个 |

资料来源：见 www.sejm.gov.pl。

## 第二节  波兰经济崛起的原因和发展前景分析

波兰是中东欧地区人口最多、领土最大、经济力量最强的国家，人口为3850万（2012年3月），在欧洲名列第6位；领土超过31万平方公里[①]；波兰2012年的国内生产总值（GDP）约为5200亿美元，是世界第19大经济体[②]。它在欧洲历史上曾有过繁荣昌盛时期，但是自16世纪之后，逐渐落后于西欧地区，沦落为欧洲实力版图的"边缘地带"。自1989年转型以来，波兰经济发展迅速，逐渐成为中东欧乃至整个欧洲崛起的经济大国。

### 一、曲折不断的历史

历史上，波兰在公元1320年正式建立王国，1385年波兰王

---

① 波兰国家概况可见中华人民共和国外交部网站，http://www.fmprc.gov.cn/mfa_chn/gjhdq_603914/gj_603916/oz_606480/1206_606722/。
② 一些波兰政客和经济学家呼吁，波兰应该加入G20，这样才能与其经济规模相匹配。

国和立陶宛大公国实行了王朝联合，建立了波兰—立陶宛人的雅盖隆王朝。该王朝在 14 至 16 世纪统治着中东欧很多地区（其中包括现在的立陶宛、白俄罗斯、波兰、乌克兰、拉脱维亚、爱沙尼亚，以及俄罗斯、匈牙利、捷克、斯洛伐克和克罗地亚的部分地区）。鼎盛时期的波兰立陶宛王国是欧洲地域广大、人口稠密的国家之一，其领土近 100 万平方公里，从波罗的海一直延伸到黑海，人口超过 1100 万。这一时期，波兰经济进入了第一个繁荣时期，有学者认为 1500 年左右波兰人均收入水平达到了西欧 12 个较发达国家平均水平的 62%。①

15 世纪之后，随着西欧国家对粮食需求的增加，波兰成为"欧洲面包篮"。粮食价格的上涨刺激了波兰粮食出口，波兰贵族纷纷加强封建主义，强化农奴制，以增加粮食生产，而波兰原有城市的政治、经济中心作用被削弱了，波兰逐渐沦为落后的农业国。在政治上，由于波兰特有的自由选王制传统和议会自由否决权②的存在，使其政局长期不稳。17 世纪后半叶，波兰进入了危机时期，国内爆发农民起义，对外与俄罗斯、瑞典进行的战争以失败告终，并使其失去部分领土。1772 年、1793 年和 1795 年俄罗斯、普鲁士以及奥地利对波兰进行了三次瓜分。1795 年，波兰亡国。"一战"结束后波兰复国，建立了第二共和国；1939 年 9 月第二次世界大战爆发，波兰被纳粹德国和苏联瓜分。

"二战"后，波兰走上了社会主义发展道路，建立了波兰人民

---

① Angus Maddison, "Historical Statistics of the World Economy: 1 – 2008 AD", 2010, www. ggdc. net/maddison.

② 自由选王制：国王由贵族选举，凡不是贵族就没有民主权利。议会自由否决权：只要有一个议员反对，这项议案就不能通过。这种政治制度造成了波兰极端的民主和无政府状态，同时在有争议的议题上往往议而不决，从而导致国家意志得不到体现，这也是波兰最后衰亡的一个重要因素。

共和国。但是高度集中的、苏联式的政治、经济体制并没有让波兰走上繁荣的道路,到1989年波兰人均收入水平仅为西欧的35%。按照同等购买力计算,1989年波兰实际人均收入不到西欧的1/10。①

1989年波兰社会制度巨变,正式走上了政治上奉行西方式的议会民主,经济上实行以私有化为基础的市场经济的发展道路。是年9月,在时任副总理兼财政部长巴尔采罗维奇的建议下,波兰政府接受了美国经济学家杰弗里·萨克斯的建议,对经济采取"休克疗法",对波兰的经济进行根本的体制变革,主要措施包括:改变所有制结构,实行国营企业私有化;改革国家财政制度;改革银行体制;开辟资金市场;建立劳动力市场,贸易自由化等。改革的目的是建立类似发达国家现行的市场经济体制,阻止恶性通货膨胀,实现经济自由化和私有化。"休克疗法"的初期代价颇为巨大,波兰在1990—1991年间国内生产总值下降了近20%。

但在1992年之后波兰的经济开始好转,并走上了迅速发展的道路。1994年新任副总理兼财政部长科沃德科制订了"波兰战略",1994至1997年间波兰经济每年增长率都超过了6%。波兰经济也曾经出现过低迷时期,1998—2001年受亚洲和俄罗斯经济危机影响,加上波兰政府实行了严厉的紧缩货币政策与财政政策,经济一度降温,波兰经济在此期间增速减缓,2001年增长率仅为1%;2009年全球金融危机爆发,也波及波兰,但是波兰经济仍保持着不到2%的速度增长,这是欧洲国家中罕见的(见图3)。

---

① Marcin Piatkowski, "Poland's New Golden Age: Shifting from Europe's Periphery to its Center", Policy Research Working Paper, 6639, http://econ.worldbank.org. 以下文中的统计数据如无特殊说明,均来自该文。

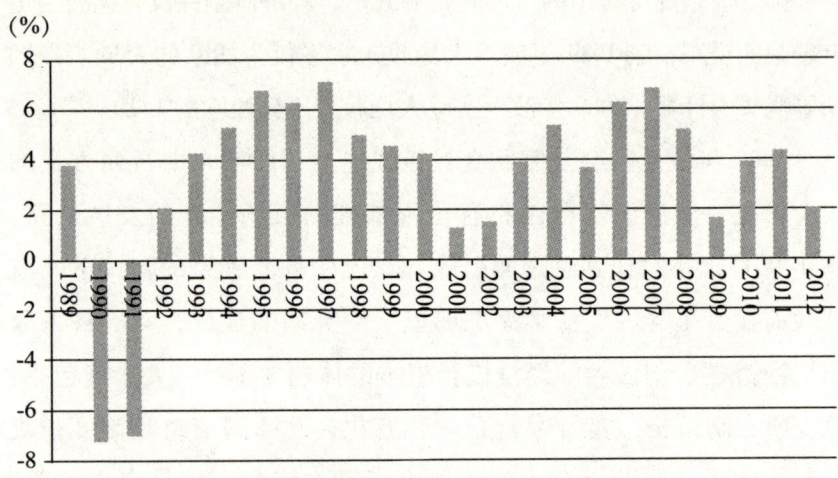

**图 3　1989—2012 年波兰 GDP 增长率**

资料来源：Marcin Piatkowski, "Poland's New Golden Age: Shifting from Europe's Periphery to Its Center", Policy Research Working Paper, 6639。

## 二、波兰经济发展现状及前景预测

### （一）波兰经济发展现状

目前，波兰已经成为中东欧转型经济体中名副其实的"明星国家"，自 1989 年至 2012 年其人均 GDP 翻了一番，只有斯洛伐克和爱沙尼亚两国在这方面能勉强跟上。波兰的经济增长也快于欧洲大陆的其他国家，并成为了欧洲的增长冠军（见图 4）。

波兰的人均 GDP 从 1995 年的 7300 美元增长到 2012 年的 21000 美元，几乎增长了三倍，波兰在全球 40 个中高收入国家中位居第五位。波兰的人均 GDP 超过了一些世界上取得很好经济成就的国家，比如富裕国家中的韩国、新加坡、爱尔兰，金砖国家中的俄罗斯、巴西和南非，以及新兴市场经济体中的墨西哥、马

第四章 中东欧转轨的优等生：波兰

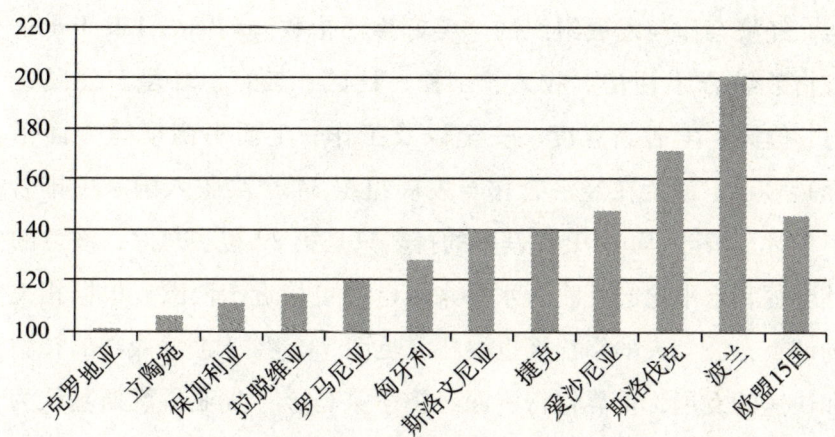

**图4 中东欧的欧盟成员国以及欧盟15国在2012年的
人均GDP（1989年人均GDP=100）**

资料来源：Marcin Piatkowski, "Poland's New Golden Age: Shifting from Europe's Periphery to Its Center", Policy Research Working Paper, 6639.

来西亚、智利和土耳其。2011年经济合作与发展组织①和世界银行将波兰从"中上等收入"调高至"高收入"，这是该国百年历史上的第一次。由于这样优异的经济发展表现，波兰人均收入在2012年达到西欧国家（欧元区17国）61%的水平，比1992年28%的水平翻了一番。这表明波兰仅用了20年的时间就改变了其500年的经济落后局面，这是其历史上前所未有的成就。

此外，波兰在社会福利方面也有了很大进步。2012年波兰实际个人消费水平达到了欧元区的67%。联合国开发计划人类发展指数（该指数综合人均GDP、教育水平和寿命期望值等数据）显示，波兰的指数位居世界第39位，高于其第47位的人均GDP排

---

① 经济合作与发展组织 Organization for Economic Cooperation and Development 简称经合组织（OECD），是由34个市场经济国家与地区组成的政府间国际经济组织，旨在共同应对全球化带来的经济、社会和政府治理等方面的挑战，并把握全球化带来的机遇。

名。经济合作与发展组织的"美好生活指数"(Better Life Index,该指数综合了住房、收入、工作、社区、教育、环境、公民参与、健康、生活满意度、安全以及工作—生活平衡度等方面指标)显示,波兰在经济合作与发展组织 34 个高收入国家中排名第 24 位,其人均 GDP 在其中的排名只是第 29 位。总之,波兰的社会福利水平比起其收入水平来说已经更接近于西欧。根据相关的调查,波兰人的幸福度也很高(见图 5)。鉴于波兰成功的转型和快速的发展,世界银行资深经济学家马金·皮亚科沃斯基认为波兰已经进入到新的"黄金时代",强调"波兰已经从欧洲的边缘地带来到了欧洲的中心"。①

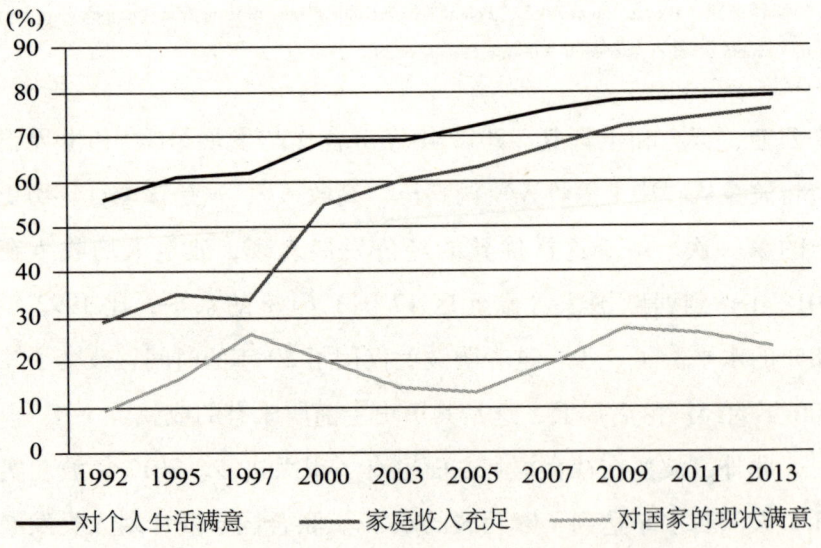

**图 5　1992—2012 年对波兰人生活满意度的调查**

资料来源：Marcin Piatkowski, "Poland's New Golden Age: Shifting from Europe's Periphery to Its Center", Policy Research Working Paper, 6639。

---

① Marcin Piatkowski, "Poland's New Golden Age: Shifting from Europe's Periphery to Its Center", Policy Research Working Paper, 6639.

## (二) 有关机构对波兰未来经济发展的预测

波兰经历了 20 年经济发展较快的时期,在全球金融危机和欧洲债务危机爆发后,波兰的经济形势依然乐观。世界上许多机构和组织对波兰未来的经济发展给出了积极的预测和评价。

《欧盟委员会 2012 年度报告》[①] 预测,从 2010 至 2060 年,波兰将会成为欧洲经济发展速度第二的国家,仅次于保加利亚。到 2030 年,波兰的人均 GDP 将以平均每年 2% 的速度增长,而到 2060 年平均每年的增长率为 1.8%。欧盟 27 国以及欧元区国家到 2060 年的平均增长率只有 1.4% 和 1.3%。

经济合作与发展组织预测,波兰 2011 年至 2030 年人均 GDP 年增长率为 2.6%,2030 年至 2060 年为 1.4%,到 2030 年波兰人均 GDP 将会达到欧元区 70% 以上的水平。[②]

普华永道国际会计公司(PWC)[③] 预计更加乐观:到 2050 年波兰预期年均增长率为 2.5%,高于德国。预计到 2030 年波兰的收入水平将达到德国的 83%,到 2050 年将缓慢增长到德国的 87% 的水平。考虑到德国未来经济将会持续增长,这就意味着波兰到 2030 年的时候达到欧盟 15 国平均水平的 93%,到 2050 年达到 97%,波兰基本上和西欧的发展水平一样了。

高盛投资银行[④]预测,到 2030 年波兰和其他中东欧国家年均

---

① European Commission, "The 2012 Ageing Report: Economic and Budgetary Projections for the 27 EU Member States (2010 – 2060)", *European Economy*, 2, May 2012.

② OECD Economic Policy Papers, "Looking to 2060: Long-Term Growth Prospects for the World", No. 3, 2012.

③ 普华永道国际会计公司(Pricewaterhouse Coopers,简称 PWC),是目前世界上最大的会计事务所。

④ 高盛投资银行(Goldman Sachs)是全球著名的投资管理银行,为全球的政府和企业提供投资咨询服务。

增长率要高于欧盟15国2个百分点。到2050年波兰人均GDP将会仅比欧盟15国平均水平低15%，但是比一些西欧国家要高，比如西班牙。①

总之，以上的预期虽然有所不同，但是都认为到2030年波兰的相对收入将会达到欧盟15国80%的水平，这比16世纪时期的数字还要高，当时波兰相对收入只有西欧的60%—70%的水平。到了2030年波兰人的生活水平和福利将会更加接近西欧，这些成果的取得标志着波兰经济的崛起。

## 三、波兰经济转型成功和长期增长的原因

波兰自1989年的经济转型基本上被世界所认可，其实行的经济市场化，政治民主化，以及融入世界经济和加入欧盟的总体发展方向，保证了其较快的经济增长速度，国家经济实力和人民生活水平稳步提高。波兰20年来经济增长的原因主要有以下几点。

第一，在经济转型初期，波兰人民忍受了"休克疗法"带来的阵痛，经济转型得到了各界的支持。波兰历史上有较强的民主传统，由于民众的广泛参与和配合，波兰较顺利地渡过了困难时期。波兰上至精英，下至普通民众都致力于经济改革。波兰的左右派别政治力量虽然在经济政策上不尽相同，但是都致力于市场经济的发展方向。② 由于获得了社会广泛的支持，尽管转型初期波兰民众的生活水平下降了近1/3，但是波兰没有出现巨大的社会动荡，随着经济稳定措施的到位，没有出现许多东欧转轨国家

---

① István Zsoldos and Anna Zadornova, "New EU Member States—A Fifth BRIC?", *Global Economics Paper*, No. 173, September 26, 2008.

② 孔田平：《从中央计划经济到市场经济：波兰案例》，载《俄罗斯中亚东欧研究》，2005年第1期。

那种反复"休克"、阵痛延长的过程。①

第二，波兰没有照搬西方的财政和金融政策，而是结合本国实际制定相关政策。例如，国际货币基金组织曾建议波兰加快汇率改革和私有化步伐，但是波兰政府并没有照搬国际货币基金组织的建议，而是根据本国实际情况进行相关改革。波兰不赞成大规模私有化，不赞成固定汇率；在资本流动自由化上非常谨慎，采取了逐步开放的方式②。波兰的私有化进程不能说是激进的，私有化变革过程比其他中东欧地区国家都要缓慢和复杂得多。由于制定政策时结合了国内的具体情况，使得波兰产权改革后遗症比较少。

第三，波兰在经济发展中较好地处理了贫富分化的问题。从世界各国的经验来看，经济高速发展时期往往会出现巨大的社会贫富分化现象，但波兰的贫富分化程度在中东欧转轨国家中是较低的。从收入分配的基尼系数来说，1987—1988年度到1998—1999年度，波兰历经10年转轨，基尼系数只提高了0.02，而俄罗斯提高了0.23，捷克提高了0.07，匈牙利也提高了0.25。③ 如上所述，一些统计数字显示了波兰的社会福利相关排名比其经济排名还要靠前。波兰的社会福利保持了经济发展相对适合的水平，这样避免了社会矛盾的激化。

第四，波兰政府既发挥经济发展中的领导作用，同时又维护市场经济的基本原则，没有过多地插手具体的经济事务，充分调动了企业、市场方面的积极因素。比如，为了鼓励私营企业，特

---

① 金雁：《波兰经济转轨的成就、经验与教训》，载《国际经济评论》，2003年第2期。
② 孔田平：《从中央计划经济到市场经济：波兰案例》，载《俄罗斯中亚东欧研究》，2005年第1期。
③ W. Kolodko, Incomes Policy, "Equity Issuers and poverty Reduction in Transition Economies", *Finance and Development*, Vol. 36, No. 3, 1999.

别是中小私营企业的发展，波兰政府力图为其创造一个良好的微观经济环境，取消了在外贸、金融行业方面对中小企业的限制。另一方面，波兰没有长期对企业采取由银行给予大量补贴的反兼并、反破产的消极保护政策。转轨时期，波兰企业，尤其是中小企业的破产、新建、重组频率都比较高。① 这就充分调动了市场经济的竞争规律，优化了市场环境。

此外，波兰所处的战略地位十分重要，地处欧洲连接欧洲东西部的枢纽地带，这使得波兰既可以吸收西欧地区先进的技术和服务，又能使用东欧相对低廉的劳动力。波兰所处的国际环境也较为有利。

## 四、波兰未来发展的有利条件和不利因素

波兰社会经济的发展经历了"让人不可思议"的20年，并且迎来了一个前所未有的历史发展机遇。如果波兰能够充分利用自身积极、有利的条件，克服不利因素，抓住机遇，则能继续保持良好的发展势头。

（一）有利条件

**1. 波兰作为欧盟成员国将继续受益于欧洲一体化**

波兰自2004年加入欧盟以来加速与欧洲特别是西欧市场的一体化，积极奉行融入欧洲的政策，并将加入欧元区放在国家战略高度的位置上。欧盟可以为波兰今后的经济和社会发展提供法律、制度、机构方面的标准，而欧盟对波兰最直接的好处就是欧盟结构基金对波兰经济发展的支持。预计在2020年之前，波兰获

---

① 金雁：《波兰经济转轨的成就、经验与教训》，载《国际经济评论》，2003年第2期。

得欧盟资助的比例将以每年 1 个百分点以上的速度增长。2014 年至 2020 年期间，波兰将会成为欧盟资助的最大受益国，能得到 1060 亿欧元，相当于波兰年 GDP 的 2 个百分点还多。欧盟的资金将投入到基础设施、人力资源以及信息通讯技术等最具生产性的投资项目中。例如，在基础设施建设方面，2000 年至 2013 年波兰的高速公路和快速路增长了五倍。在高速公路、铁路以及网络宽带等基础设施上的投资将会在未来几十年里刺激波兰经济的增长。此外，波兰与欧盟市场，特别是服务业部门的进一步一体化将会帮助波兰降低服务业成本，进而促进其经济发展。

**2. 欧洲政治、经济格局的变动将给波兰未来崛起提供机遇**

欧债危机爆发后欧洲格局发生了变动。德国在欧盟乃至欧洲的中心地位不断加强；法国遭遇经济困境，其在欧洲的大国地位受到动摇；英国对欧洲大陆事务的态度愈加冷漠，甚至萌生了退出欧盟的念头。在这样的背景下，波兰加强与德国的合作，并与之建立了真正的战略伙伴关系。特别是现任的波兰图斯克政府，其自 2007 年执政以来积极维护与德国的关系，呼吁德国在解决欧洲危机中承担领导的角色，并且支持德国解决欧债危机的方案：紧缩政策、削减支出和财政责任。波、德两国关系的加强有利于波兰在欧洲的国际地位的提升。

此外，波兰表示支持欧洲朝着进一步一体化方向迈进的立场，并表明波兰在一体化进程中有意愿和能力来发挥更重要的作用。可以看出，波兰今后可以利用与德国的密切关系，在欧盟事务中争取更多的发言权，从而成为欧盟主导力量之一。另外，波兰还积极参与地区合作，建立了与法德两国的"魏玛三角合作机制"以及与中欧国家合作的"维谢格拉德集团"；波兰还积极提出和支持"东部伙伴计划"，与东欧国家如乌克兰、白俄罗斯等国加强合作。

总之,在欧洲格局变动的背景下,波兰与欧洲经济强国——德国关系密切,会促进双边经贸关系的强化。波兰在欧盟乃至欧洲事务上话语权增加,使其战略空间日益扩大,政治上崛起的波兰势必能为其进一步融入欧洲市场,并成为欧元区国家提供便利条件。

**3. 波兰"软实力"积累和提升,将为其今后的发展提供重要保证**

波兰经济发展的同时重视教育的发展,波兰对高等教育的投入在 2010 年就占到了财政预算的 4%[①];波兰近 60% 的年轻人(18—24 岁)接受了高等教育,这在经济合作与发展组织国家中位居第二;拥有高等学历的人数比例在 1988 年只有 6.5%,而到 2012 年达到了近 25%,当现在 30 岁以下这代人完全取代 50 岁以上的老一代人后,这一比率将达到 60%。此外,波兰的教育质量也很好:经济合作与发展组织测量了各国 15 岁人的基本识字能力,得出的排名显示,波兰在所有经济合作与发展组织中排名第 14 位,超过了一些发达国家,如德国、法国、美国,而波兰在每个学生身上的花费不到那些发达国家的一半。公民教育素质的大规模提升无疑将会为波兰今后的经济发展提供充足的人才保证。

**4. 从当前人均国民收入来看,波兰已经度过了"中等收入陷阱"的危险期**

波兰在 2012 年人均收入达到 21000 美元,而根据相关标准,掉入中等收入陷阱的国家人均收入大约是在 15000—16000 美元。

---

① 波兰国家概况可见中华人民共和国外交部网站,http://www.fmprc.gov.cn/mfa_chn/gjhdq_603914/gj_603916/oz_606480/1206_606722/。

世界银行和经济合作与发展组织都认为波兰已经是一个"高收入"国家。短时期内波兰经济出现巨大滑坡的可能性不大。

(二) 不利因素

**1. 国内政党政治的不稳定可能会影响波兰国内政局和外交战略的稳定性，进而对经济产生负面作用**

目前波兰的两大主要政党——公民纲领党和法律与公正党，在对待与欧盟、德国、俄罗斯的关系方面有很多分歧。特别是法律与公正党，该党对欧洲一体化态度保守，对德国和俄罗斯有排斥倾向。2015年波兰即将举行议会选举，根据目前的民调结果，法律与公正党有可能上台执政。如果受疑欧论、排德思想主导的法律与公正党上台，其对欧政策将直接影响波兰在欧盟中的地位，并且可能导致与德国的矛盾，这会影响到波兰在欧洲地位的提升。波兰目前和德国的贸易额占其总贸易额的1/3，和欧盟的贸易额共占其总贸易额的70%[①]，波兰在开拓欧盟市场时能得到德国的帮助是十分重要的，与德国政治关系的好坏会直接影响两国的经贸关系，进而对波兰未来与欧盟的贸易关系以及加入欧元区制造障碍。

**2. 波兰加入欧元区存在宪法障碍**

波兰加入欧元区是关系到未来波兰参与欧洲一体化提升经济实力的条件。波兰要成为欧盟的核心成员，必须加入欧元区。波兰宪法规定兹罗提为国家货币，如果加入欧元区需要修改宪法，而修改宪法需要议会2/3多数同意。在可预见的未来，要获得议会2/3的多数票支持非常困难。很难想象波兰在不加入欧元区的

---

① 马细谱：《波兰为何在欧债危机中表现优秀》，载《俄罗斯研究信息》，2013年第2期。

情况下能够成为在欧洲有影响力、经济发达的国家。

**3. 波兰国内的储蓄率和投资率不高,用于科研创新的投入较低**

根据世界银行 2008 年的统计,经济成功高速发展的国家其储蓄率和投资率均高于 GDP 的 30%。但是波兰在 2004—2011 年的平均储蓄率和投资率仅为 GDP 的 17% 和 21%,这个数据不仅低于世界上经济高速发展的国家,也低于欧盟和许多其他中东欧国家水平。较低的储蓄率和投资率会导致波兰经济发展后劲不足,且抵御外部金融风险的能力较差。在创新和科研投入方面,2012 年波兰的投入仅占 GDP 的 0.7%,大大低于欧盟的平均水平。波兰的科研和创新水平也不高,落后于欧盟大多数国家,比如创新联盟记分牌(Innovation Union Scoreboard,简称 IUS)最新公布的排名显示,欧盟 27 国中波兰的创新能力表现排在第 24 名。较低水平的创新和科研能力势必成为将来波兰经济发展的阻碍。

**4. 人口下降对未来波兰经济有影响**

根据《欧盟委员会 2012 年度报告》预测,由于人口老龄化和持续的低出生率,波兰人口将会从 2012 年的 3820 万人减少到 2060 年的 3260 万人,波兰的劳动人口将会在下一个 40 年中减少超过 20%。人口的减少势必会影响到波兰经济的发展。但是人口是一个动态变化的因素,特别是随着经济的发展,波兰将可能成为吸引外国移民的国家;此外,波兰分散在世界各地的移民有 2000 多万人,欧洲其他国家就有 200 万波兰移民,这些海外波兰人也有可能被吸引回国,因此外来移民将有可能解决波兰人口下降所带来的问题。但是赴波兰移民数量的增加势必会引起其他社会经济问题,这一点也是波兰今后要予以考虑的。

此外,波兰经济中的支柱产业比较单一,只有汽车制造业比较突出；能源方面主要依靠俄罗斯的天然气；波兰失业率也居高不下，这是波兰经济发展面临的问题。

总之，从最近的趋势来看，波兰经济发展势头良好，参与欧洲一体化的愿望强烈，其在中东欧地区乃至欧洲的政治、经济影响力越来越强。波兰用了20多年的时间不仅成功地实现了转型，而且也超越了其历史上任何时期的发展水平，波兰已经成为欧洲崛起的经济大国。

## 第三节 波兰外交政策的现状及其走向

### 一、剧变后外交政策演变的简要过程

波兰发生制度剧变已进入第25个年头。在这期间，伴随着政治和经济领域的转型，波兰外交也经历了一个迅速发展演变的过程。波兰外交政策既带有中东欧国家的普遍性，更处处体现出波兰自身的鲜明特性。在2004年波兰加入欧盟之前的近15年里，虽然波政府几经更替，但历届政府外交战略的核心都是"回归欧洲"和"加盟西方"[1]，从未犹豫动摇。

入盟后波兰的国际地位得到了进一步提升，伊拉克战争后波兰已成为美国全球政策的全力支持者，与欧盟的德、法几个主要成员国公开较劲。特别是波兰法律与公正党先后于2005年9月和10月赢得议会和总统选举后，总统莱赫·卡钦斯基上台执政，波兰保守的民族主义开始抬头，并开始执行一条"一边倒"的亲美

---

[1] 苗华寿：《试评波兰对外战略及其同大国关系》，载《欧亚社会发展研究》，2006年年刊（总第12期）。

政策，使其与主要邻国——德国和俄罗斯两国的关系更加复杂化。在时任总统莱赫·卡钦斯基的双胞胎哥哥雅罗斯拉夫·卡钦斯基出任总理后，进一步加强了莱赫·卡钦斯基总统在对外政策上的决定权。①

这期间，卡钦斯基兄弟一度被称为是欧盟的"麻烦制造者"。大家知道，2007年波兰议会提前进行大选的原因很多，但外交政策上的失误也是波兰法律与公正党失去其执政地位的主要原因之一。以图斯克为首的波兰公民纲领党在2007年的议会大选获胜后组建的新政府虽然取得了执政权，但根据波兰宪法，政府对国家的对外政策的决策权受到总统的很大制约，一时还很难完全掌控波兰的对外决策权，因此，在欧盟内部屡屡出现波兰总统与政府在外交政策执行上自相矛盾的笑话。直到2010年7月科莫罗夫斯基当选波新一届总统之后，波兰的外交政策才开始得到全面的调整，也结束了总统与政府之间在对外政策上的相互制约关系。科莫罗夫斯基明确表示，他将争取波兰在5年内加入欧元区，要求2011年从阿富汗撤军，主张执行睦邻政策，改善与俄罗斯和德国的关系，在欧盟内部力求逐步改变"麻烦制造者"的不良形象。这不仅赢得了大多数选民的肯定和支持，也得到了欧盟中大多数国家的肯定。可以说，至此，波兰当局的外交政策基本上已开始按照波公民纲领党所制定的对外政策实施。

## 二、当前的外交战略

在过去的20多年里，除2011年公民纲领党获得连任外，波

---

① 孙长栋：《俄杜马官员称波兰新总统将令欧洲头痛》，东方网，2005年10月26日。

兰政权右左两派几乎每隔4年都要交替执政。右左两派轮流上台执政期间,尽管对内对外政策都有一些变化,但都没有发生根本性的改变,也就是说,左右翼执政党在对外战略上没有根本的区别,只是在具体执行上存有一定的差异。2007年图斯克就任波兰总理,前任政府的外交政策留下不少残局需要收拾:过度亲近美国带来的国内外压力,疑欧立场导致的孤立境地,与俄罗斯关系降至冰点并受到普京的强硬回击等。为此,新政府在延续前政府部分外交政策(将国家安全置于外交首位、重视发展与美关系、防范俄潜在的威胁)的基础上,及时调整对外政策:在波美关系中凸显国家利益的现实性,放弃疑欧立场而亲近欧盟,改善与俄关系,加强对话合作,采取灵活务实的态度来构建双赢局面等。经过几年的政策调整,特别是科莫罗夫斯基2010年当选总统后,以图斯克为首的波兰公民纲领党大幅调整其对外政策,基本上形成了自己独特的对外政策。该政府外交政策的特点基本上可从外交部长西科尔斯基每年3月前后向波兰议会提交的外交政策报告中看出。

波兰外交部长西科尔斯基2012年3月29日在波兰议会阐述了波兰2012—2016年期间外交政策的优先目标[①]。一是,强调无论是从双边贸易额,还是从经济文化和政治理念的取向看,德国都是波兰在欧洲的最重要伙伴。同时,波兰将强化与法国在魏玛三角框架内的合作。二是,坚持认为美国是波兰在欧洲之外的最重要伙伴,特别是在共同实现自由和民主的理念时,波兰将永远和美国站在一起。三是,突出乌克兰是波兰在北约集团之外的最重要战略伙伴,波兰将坚定地支持乌克兰与欧盟的一体化进程。

---

① 李增伟:《波兰公布未来5年外交政策优先目标》,人民网,2012年3月29日。

与此同时，该报告还第一次提出了波兰外交工作中需要积极支持发展经济的战略方针。这里需要指出的是，这是波兰20多年来第一次制定并公布未来长期外交战略政策，但就是这样一次重要的外交政策讲话，却只字未提波兰如何发展与中国和印度等发展中大国的关系。

西科尔斯基外长在2013年3月20日向波兰议会所作的题为"波兰2013年外交政策的任务"的报告①中，又提出了两个新的外交政策概念，即外交的成效取决于国家的实力东进战略。西科尔斯基在报告一开始便讲道，"今天我可以满意地说，波兰的国际地位是好的。我们加强了在欧盟的地位，虽然欧盟一直危机缠身。"接着，他用很大篇幅叙述了波兰近一个世纪以来经济的发展状况。他强调说，1981年波兰的人均GDP仅为西欧国家平均值的41%，而目前却为欧盟平均值的64%，全球平均值的59%，在联合国近200个成员国中波兰的GDP总量已位居第20位。由于波兰在全球和欧盟中的经济地位得到了空前的提升，波兰将力争成为2018—2019年期间联合国安理会非常任理事国，并争取获得2022年冬奥会的举办权。以上这些都说明波对自己的政治经济实力及其在国际社会的地位充满信心，显露出其争当大国的心态。谈到东进战略时，这次西科尔斯基用较大篇幅论述了波兰的亚洲政策。他指出，"由于亚洲大陆的飞速发展，其GDP已占世界总量的1/3，必须加大波在亚洲的外交存在"，而"中国是超地区强国，中波又是战略伙伴，应该承担更多的全球义务"。

这样，当今波兰的外交政策仍是坚持"亲美不脱欧"的基本

---

① Radoslaw Sikorski：《Informacja Ministra Spraw Zagranicznych o zadaniach Poskiej Polityki Zagranicznej w 2013 roku》，zrodlo：Embassy of the Republic of Poland.

原则，但首次较明确地把加强欧盟一体化的努力放在了加强与美国同盟关系的前面；同时，努力缓和与俄关系，加大在亚洲的存在，并以欧盟大国的姿态积极参与欧洲及世界事务，使波兰获取最大的国家利益。

## 三、2013年波兰的大国关系

（一）促进欧盟的团结是波兰2013年外交政策的重中之重

**1. 受益颇丰是波兰坚定维护欧盟一体化的根本原因**

从民调结果看，78%的波兰人认为，入盟使波兰在经济社会发展、基础设施建设等方面取得了长足的发展，也使波兰的地缘政治关系得到明显改善，地区影响力显著提高，这首先应归功于入盟后波兰获得的巨额欧盟资金。[1] 据波兰官方公布的数据，在2007—2013年间，波兰从欧盟获得的财政补贴高达973亿欧元，还从欧盟获得各类援助基金856亿欧元，这些巨额资金极大地推动了波兰的经济发展。而且，波兰农业是其中获益最大的领域，在2007—2013年的7年间，共获得超过300亿欧元的欧盟直接补贴。同时，在这期间，波兰政府还把巨额欧盟资金投向了道路、桥梁等基础设施的建设领域。据波兰国家公路总局提供的数据，在2008—2012年的5年间，波兰共建设了1450千米的高速和快速公路，这不仅改善了波兰的基础设施状况，还吸收了大量农民就业，增加了农民的收入。

随着申根区的扩大，取消签证则为新成员国公民，特别是为波兰等国的年轻人提供了更大的发展空间。已有超过200万的波

---

[1] 佚名：《波兰 受益匪浅（国际视野）》，人民网，2013年8月28日。

兰学生获得了欧盟 2004 年设立的"伊拉斯谟世界"大学交流计划的奖学金，在西欧国家高校免费深造。据波兰国家统计局的统计，目前约有 250 万波兰人在西欧国家打工，他们每年向波兰国内的汇款总计约为 40 亿—50 亿欧元，这一数额与波兰目前每年吸引的外国投资总额相当。巨额侨汇收入提高了这部分波兰人国内亲友的购买力，在一定程度上促进了波兰的内需。正是由于国家的发展与民众生活的提高都受益于入盟的成果，欧盟在波兰的声誉也大幅提高，并进一步坚定了波兰对促进欧盟团结和一体化的支持。

### 2. 在欧盟内的作用和影响不断增强

随着波兰战略地位日益重要和近年经济实力的增强，它在欧盟中的地位得到大幅提升。西科尔斯基外长在 2013 年的报告中曾充满信心地强调，近年来波兰在欧盟中的作用越来越大。他举例说，2012 年波兰在制定欧盟 2014—2020 年财政预算中就起了重要的作用。他呼吁要加强欧盟的内部团结，加速欧盟的一体化进程，继续扩大欧盟成员国。他强调指出，波兰已经进入欧盟的决策层。为了加强波兰在欧盟中的影响，波兰随时准备加入欧元区，条件仍然是要有利于波兰经济的发展。这进一步表明，波兰要进入欧盟决策圈的目的，就是要有利于波兰的利益。

### 3. "魏玛三角"和"维谢格拉德集团"增强了波兰在欧盟中的协调和决策作用

为了说明入盟使波兰的地缘政治环境得到改善，波兰著名政论家彼特·卡济诺夫斯基在接受记者采访时称，随着欧盟边境线的东移，波兰的战略地位凸显。波兰同德法两国结成的"魏玛三角"定期会晤机制①,极大地提高了波兰在欧盟的地位。波兰同捷克、匈牙利和斯洛伐克三国组成的"维谢格拉德集团",近年来为了协调四国立场,波兰充分利用其轮值主席国的地位,在制定共同区域政策方面发挥了相当重要的作用,并使其影响力不断增强,已基本确立了波兰在中东欧国家中的领头羊地位。

2013年7月2日,波兰总统科莫罗夫斯基在波兰维斯瓦市举行的"维谢格拉德集团"首脑会晤上,总结波兰作为"维谢格拉德集团"轮值主席国期间(2012年7月—2013年6月)的工作时表示,"维谢格拉德集团"具有很大的政治、经济潜力,在欧盟事务中可以发挥重要作用。他特别提到,"维谢格拉德集团"在讨论欧盟2014年—2020年财政预算方案中表现优秀,四国都从中受益。②此外,这次会议还讨论了欧盟扩大的前景及东部伙伴关系,以及乌克兰与欧盟将于11月在立陶宛首都维尔纽斯签署东部伙伴关系协定问题。

法国总统奥朗德于2013年5月8日利用在巴黎主持纪念"二战"胜利68周年活动时表示,法国和波兰希望重启"魏玛三角"会晤机制(在卡钦斯基执政期间"魏玛三角"会晤机制曾一度处于停顿状态),以使法国、德国和波兰共同协作,推动欧盟发展。③"魏玛三角"成员国于2013年7月5日在波兰克拉科夫举行议会主席团会议,波兰众议院议长埃娃·科帕奇在会上强调说,欧盟各国应该在邻国政策上统一思想,这对保证欧洲安全十分重要。她指出,"魏玛三角"各国首先是一个能够代表欧洲各

---

① 马世骏:《"魏玛三角"首脑会议在华沙举行》,新华社电讯,2011年1月8日。
② 韩梅:《波兰总统说维谢格拉德集团在欧盟发挥重要作用》,新华网,2013年7月2日。
③ 郑斌:《法国总统主持活动纪念二战胜利68周年》,新华网,2013年5月9日。

国紧密合作愿望的团体，同时又有能力为欧盟合理解决自身问题建言献策。法国议长巴尔托洛内说，作为下一届"魏玛三角"的主办国，法国愿意在能源领域与波、德两国进一步扩大合作，同时关注欧盟的社会问题。德国议长拉默特则强调，德、波、法三国议会之间的合作不仅限于三年一届的主席团会议，而应该成为长期稳定的双边和多边合作。关于美国"棱镜门"事件，科帕奇说，该事件在会议上被广泛讨论，目前应等待美国总统奥巴马实现承诺，向欧盟各国公布中情局电子监控的有关情况。巴尔托洛内也认为，奥巴马必须对"棱镜门"整个事件作出解释，这对欧盟和美国就建立自由贸易区所进行的谈判至关重要。由此看出，波兰在处理欧盟事务上极力依靠与德、法的特殊关系，努力为欧盟进一步一体化和相互紧密合作作出自己的贡献，同时也借助自己在中东欧国家中的特殊地位，力求扮演决策者的角色。

### （二）美国是波兰在欧洲之外最重要的伙伴

图斯克政府与前几届政府相比，外交顺序上有所调整，把欧盟放在了波兰外交更重要的位置，即波兰的外交战略已由过度亲近美国向"回归欧洲"转变，走上了一条更加注重现实利益和战略平衡的务实外交路线。[①] 但是，在对美关系上，波兰并没有冷落美国，虽然在反导问题上与美发生过一些矛盾，但很快由于美国军队进驻波兰而有了很大改善。例如，波兰—美国战略对话于2013年3月18日在华沙举行，美国负责政治事务的副国务卿温迪·舍曼表示，美国和波兰是亲密的合作伙伴，双方之间的合作

---

① 赵远方：《2010波兰外交悄然转身 由亲近美国转向回归欧洲》，黄河新闻网，2010年12月28日，http://www.sxgov.cn/。

具有战略意义。① 舍曼表示，美国将按计划在波兰建第三阶段反导系统，而且美方已将此前公布的关于在波兰建第四阶段反导系统计划的变更情况告知了波兰外交部。又例如，波兰与美国负责能源和能源合作事务的特使卡洛斯·帕斯夸尔就开采波兰页岩气、发展核能等问题进行了会谈。还例如，来自14个国家的近6000名士兵于2013年11月2日至9日在波兰和波罗的海国家参加北约快速反应部队2013军事演习。② 这是北约近年来最大规模的军事演习，同时也是对北约快速反应部队的一次检验。再例如，美国国务卿克里于2013年11月5日访问了波兰，克里在与波兰总理图斯克会谈时就波兰与北约合作、欧洲—美国贸易协议、气候政策、东部伙伴峰会以及网络隐私保护等问题交换了意见。③ 双方积极评价波美目前的合作状态，表示未来合作方向将涉及能源安全和创新科技发展。克里与西科尔斯基就波美双边关系、共同安全项目、经济和高科技合作等进行了会谈。西科尔斯基表示，克里此访确立了波美良好的战略合作关系，两国紧密的政治、军事合作即是例证。克里说，波兰近年来发展成为欧洲经济、安全大国，堪称奇迹。美波两国长期以来保持建设性对话，美波同盟运转良好，美国计划继续为美波同盟扩大投资。克里在参观波兰罗兹瓦斯克32号战术空军基地时称，美国将按计划在波兰建立反导基地，预计2018年完成建设计划。

这一切都说明，虽然波兰把对外关系的重点放在欧盟，但并没忽视与美国的关系，而且还处处表明自己在美国对外政策中处

---

① 韩梅：《波兰与美国举行战略对话》，新华网，2013年3月19日。
② 高帆：《北约11月2日起将在波兰等国举行大规模军演》，新华网，2013年10月23日。
③ Paweł Supernak：《Kerry i Sikorski o współpracy politycznej, gospodarczej i wojskowej》，Zrodlo：PAP, 6 Listopada 2013.

于特殊的重要地位。

(三) 波俄关系仍步履维艰

苏联解体、华约和经互会的相继解散,未能使波兰与俄罗斯两国之间的历史恩怨和相互猜忌得以消除。虽然图斯克政府上台后对俄政策有了较大调整,特别是俄罗斯时任总统梅德韦杰夫访波确实为俄波关系正常化迈出了重要一步,开启了双方和解的进程。但双方领导人都有非常清醒的认识,即两国之间仍然存在着很多利益分歧。从俄罗斯外长拉夫罗夫于2013年12月19日访问波兰期间与波兰外长西科尔斯基的会谈情况看,双方在两国关系发展、乌克兰问题、部署"伊斯坎德尔"导弹问题以及归还2010年在俄罗斯失事的波兰政府专机残骸等问题上意见分歧很大,甚至充满了火药味。而且,双方在这些问题上并未取得突破性进展。例如,在乌克兰问题上,双方针锋相对,相互指责,根本无法达成任何妥协;在美国计划在东欧建立导弹防御系统的问题上,两位外长也各执一词。① 显然,波兰仍是美欧向俄罗斯和独联体国家推行"颜色革命"的重要推手。特别是最近发生的乌克兰危机,波兰甚至扮演了比美欧更激进的角色。这不仅说明波俄之间的政治互信在短期内还难以建立,而且也进一步证明,防俄、弱俄仍是当前波兰当局对俄罗斯的重要政策目标。② 当然,波兰方面也看到,地缘政治上的天然相近性和俄罗斯本身所具有的自然资源和潜在实力,使波兰不得不重视发展与俄罗斯的关系,而且保持与俄罗斯长期的睦邻友好关系符合波兰的根本利

---

① 韩新忠:《波俄外长会谈分歧巨大火药味颇浓 但仍将继续加强合作》,国际在线专稿,2013年12月20日。
② 苗华寿:《波俄关系为何步履维艰?》,见陆南泉主编:《苏东剧变之后:对119个问题的思考》(下),新华出版社2012年版,第1532—1547页。

益。俄罗斯方面也注意到，改善与波兰关系有利于俄理顺与欧盟的关系和合作，对于俄罗斯的国家利益也非常重要。然而，现实总是严酷的，波兰积极支持和配合美欧向乌克兰和白俄罗斯以及其他独联体国家竭力输出"颜色革命"，这是俄罗斯极其难以容忍的，在当今形势下，波俄关系很难会有明显改善和进展。

（四）加大波兰在亚洲的存在是波兰2013年外交政策的最大亮点

图斯克政府执政后，在对华关系上采取了许多措施。波兰总理和总统先后访华，并与中国建立了战略伙伴关系，两国间的贸易和投资都有了长足的发展。正是在波兰的主动邀请下，中国与中东欧16国的领导人于2011年在华沙会晤，为促进中国—中东欧国家之间的合作开了一个好头。西科尔斯基外长在向议会做的《2013年波兰外交政策的任务》报告中，强调波兰重视亚洲的国际影响力和发展潜力，需要提升波兰在亚洲的存在。他特别指出，波兰已与中国建立了战略伙伴关系。2012年波兰航空公司恢复了对华航班，两国间物流互联网络发展迅猛，罗兹—成都货运直达列车以及华沙—上海货运航班相继开通，有力地促进了两国经贸合作关系发展。2013年上半年，波兰对华出口同比增长23.61%。[①] 波兰众参两院议长2013年先后实现访华，两国副外长以及司局级间的政治磋商已形成机制。各种人员交流和互访迅速增长。正如波兰驻华大使霍米茨基强调的那样，中国是最近30年世界上发展最快的国家，而波兰是最近20年欧洲经济发展最稳定的国家[②]。因此，双方最重要的任务就是建立能够充分利用中国

---

[①] 李增伟：《对马依曼的采访》，载《人民日报》，2013年9月16日。
[②] ［波］塔德乌什·霍米茨基：《波兰驻华大使：中国极具积极进取精神（高端访谈录）》，央视网新闻，2012年10月。

和欧洲国家潜力的条件和机制。波兰意识到，与中国发展政经关系是它面临的重要选择。

与此同时，我们也应该注意到，波兰与亚洲其他国家的交往也在加强，2013年蒙古国总统额勒贝格道尔吉和日本首相安倍晋三先后访问了波兰。

当然，我们也需要看到，波兰在执行其外交政策时具有两面性。它向亚洲进军既遇到欧盟、美国和国内反对派的制约，又受到意识形态和价值观差异的制约。例如，西科尔斯基外长在2013年的同一报告中，在提及与中国发展关系的结尾部分就讲道："如果中国在某个时候决定实现政治体制多元化，那波兰将可以向其提供自己的经验。"这说明，波兰当局在发展波中关系的同时，仍不忘要向中国推行"颜色革命"的使命。所以，今后在中波关系的发展过程中，意识形态和价值观的差异作为一个制约因素会时隐时现。

## 四、波兰外交政策的走向

从波兰当前的现实形势和国家利益来看，波兰今后外交政策的走向总体上会以大国的心态，遵循2012年制定的《2012—2016年期间外交政策》精神执行。在具体的实施过程中会有适当调整，但其基本原则不会有根本的变化。这是因为：其一，波兰处处以欧盟大国的姿态执行欧盟的共同外交政策，并充分利用其在维谢格拉德集团和"魏玛三角"中的特殊地位，继续推动欧盟的一体化进程。其二，"亲美不脱欧"仍是波兰处理大国关系的基本原则之一。在处理欧盟和美国的关系时，会坚定地维护波兰的自身利益。其三，在向外推销民主政治，特别是在处理乌克兰及

第四章 中东欧转轨的优等生：波兰

其他独联体国家事件时，波兰仍会起"颜色革命"领头羊的作用。其四，波兰在扩大亚洲存在问题上，会继续加强与中国等亚洲主要大国的关系，力求为波兰取得更大的收益。其五，波兰在争取成为世界上有影响的大国问题上，仍会竭尽全力去追求。其六，经济外交将成为波兰今后外交战略的重要组成部分，其比重会越来越大。

据波兰官方前不久公布的信息，2014年波兰外交的首要任务是：关注欧洲议会选举及其引起的欧盟领导班子的变化，波兰入盟10周年、加入北约15周年和民主变革25周年的纪念活动，从阿富汗彻底撤军[①]。波政府必须在2014年办好上述几件大事，以便为执政联盟在2015年的议会大选中获胜打下基础。

---

① Karol Kułaga,《Polska polityka zagraniczna: sukcesy i porażki w 2013, wyzwania 2014 roku》, źródła: *MSZ*, *PISM*, *OSW*, *PSZ.pl*, 3 stycznia 2014.

# 第五章　中东欧转轨的合格生：捷克、匈牙利和斯洛伐克

从捷克和斯洛伐克转型25年的历程和成果来看，它们取得的成功和存在的问题都是明显的。捷克与波兰、匈牙利和斯洛文尼亚的民主转型有着一定的相似之处和共同的发展趋势，即转型较为顺畅，民主巩固程度逐渐加深，权威主义和新的独裁体制重新登场的可能性很小。与捷克曾经在联邦框架内一起开始民主转型进程的斯洛伐克，其民主转型进程则充满了艰辛和曲折，一度偏离"中欧模式"而趋向"东欧模式"，1998年议会大选后又逐渐回归"中欧模式"，2004年与其他中欧国家殊途同归，会合于欧洲—大西洋结构中。

近几年来，民主传统较为深厚的捷克的公民愈益对国家当前的政治发展感到不满。捷克共和国自1993年成立以来，实行多党议会民主制，左翼和右翼政治势力交替执政，轮流坐庄。但无论是左翼还是右翼主流党派，都难以在选举中获得绝对优势，无力独自组成政府，长期以来形成联合执政的局面。在国内社会经济政策方面，尽管左右翼主流政党主张各异，但为赢得选票日渐趋同。在欧洲一体化建设中，两者都主张"回归欧洲"，只是在具

体操作层面各有不同。共产党的后继党捷克摩拉维亚共产党在中东欧独树一帜,不但成为唯一一个继续使用共产主义名称的政党,而且在多党议会竞争中长年占有一席之地,具有明显的左派传统。

匈牙利的民族起源、它的欧洲传统主流文明和天主教文化的融合揭示出匈牙利剧变的深层次原因。匈牙利剧变的源头是1956年事件,尔后的延续乃至结局,全过程历经30多年,去苏联模式化和回归欧洲为主轴,彰显始终。以血雨腥风暴力抗争始,以无硝烟和平演变终,这是第二次世界大战后雅尔塔体系形成至崩盘的历史记录。

2013年,匈牙利和欧盟的关系磕磕跘跘,矛盾尖锐。匈牙利修改宪法遭到欧盟领导和其他国家的猛烈抨击,欧洲议会通过批评匈近一两年法治和人权状况的报告,欧盟委员会冻结对匈的13项援助项目资金。欧尔班政府对此作出强烈反应,并发表许多怀疑和攻击欧洲一体化的言论,双方的争斗一时不会平息,还将继续下去。

第五章　中东欧转轨的合格生：捷克、匈牙利和斯洛伐克

## 第一节　捷克和斯洛伐克转型的成功与问题

在中东欧地区，波兰、匈牙利、捷克、斯洛伐克和斯洛文尼亚等中欧国家的民主转型最为成功，它们在2004年欧盟东扩第一波中率先加入。尽管目前它们与西欧发达国家之间还有着一定的差距，在利益代表、政治参与、政治精英的行为方式和公民社会的巩固等领域依然存在民主赤字，在居民收入、人均国内生产总值和就业率等方面依然明显落后，但是它们的民主转型已取得长足进步，均处于民主巩固的高级阶段，政治精英和民众接受法治国家理念、民主原则和措施的程度逐步提高。

捷克与斯洛伐克的案例反映出中欧地区民主转型的特殊性和普遍性。捷克与波兰、匈牙利和斯洛文尼亚的民主转型有着一定的相似之处和共同的发展趋势，即转型较为顺畅，民主巩固程度逐渐加深，权威主义和新的独裁体制重新登场的可能性很小。与捷克曾经在联邦框架内一起开始民主转型进程的斯洛伐克，其民主转型进程则充满了艰辛和曲折，一度偏离"中欧模式"而趋向"东欧模式"①，1998年议会大选后又逐渐回归"中欧模式"，2004年与其他中欧国家殊途同归，会合于欧洲—大西洋结构中。近几年来，民主传统较为深厚的捷克的公民愈益对国家当前的政

---

① "中欧模式"的概念于1994年提出，概括了波兰、匈牙利、捷克和斯洛伐克等维谢格拉德集团四国政治转型道路的普遍特征，即朝着多元民主、法治国家和公民社会方向的变化不可逆转。所谓"东欧模式"是指前苏联的斯拉夫民族共和国的转型道路，其基本特征是：忽视宪政主义原则、集中行政权力和出现寡头政治集团。参见 Soňa Szomolányi, *Kľukatá cesta Slovenska k demokracii*, Stimul-centrum informatiky a vzdelávania FIF UK, Bratislava 1999, s. 10。

治发展感到不满。

那么，中欧国家民主转型取得了哪些成就，又存在哪些问题呢？捷克民主转型进程相对顺畅的原因是什么？斯洛伐克民主转型进程为何较为曲折？为什么当前捷克民众对民主制度感到疲惫和厌倦？

## 一、捷克与斯洛伐克民主转型进程及其成效

1989年11月中旬，在邻国波兰、匈牙利和民主德国政局发生急剧变化的冲击和影响下，被称为中欧地区"集权岛屿"① 的捷克斯洛伐克也开始出现剧烈的社会变动。在六个星期的时间内，通过联邦政府总理与反对派领导人举行"圆桌会议"的方式，捷克斯洛伐克社会发生了重组政府、重选总统和修订宪法等一系列重大变化，史称"天鹅绒革命"。由于捷克斯洛伐克向民主的过渡突然而且快速，缺乏自由化阶段，实际上直接进入了民主化阶段。② 1990年6月举行的政局剧变后首次议会大选确认了自由竞争的"游戏规则"，为多元化的政党制度和议会民主制奠定了基础。大选后，捷克斯洛伐克社会逐渐进入民主巩固阶段。③ 在捷克斯洛伐克联邦和平解体后，虽然捷克与斯洛伐克拥有相似的宪政民主制度安排④，在独立国家的建设和转型进程的外部影

---

① 捷克斯洛伐克共产党内不存在改革的派别，也没有与反对派力量进行对话。
② 从共产主义体制向西方式多党议会民主制的转型通常分为自由化、民主化和民主巩固三个阶段。自由化阶段指共产主义制度开始改革的阶段，民主化阶段指建构多元化民主制度阶段，民主巩固阶段指政治精英和民众接受民主游戏规则的程度提高、政治措施制度化以及制度结构巩固和稳定的阶段。参见 Karel Vodička, Ladislav Cabada, *Politický systém České republiky*, Praha: Portál, s. r. o., 2003, ss. 305 – 306。
③ Soňa Szomolányi, *Kľukatá cesta Slovenska k demokracii*, Stimul-centrum informatiky a vzdelávania FIF UK, Bratislava 1999, s. 44.
④ 竞争性政党制度、比例选举制、议会制和分权制衡等。

| 第五章　中东欧转轨的合格生：捷克、匈牙利和斯洛伐克 |

响等方面也非常相似，但是两国的民主巩固道路并不是平行的。

(一) 宪政巩固①

在联邦解体前，捷克与斯洛伐克就分别通过了各自的宪法。捷克的宪法确认了人民主权、民主、权力分配、保护少数民族权益、尊重人权和依法治国等原则，在一定程度上保障捷克社会很难回归专制体制。捷克的宪政秩序比较稳定，权力制衡体系运作良好，立法、行政和司法机构之间、总统和政府这两个行政机构之间权限分配相对明确，相互冲突程度较弱；宪法文本与宪政实践之间的差距逐渐缩小②；宪法法院的裁决得到政治行为者的尊重。议会参众两院的选举准确无误，在每次众议院选举结果的基础上都产生了执政联盟③，基本实现了权力的正常交替。迄今为止，议会仅有一次通过了对政府的不信任案。

斯洛伐克的宪法拥有自相矛盾和引起争议的内容较多，如没有明确规定总统与总理、政府之间的权限划分，突出了国家家长式统治的特点，宪法前言表明国家建立在民族原则而不是公民原则之上。④ 由于宪法存在弊端以及政治精英缺乏民主治理的经验，斯洛伐克宪政制度的巩固较为曲折。1994 年 3 月，梅恰尔总理不民主的执政方式使议会通过对政府的不信任案。同年 9 月举行的议会大选后，斯洛伐克的宪政体系愈加不稳定，具体表现为：总

---

① 是指社会尊重宪法、选举法的程度不断提高，以及行政、立法和司法机构的合法性不断加强。
② 捷克宪法规定设立的一些机构在宪法通过多年后逐渐得以建立，如 1996 年成立参议院，2000 年设立自治州并开始进行地方选举，2003 年建立最高行政法院。
③ 尽管 1998 年议会大选后捷克社会民主党组建了单一少数派政府，但它通过"反对派协议"与最大反对党公民民主党建立了隐蔽的联盟。
④ Lubomír Falťan, *Slovensko a jeho premeny na začiatku 90. rokov/Spoločnosť-Ekonomika*, Veda a technika, Sociologicky ústav Slovenskej akadémie vied, 1994, s. 70.

统与总理之间的冲突不断升级,议会不尊重宪法法院的裁决,司法体系的运作处于强大的政治压力之下,总统任期届满却无继任者接替,总理滥用接管过来的总统权限。1998年议会大选后斯洛伐克多次修宪,促使立法和行政机构正常运作、总统和政府之间关系趋于缓和、司法机构的独立程度逐渐加强。

在宪政制度巩固过程中,捷克与斯洛伐克都出现了执政的多数派利用在议会的影响力,试图改变选举法的情形,旨在保持和增强自己的权力地位。然而,这些激进改变游戏规则的图谋均遭挫折。与捷克议会设立参众两院不同,斯洛伐克实行议会一院制,因而在避免大党强权操纵选举法问题上缺乏有效的制约机制,只能依靠议员的民主意识。尽管捷克和斯洛伐克的政治精英和民众愈益尊重宪法与法律秩序,但两国的宪政巩固进程至今没有结束,主要原因有三:第一,宪法依然存在不足;第二,并非所有的政治行为者都对宪政体系表示出足够的尊重;第三,宪政体系及其框架内进行的决策进程被打上庇护主义和腐败的烙印。①

(二) 利益代表制度的巩固②

捷克的政党制度快速趋于稳定与成熟,不仅选民的政党认同比较稳定,而且议会内的政党数量逐渐减少。③ 1996年议会参众两院选举结果表明,已经形成较为清晰的政党格局:两个最大的政党——自由保守型的公民民主党与中左翼的捷克社会民主党势均力敌;两个较小的中间偏右政党——基督教民主联盟—捷克斯洛伐克人民党与公民民主联盟;两个进入议会的政党——左翼捷

---

① Karel Vodička, Ladislav Cabada, *Politicky systém České republiky: historie a současnost*, Praha: Portál, s. r. o. , 2011, ss. 435 - 437.
② 主要是指政党制度和利益集团体系的巩固。
③ 1990—2010年,进入议会的政党数量从27个下降到5个。

克摩拉维亚共产党（以下简称捷摩共）与极端右翼的共和国联盟—捷克斯洛伐克共和党。虽然捷克的政党制度略显碎片化，但政治舞台的极化程度没有超出可承受的范围，因此使形成相对稳定的执政联盟成为可能，而且在形式上无懈可击，符合议会民主制的游戏规则。直至2009年，捷克的政党制度一直呈现出基本上已经得到巩固的态势，2010年众议院大选后，政党格局发生显著变化：捷克社会民主党和公民民主党失去了大约1/3选民的支持，它们与第三大党之间的差距大大缩小；传统议会党基督教民主联盟—捷克斯洛伐克人民党自1992年以来首次被淘汰出局；两个新成立的政党"巅峰09"党和公共事务党进入议会，它们实质上在组织和人员方面都不定型。2013年提前举行的众议院大选的结果依然表明捷克的政党制度还处于变动之中，前景难以预测：传统大党的影响力持续下降，获胜的捷克社会民主党的支持率跌至1996年以来的最低水平，公民民主党则衰落为中小党；两个打着"反对目前所有一切"口号的民粹主义政党进入议会，其中一个政党甚至成为第二大党和组建执政联盟的关键党；基督教民主联盟—捷克斯洛伐克人民党重新成为议会党。

捷克的利益集团一直处于寻找政治运作最佳机制的阶段。工会、雇主协会、专业协会和教会等中间机构逐渐在有组织表达和协调利益方面找到自己的位置，并发挥出应有的作用，这有利于公民社会的形成和利益代表制度的巩固。

在独立后相当长一段时间内，斯洛伐克多数政党的制度成熟度较低，而且政党相互关系的连续性较弱。政治舞台充满了变数，不时出现旧党分裂和新党成立的现象。一些民粹主义政党在议会大选前匆匆成立，通过批评政治主流和提供解决社会现有问题的方案赢得选民的支持，继而进入执政联盟。由于执政前对一些问题的理解过于简单,执政后往往不能兑现竞选诺言,故多数在议会任期届满后即从政治舞台上消失。政党数量的变化无常,政党组织的非连续性,政党纲领的模糊性,以及政党之间持续的冲突与对抗,均不利于政党制度的巩固。2006年议会大选结果似乎表明斯洛伐克的政党制度趋于成熟:六个议会政党中没有一个是新党;主要政党的定位和立场较为清晰,其社会基础得到增强;政党之间的权力分配也稳固下来。然而,2010年的议会大选结果又给政党格局带来一系列变化:第一大党中左翼的方向——社会民主党的影响力持续增强,在左翼阵营一党独大;传统议会党"人民党—争取民主斯洛伐克运动"和匈牙利族联盟党被淘汰出局,前者在1992—2006年间长期保持斯洛伐克第一大党的地位;六个议会党中有两个新成立的政党。

斯洛伐克利益集团制度的巩固程度很低,主要表现为以下三个方面:第一,执政党与利益集团之间长期保持庇护关系模式;第二,利益集团常常采用贿赂而不是通常的磋商、协作和游说等方式达到目的;第三,关于利益集团在政治体制中的作用,政治精英缺乏应有的共识。①

(三)政治行为者的行为巩固②

在民主巩固的这一层面,捷克与斯洛伐克的情形相似。两国军队都有忠于执政当局的传统,不谋求成为重要的政治因素,只

---

① Lubomír Koprček, *Demokracie, diktatury a politické stranictví na Slovensku*, Centrum pro studium demokracie a kultury, 2006, ss. 302-304.
② 政治行为者分为正式的和非正式的两类。非正式行为者指军队、金融资本和商界。衡量政治行为者行为巩固的标准是政治行为者是否在政治体制的合法制度框架内满足自己的利益。参见 Grigorij Mesežnikov, Oľga Gyárfášová, *Slovensko : Desať rokov samostatnosti a rok reforiem*, Inštitút pre verejné otázky, Bratislava 2004, s. 39.

是不少军队采购订单有腐败嫌疑。商界人士常常倾向于在国家的制度结构以外实现自己的利益,管理和司法部门工作效率低也助长了行贿、庇护关系和欺诈等非法行为。上述行为方式在一定程度上削弱了民主制度的合法性,从而降低了政治体制和经济体制的效率。两国腐败现象较为严重,但政治精英无力解决腐败问题,或者说他们的政治意愿不强烈,因为至今两国都没有通过有效的反腐败法。

(四) 公民社会的巩固①

第二次世界大战后进行民主转型的国家的经验表明,公民社会的巩固至少需要持续一代人的光景。加入欧盟前,捷克多数公民对民主制度的运作比较满意,认为民主虽然不理想但是所有执政方式中最好的。近几年,随着经济形势恶化、政党争斗激烈和腐败现象横生,捷克公民对国内的民主状况越来越不满意。他们认为,目前的民主制度与社会主义制度相比利弊各半:一方面赞扬在出行、获取信息和个人生活等方面的自由;另一方面则批评安全感的丧失和社会保障水平的下降。捷克公民非常消极地看待自己对政治生活的影响,只有6%的人相信他们可以影响国家事务。② 在斯洛伐克,多数公民消极评价当前的民主制度。2/3 的公民确信,1989 年政局变革前人们生活得更好,当前的财产不平等现象比社会主义时期更严重,斯洛伐克社会在朝着错误的方向前进。与失去政治和公民自由相比,斯洛伐克公民更害怕失去社会

---

① 公民社会的巩固是指公民文化的形成,而公民文化是民主的社会文化基础。

② Karel Vodička, Ladislav Cabada, *Politicky systém České republiky: historie a současnost*, Praha: Portál, s. r. o., 2011, s. 443.

保障。①

## 二、入盟前捷克民主转型进程较为顺畅的原因

捷克独立后沿着联邦时期的转型轨道顺利前行,被西方誉为中东欧国家转型的典范,1997 年接到欧盟和北约的双邀请。直至 2004 年加入欧盟,捷克民主转型进程总体上比较快速和成功,它也是中东欧国家中最坚定拒绝反民主制度的国家。捷克的民主发展相对顺畅的原因主要有以下四个方面:

### (一) 较为深厚的民主传统

在奥匈帝国解体前,作为奥地利组成部分的捷克就具备了一定的民主素养:成年男性公民普遍拥有选举权,政党政治相对发达②。1918 年建立的捷克斯洛伐克资产阶级共和国实行民主共和制,政治制度符合自由民主的标准,是由捷克政治家根据西方民主模式、哈布斯堡王朝时的政治传统和现实需要建立起来的。直至 1938 年 "慕尼黑协定" 签署,捷克斯洛伐克成功保持住了民主政府,制定并实施了许多在那一时代比较进步和成熟的法律,被称作中欧的 "民主岛屿"。③ 这一时期,捷克的政党制度进一步完善,形成左、中、右翼政治结构。两次世界大战期间的捷克斯洛伐克共和国对于捷克人意味着 "逝去的金色年代",他们把这一时期的民主传统视为议会民主实践的基础。捷克的宪法基本上效仿了 1920 年通过的捷克斯洛伐克资产阶级民主共和国的宪法,

---

① Grigorij Mesežnikov, Oľga Gyárfášová, *Slovensko: Desať rokov samostatnosti a rok reforiem*, Inštitút pre verejné otázky, Bratislava 2004, s. 40.

② 形成了稳定和标准的政党制度,政党分化围绕中心—边缘、教会—国家、城市—乡村和劳动—资本四条基本路线进行。

③ Ľubomír Lipták, *Slovensko v 20. storočí*, Kalligram, Bratislava 2000, s. 106.

第五章 中东欧转轨的合格生：捷克、匈牙利和斯洛伐克

只是对一些条款进行了修订。① 鉴于民主经验较为丰富，捷克在设计宪政制度时注重防止独裁、集权，努力避免多数人践踏少数人权益的"多数暴政"。2010年以前捷克政党制度的巩固相对平稳和快速，也与捷克深厚的政党政治传统、注重协商共识的政治文化有关联。

（二）同质性的民族构成

与匈牙利、波兰和斯洛文尼亚相似，捷克在民族构成上同质性程度高，而其他中东欧国家是种族混杂的国家。② 在民族构成同质性程度高的国家，政治精英难以利用针对少数民族的民族主义进行选举动员，因而建立权威主义体制和形成民族主义意识形态的机会较小。当然，捷克并不是不存在民族主义，只是那里的民族主义主要针对假想的"外部敌人"，没有进入政治生活的中心。虽然一个国家的民族构成同质性程度高并不是向民主制度和市场经济成功转型的保障，但它是民主巩固进程中的有利因素。③

**1. 地理上接近欧盟**

捷克斯洛伐克联邦解体后，捷克离欧盟更近了。它与独联体国家不再接壤，但在西南、西部、西北与德国有着很长的边境线，在南部与奥地利接壤。在民主转型的初期，地理上接近欧盟是捷克的一个优势。首先，促进了与欧盟的经济联系，扩大向欧

---

① 例如，参照1920年的宪法，捷克议会设为两院制，众议院在比例代表制基础上进行选举，参议院则根据多数当选制原则进行选举；总统经参众两院的联席会议选举产生，只是总统的权限较前受到限制。

② 1938年捷克斯洛伐克是中欧地区少数民族人口占全国总人口比例最高的国家。随着第二次世界大战时期和战后犹太人、罗塞尼亚人和德意志人的离境以及捷克斯洛伐克联邦解体后失去斯洛伐克人和匈牙利人，捷克几乎成为欧洲民族构成较为单一的国家，少数民族仅占全国总人口的5.6%。

③ Karel Vodička, Ladislav Cabada, *Politický systém České republiky: historie a současnost*, Praha: Portál, s. r. o., 2011, s. 430.

盟出口有助于经济稳定发展,从欧盟引进尖端技术则有助于提升企业的竞争力;其次,便于从欧盟国家引进市场营销和经营管理的技能以及经济和货币政策;接着,有助于吸引外国直接投资;最后,在文化、经济和科技等领域与欧盟往来密切促进了公民文化心理和行为方式的改变。

### 2. 极端主义政党和反体制政党的影响力有限

1993—2010 年,只有一个右翼极端主义政党"共和国联盟—捷克斯洛伐克共和党"成为议会党。该党宣扬种族主义,在言语上攻击罗姆人和德意志人。它虽然在 1992 年和 1996 年众议院选举中两次进入议会,但被其他政党孤立,没能进入执政联盟。1998 年众议院选举失利后,该党一蹶不振。

捷摩共是捷克斯洛伐克共产党的直接继承党,也是剧变后中东欧地区唯一没有经过真正改革、依旧保持马克思—列宁主义特点的共产党。[①] 由于捷摩共拒绝当前的民主政治体制,认为这种体制仅给富人带来自由和民主,而给整个社会带来更多的犯罪和腐败,所以该党被视为是反体制政党。[②] 虽然捷摩共是捷克政治体制的合法组成部分,能够参与民主选举,且在捷克独立后的历届选举中保持 10% 至 20% 的稳定支持率,但是在组建执政联盟时屡屡被其他政党孤立。为了表明与过去划清了界线,同为左翼政党的捷克社会民主党在 1995 年党代会的决议中列入了"禁止与捷摩共进行政治合作"的内容,后又在 2006 年党代会的决议里承诺"不与捷摩共组成执政联盟"。无论在议会还是在州级代议

---

① Michal Kubát, *Postkomunismus a demokracie/Politika ve středovýchodní Evropě*, Dokořán 2003, ss. 90 – 91.

② Karel Vodička, Ladislav Cabada, *Politicky systém České republiky: historie a současnost*, Praha: Portál, s. r. o., 2011, s. 284.

机关，捷摩共长期以来都被其他政党在政治上排挤忽略，只有在市级代议机关其成员才有机会参与地方自治，因为那里与国家的根本政治走向无关联，仅关系到如何务实解决地方问题。直到2008年地方选举后，捷摩共成员才在州级代议机关成为其他政党的联盟伙伴。

## 三、斯洛伐克民主转型进程较为曲折的原因

与中欧其他国家不同，斯洛伐克的民主转型进程较为复杂和曲折。在1994—1998年梅恰尔政府执政期间，由于在尊重民主、法治国家、人权和少数民族权益等方面存在不足，斯洛伐克没有收到加盟入约的邀请。它被普遍认为是中欧地区民主化最复杂和问题最多的国家，还被一些比较政治学者认为是民主转型先进的中欧国家与落后的东南欧国家之间的"边缘案例"[1]。1998年议会大选后，祖林达政府竭力消除民主赤字，积极推进经济改革，重新挤进融入欧洲一体化进程的"快车道"。

（一）斯洛伐克民主转型先期落后的原因

**1. 转型任务的多重性和艰巨性**

斯洛伐克独立后成为中欧地区唯一一个同时面临四重转型任务的国家，除了政治转型和经济转型以外，它还需要解决建设独立国家和国家一体化这两个问题。联邦解体似乎使捷克和斯洛伐克面临同样艰巨的建设独立国家的任务，但从历史经验、机构设置和人力储备等方面来看，捷克的条件远远好于斯洛伐克。原联邦共和国的首都布拉格成为捷克共和国的首都，那里有各种现成

---

[1] Martin Bútora, Grigorij Mesežnikov, *Odkiaľ a kam/dvadsať rokov samostatnosti*, Bratislava: Kallgram, 2013, s. 91.

的机构、制度、行政管理经验和专家队伍。从10世纪起直至1918年奥匈帝国崩溃，斯洛伐克一直隶属匈牙利，而捷克人在中世纪就建立了自己的民族国家。在两次世界大战期间，捷克政治精英在捷克斯洛伐克共和国的政治生活中占据主导地位。斯洛伐克政治精英无法借鉴 1939—1945 年间存在的斯洛伐克国家的治国经验，因为它是纳粹德国的傀儡政权。联邦解体后，斯洛伐克从过去碎片化和地区化严重的社会转变为大众社会，这一进程不会随着它的独立而自动完成。另外，斯洛伐克的现代化不仅迟滞而且具有边缘化的特点，外部角色在其所有现代化浪潮中都发挥了决定性作用，从而阻碍了自由思想的进入。①

### 2. 严重的社会分化

斯洛伐克人在许多问题上都存在分歧和对立。例如，对1939—1945 年间存在的斯洛伐克共和国的认识、对 1945 年斯洛伐克民族起义的看法、对民族的理解和对捷克斯洛伐克联邦共和国解体的态度等等。1993 年独立后，斯洛伐克社会又围绕民族认同、少数民族权利、经济转型特别是私有化和非民主的治理方式出现了新的分歧。以梅恰尔为首的执政联盟对反对派进行排挤、压制，导致政治精英严重极化，社会也随之分为两大阵营。一大阵营由小城市和乡村的居民构成，他们的文化教育程度较低，年龄偏大，倾向于家长式统治、平均主义和权威主义，更容易接受民族主义和民粹主义的宣传鼓动，拒绝市场经济和民主政治竞

---

① 斯洛伐克于 19 世纪 80 年代才开始工业化进程，至奥匈帝国解体这一进程尚未结束，而且经济命脉掌握在匈牙利族人和德意志族人等非斯洛伐克族人手中。在两次世界大战期间，捷克斯洛伐克中央政府推行的经济自由主义使斯洛伐克与西方工业国家的差距重新拉大。直到社会主义时期，斯洛伐克的现代化进程才得以加速，但苏联模式的现代化进程不久又开始变形。Soňa Szomolányi (editorka), *Spoločnosť a politika na Slovensku-Cesty k stabilite 1989 - 2004*, Bratislava: Univerzita Komenského, 2005, s. 13。

争，期望由强硬派人物领导国家，对政治精英破坏法律的行为持较为宽容的态度。另一大阵营主要由大城市的居民构成，他们的文化教育程度较高，年龄偏小，拥护市场经济与民主制度，赞同民主价值观，偏好协商型政治，支持斯洛伐克加入欧盟与北约，对政治精英破坏法律的行为持不宽容的态度。① 至1998年议会大选后政府更迭，斯洛伐克政治精英一直不能在政治制度、所有制形式和外交政策走向等基本问题上达成共识，民众也两极分化，这为民主巩固创造了相当不利的前提条件。

### 3. 剧烈的种族冲突

斯洛伐克是个多民族国家，少数民族人口约占全国总人口的25%，其中匈牙利族人占11%，罗姆族人占9%（这一比例在世界上最高）。斯洛伐克族人与匈牙利族人之间的分化是斯洛伐克社会中最深刻、最稳固和最持久的政治分野，历史恩怨是造成斯洛伐克人反感匈牙利人的根本原因。1993年斯洛伐克独立后，反匈牙利情绪再次加强。② 梅恰尔政府视匈牙利族人为国家的内部敌人，一方面是由于认为匈族人是匈牙利政府倡导的领土收复主义的帮手，另一方面是因为匈族人不赞同斯洛伐克从捷克和斯洛伐克联邦中独立出来。斯洛伐克境内的罗姆人问题不仅是种族矛盾问题，还是严重的社会问题。在1989年剧变后开始的转型进程中，文化素养和技能水平低的罗姆人很难适应市场经济形势，社会生存状况急剧恶化。随着罗姆人对失业的消极反应、贫困程

---

① Karel Vodička, Ladislav Cabada, *Politicky systém České republiky*, Portál, s. r. o., Praha 2003, s. 315.

② 原因有两个方面：第一，匈牙利族人在斯洛伐克总人口中的比例从原联邦时期的3%上升到10%以上；第二，斯洛伐克独立后面临着建设国家的任务，它需要在邻国中重新认定敌友，由于不良的历史记忆和匈牙利民粹主义政治精英的煽动性言论，匈牙利自然被斯洛伐克人设想为试图瓦解年轻、脆弱的祖国的敌对国家。

度、恶劣的卫生状况、高犯罪率和对酒精、毒品的依赖不断升级，斯洛伐克社会中90%的人对他们持否定态度，他们在社会中受孤立的程度日益加深。①

（二）斯洛伐克后来赶上中欧其他国家的原因

1. 政治精英的融合及其战略决策

斯洛伐克面临被排除出"加盟入约"的第一波时，坚持民族主义—权威主义思想的执政精英与倡导自由民主理念的反对派精英之间的紧张关系愈益加剧，原先碎片化的反对派阵营出现了一定程度的融合趋势。五个反对派政治团体联合成立了"斯洛伐克民主联盟"，并在1998年议会大选前组成共同的选举党。1998年议会大选后，斯洛伐克民主联盟、民主左派党、匈族联盟党和公民谅解党等民主力量组成广泛执政联盟。在种族分化和政党制度脆弱的不利条件下，执政党倾向于采用妥协方式解决冲突和化解危机形势，努力提高在政治制度、外交政策、经济政策和宪法等层面上的协商共识程度。2002年议会大选后产生了斯洛伐克独立后第一届构成较为单一的政府，随着执政联盟内部以及执政联盟与反对党之间的信任和合作不断深化，斯洛伐克的民主稳定度得到加强。

1998年议会大选后上台的祖林达政府作出了如下战略决定：消除梅恰尔政府在政治民主化进程中的不足，力促斯洛伐克摆脱国际孤立局面，赶上中欧邻国融入欧洲—大西洋结构的步伐。为此，除了努力发展与西方国家的关系和加强与邻国的合作外，斯洛伐克积极按照欧盟和北约的标准进行改革和调整，极大促进了

---

① 罗姆人的地位问题是欧盟委员会发布的评估报告中向斯洛伐克提出的重点问题之一。

第五章　中东欧转轨的合格生：捷克、匈牙利和斯洛伐克

国内政治的稳定和国际声誉的恢复①。2002—2006年的第二届祖林达政府积极推进政治和经济转型，同时保持了对外政策取向的连续性。议会内所有政党摒弃了利益冲突、意识形态的差异和过去的恩怨，支持斯洛伐克加入欧盟。

### 2. 欧盟的引导和约束

加入欧盟的"哥本哈根标准"对中欧国家的转型方向和速度产生了极其重要的影响，由于斯洛伐克的转型进程较为曲折，欧盟对它的影响也就更为突出。鉴于梅恰尔政府对欧盟批评斯洛伐克出现民主赤字持拒绝态度，欧盟转而支持斯洛伐克反对派并加强对民众的动员，强调举行自由和公正的议会大选的重要性，呼吁斯洛伐克政治领导人尊重民主规则。1998年议会大选后，祖林达政府努力与欧盟加强沟通与联系，重视欧盟的意见和建议，与欧盟领导商定建立新的制度工具，即欧盟委员会—斯洛伐克工作组，旨在帮助斯洛伐克尽早取得开始入盟谈判的资格。在入盟标准的引导下，斯洛伐克的政治发展出现了显著的变化：政治精英的行为方式从对抗向协商共识转变，民主的政治制度逐渐稳定，政治监督机制趋于健全。为了使斯洛伐克民主转型进程不发生逆转，在2002年议会选举前，欧盟领导人多次告诫斯洛伐克民众，一旦梅恰尔及其领导的争取民主斯洛伐克运动重新掌握政权，形势就会十分危险。结果，争取民主斯洛伐克运动的得票率比1998年下降了7.5%，再次无缘组阁。

---

① 祖林达政府改变国家政治状况的具体做法是：首先，按照"协商民主"的精神，在比例代表制基础上向反对党提供在议会和其他国家监督部门任职的可能；其次，履行议会大选前对选民的承诺，对宪法进行了修订，将议会选举总统方式改变为全民直接选举总统的方式；最后，通过了《少数民族语言法》，提高了少数民族的政治权利。对于斯洛伐克议会大选后的积极变化，欧盟领导人给予了积极评价，斯洛伐克很快摆脱了国际孤立状态。

### 3. 中欧其他国家的支持

1998年，捷克和斯洛伐克先后举行议会大选，一批没有参与联邦解体的政治精英上台执政，两国关系大为改善。捷克努力恢复维谢格拉德集团合作，以便为斯洛伐克"回归欧洲"提供有力的支持和帮助。当年10月，在捷克总理泽曼的倡议下，波兰、捷克和匈牙利三国领导人在布达佩斯会晤，在其发表的宣言中称，要为维谢格拉德集团合作注入新的活力，还强调要努力帮助斯洛伐克重返欧洲一体化进程。① 1999年5月，斯洛伐克重新成为维谢格拉德集团的成员国。从1999年7月起，斯洛伐克第一个担任维谢格拉德集团轮值主席国，凸显了其他成员国对它的重视。2000年6月成立的维谢格拉德国际基金会的办公地也设立在斯洛伐克首都布拉迪斯拉发。在维谢格拉德集团其他成员国的支持和帮助下，斯洛伐克在入盟谈判进程中成功赶上了中欧其他国家，最终与它们一起跨入欧盟的大门。

## 四、当前捷克民众对民主制度感到疲惫和厌倦的原因

捷克长期被国内外学术界和政界视为民主转型最为成功和顺畅的国家之一，而且，捷克的失业率低于欧盟平均水平，社会贫富差距没有中欧邻国突出，布拉格是欧洲十个经济最发达地区之一。然而，近几年来捷克民众对民主制度的运作愈益感到不满意：不信任宪政机构、政治参与度低、认为国家朝着不正确的方向发展、不时发生街头抗议、在议会大选中把选票投给抗议型政

---

① 波捷匈三国支持斯洛伐克重新融入中欧合作和欧洲一体化进程具有一定的实用主义特点：斯洛伐克是维谢格拉德集团四国中唯一与其他三个成员国都交界的国家，一旦它被排除在加盟入约潮流之外，就会对中欧地区的安全稳定、经济合作和边防检查制度和人员往来等增添麻烦。

第五章 中东欧转轨的合格生:捷克、匈牙利和斯洛伐克

党或反体制政党。捷克民意研究中心 2013 年 2 月的民调结果显示,只有33%的受访者对民主的运作感到满意,而63%的受访者表示不满意;只有10%的受访者对当前的政治体制感到满意,而有24%的受访者对1989年以前的政治体制感到满意;对政府和议会的信任度很低。① 捷克民众对民主感到疲惫和厌倦的原因主要有以下几个方面:

(一)民主治理中存在的问题

**1. 政府不稳定**

比例选举制造成相对碎片化的政党制度,在议会长期保持第三、第四大党的捷摩共无缘进入执政联盟,政治舞台极端化趋势明显和左右翼政治力量势均力敌等因素,导致在捷克的议会民主制中行政机构长期薄弱。自1996年起,就没有产生过在议会众议院占有明显多数的政府。1996—2002年、2006—2007年、2007—2009年的政府为少数派政府,2002—2006年的政府为左翼与右翼政党共同组建的构成异质的执政联盟,2002年、2004年和2005年组建的政府仅在议会众议院200个议席中占有101席,1998年、2009—2010年和2013年的过渡政府具有维持社会现状的特点。从1993年至2014年,捷克共产生了13届政府,共有总理11名,平均任期为17个月。不稳定和行动力差的政府引起民众的不满,而这种不满容易发展成为对1989年政局剧变后的政治安排和民主制度的反感。②

---

① ČTK, *Češi ztrácí důvěru ve fungování zdejší demokracie*, 12. 3. 2013, http://aktualne.centrum.cz/domaci/zivot-v-cesku/clanek.phtml?id=773853.

② Bohumil Dolezal, *Krize České demokracie*, 13. 6. 2013, http://www.bohumildolezal.cz/texty/rs2980.html.

## 2. 政党政治与庇护主义和腐败密切相连

1989年政局剧变后，捷克大部分新成立的政党缺乏坚实的思想理论基础，它们却在私有化过程中肩负起监督国家有史以来最大规模的财产转移这一使命，结果私有化成果被转移到那些帮助政党成立的商人和集团手中。于是，伴随着政治和经济转型进程出现了密集的庇护关系网。[①] 由于在社会转型时期旧的法律和社会规则失效，新的法律法规尚未出台，不少政治精英肆无忌惮地滥用民主制度和市场经济体制谋取私利。1998—2002年，捷克社会民主党在与最大反对党公民民主党签署的"反对派协议"基础上单独执政，导致腐败问题更为严重。另外，加入欧盟还为捷克的庇护主义和腐败提供了新的发展空间，主要表现为提供欧盟基金时操作不透明。如今，庇护关系和腐败现象遍布捷克的政治和经济生活，新闻媒体不断报道政治家与各种商业和咨询公司有牵连的丑闻。根据透明国际组织2013年12月公布的"2013年全球清廉指数"报告，捷克名列第57位。鉴于政党运作不善和反腐不力等原因，捷克属于欧盟内腐败现象较为严重的国家之一。在民众眼中，一群窃取国家财产的小偷和强盗治理着国家，因而他们对政党和政治家缺乏信任和信心。

## 3. 政治家与选民疏离

近几年来，越来越多的捷克政治精英自我封闭、不思进取，听不得不同意见，不考虑如何使社会更好的发展，一心想着如何扩大自己的权力以及如何把持国家的政治和经济资源。

总之，他们的主要目标是权力，全然不顾对选民的承诺和公

---

[①] Jiří Pehe, *Bude po volbách lépe?*, 26. 10. 2013, http://blog.aktualne.centrum.cz/blogy/jiri-pehe.php?itemid=21444.

共利益。2012年9月,"争取直接民主运动"的发言人米兰·瓦拉赫表示,许多捷克人曾经天真地以为,"天鹅绒革命"后就拥有了梦寐以求的民主,如今他们认识到,当前的政治体制不是为他们而是为统治精英服务的。很多事例表明,政治家作决策的时候不会顾及国内多数民众的态度。① 2013年6月中旬,捷克警方发起一场声势浩大的反腐行动,导致内恰斯总理辞职和中右翼政府垮台。内恰斯和其他政治精英的表现使民众怀疑捷克是否是真正的民主国家,换言之,是真正的民主人士还是政治企业家治理着这个国家,后者需要选民仅仅是为了凭借政治授权进行经营活动。②

（二）虚弱的公民社会

1990年,时任捷克斯洛伐克总统的瓦茨拉夫·哈韦尔表示,"我们在道德上呈现出病态,因为我们习惯了说的和想的不一致,我们学会了不相信一切和只关心自己的事情"。③ 至今,捷克社会道德病态没有得到有效治愈,民众思维和行为方式的改变需要依赖公民社会的质量和规模。政治和市场经济制度可以自上而下建立,但公民社会只能以自己的速度自下而上地形成和发展。尽管良好的法律可以加速公民社会的培育进程,但不能创造出公民社会。

捷克著名的哲学家瓦茨拉夫·贝洛赫拉德斯基曾经说过:

---

① L. Štítkovec, *Demokracie v České republice je jen iluzie*, *Postavme se aroganci moci*, 14. 9. 2012, http://www3hzpd. cz/demokracie-v-ceske-republice-je-jen-iluze-postavme-se-aroganci-moci/.

② Veronika Sušová-Salminen, *Ode zdi ke zdi. Vládní krize jako krize České demokracie*, 15. 6. 2013, http://www.blisty.cz/art/68930.html.

③ Karel Vodička, *Po 24 letech na půl cesty. Stav naší demokracie v evropském kontextu*, 17. 11. 2013, http://www.cssd.cz/aktualne/blogy/po-24-letech-na-puli-cesty-stav-nasi-demokracie-v-evropskem-kontextu/.

"在世俗化的捷克社会，多数人不信仰宗教，他们习惯把有些专制的道德要求寄托到政治中去，然而政治满足不了他们的要求。"① 这一历史文化因素，以及政治家争斗激烈、滥用手中的权力、将公共资源攫为己有和远离选民等原因，导致越来越多的捷克人对政党和民主制度感到失望和不满，对政治持消极反感态度，主要表现为四个方面。第一，不相信自己的政治参与可以改变现实政治。根据捷克民意调查中心2013年3月的调查结果显示，只有1/10的捷克人认为他们可以影响国家对存在问题的解决，不到1/4的捷克人认为他们的合理要求可以得到满足。② 第二，参选率低。在1990年首次自由选举中，97%的捷克选民参加选举，1998年参选率降至78%，2013年则为59%。第三，很多人不愿意加入政党，希望远离肮脏的政党。第四，相当一部分人倾向于各种形式的反政治活动，期望用它来取代腐败的政治。在2010年议会大选中就有抨击大党和腐败现象的新党进入议会，在2013年议会选举中，1/3的选民投票支持民粹主义政党和反体制政党，这些政党要求从根本上改变捷克政治现状。

总之，多数捷克民众不切实际地期望所有问题都由政治家来解决，一旦自己的期望落空就想着马上换掉执政精英，忽略了每个公民在民主体制中的作用。1918—1937年担任捷克斯洛伐克共和国总统的马萨里克的一句名言是："我们已经有了民主国家，但我们现在还缺少民主人士。"他的这句话描述的是两次世界大战期间捷克斯洛伐克共和国的社会状况，却也符合1989年后捷克

---

① Jiří Pehe, *Bude po volbách lépe?* 26. 10. 2013, http://www.pehe.cz/Members/redaktor/bude-po-volbach-lepe.

② *Lidé nevěří, Že mohou změnit dění v Česku*, 28. 3. 2013, http://www.parlamentnilisty.cz/arena/monitor/Lide-neveri-ze-mohou-zmenit-deni-v-Cesku-267292.

的社会状况。在"没有民主人士的民主制度"下，人们只会向体制和政治精英提出不合理的要求，却不对自己严格要求，因为他们还没有接受民主价值观为自己日常行为的组成部分。①

（三）长期的经济衰退

2008年9月全球金融危机爆发后，捷克因自身经济优势（国际收支比较平衡、通货膨胀率低、外币债务比重小、家庭负债率较低和劳动生产率提高较快）、金融体系较为健康和外贸顺差扩大等原因，受到的冲击较小。即便如此，捷克经济逐渐陷入衰退。2009年捷克经济退回到2007年的水平。2010年经济逐渐从危机中复苏，增长2.5%。随着欧元区债务危机从边缘国家扩散到核心国家，捷克经济复苏和增长的势头减弱，2011年增长1.9%，2012年负增长1.3%，2013年第一季度负增长2.4%，第二季度负增长1.5%，第三季度负增长1.3%。②捷克连续七个季度经济增长率落后于欧盟平均水平，经历了1993年独立以来持续时间最长的经济衰退。根据捷克民意调查中心2013年10月的调查结果，64%的受调者消极评价国内当前的经济形势，其中19%的人认为非常糟糕，45%的人认为糟糕。③至2013年末，捷克民众对传统可信的捷克国家银行的信任度也下降了，原因是2013年秋捷克国家银行试图通过捷克克朗对欧元贬值来拉动经济增长。

---

① Jiří Pehe, *Demokracie bez demokratů před volbami*, 10. 23. 2013, http：//www. rozhlas. cz/plus/nazory/_zprava/jiri-pehe-demokracie-bez-demokratu-pred-volbami – 1272209.

② 参见欧盟统计局网站和捷克统计局网站的有关数据 http://epp. eurostat. ec. europa. eu/tgm/table. do? tab = table&init = 1&plugin = 1&language = en&pcode = tec00115, http:// www. czso. cz/csu/2013edicniplan. nsf/t/430030B820/ \$ File/110913q3a01. pdf.

③ *Češi jsou zoufalí: Ekonomická situace? Katastrofa, říkají v průzkumu*, 31. 10. 2013, http:// ekonomika. moneymag. cz/2968-cesi-jsou-zoufali-ekonomicka-situace-katastrofa-rikaji-v-pruzkumu/.

捷克民众对经济形势感到绝望，无疑会对民主制度感到厌倦。

## 小　结

　　纵观捷克和斯洛伐克民主转型25年的历程，我们可以看到，中欧地区民主转型既取得成功与成就，也存在不足和问题。虽然中欧国家民主制度的巩固程度不断提高，但民主巩固进程至今尚未完全结束，政治体制还显现出一定的民主赤字。中欧民主转型的主要问题是政治行为者的行为巩固和公民社会的巩固程度不高。在欧盟的外力推动下，中欧国家以较快的速度实现了制度现代化，社会的多数已经接受了西方民主规则，但其思维和行为方式的改变尚需时日。

　　深厚的民主传统、单一的民族构成、地理上接近欧盟、极端主义和反体制政党的影响力有限等原因，促使捷克、波兰、匈牙利和斯洛文尼亚等中欧国家在加入欧盟前民主转型较为顺畅。而转型任务的多重性和艰巨性、严重的社会分化和剧烈的种族冲突，导致斯洛伐克民主转型先期落后，推动它后期赶上的原因则是：政治精英的融合及其战略决策、欧盟的引导和约束、中欧其他国家的支持。

　　在1989年政局剧变过程中广泛流传的说法，即中东欧国家将在推翻共产主义独裁政权后快速和顺利地转型为绝对民主和经济繁荣的国家，逐渐成为幻想。不仅民主转型的道路没有设想的那样平坦，而且转型进程没有设想的那样短促。捷克的案例表明，如果民主治理中长期存在的问题得不到有效解决，经济突然快速衰退，民众的无助感和社会不公正感得到加强，民众就会对民主制度感到疲惫和厌倦。

## 第二节 捷克政治生态中的左右翼错位

### 一、政治钟摆忽左忽右,维持脆弱的政治稳定

(一)左右翼政治势力交替上升,在政坛平分秋色

**1. 左右翼政党轮流执政**

捷克自 1993 年建立独立共和国以来,政坛左、右翼势力轮流坐庄,基本保持以公民民主党为代表的右翼与以社会民主党为首的左翼阵营交替执政的局面。1993 年至 1998 年右派执政,1998 年至 2006 年左派占上风,2006 年至 2014 年右派上台,而 2014 年大选后左派再次组阁。

从 1993 年到 1996 年,右翼的公民民主党一直保持第一大党和执政党地位。但在 1996 年选举中,情况有所变化。公民民主党获全部选票的 29.62%,排名第一;左翼的社会民主党获得 26.44% 选票,比上届增加 3 倍以上,成为第二大党。① 尽管最终公民民主党于当年 7 月组成右派政府,但仅以 3.18% 的优势略胜社会民主党。虽然没有达到政权易手的程度,可作为支持以克劳斯为首的新政府的条件,但社民党领导议会,成为新的权力中心,使捷克在中欧国家中不再是"由右翼掌握全部大权的孤岛"。②

然而,克劳斯总理连任后组成的右派政府成立仅一年多,就

---

① 陈广嗣、姜琍:《列国志·捷克》,社会科学文献出版社 2010 年版,第 112—116 页。

② 金雁、秦晖:《十年沧桑——东欧诸国的经济社会转轨与思想变迁》,东方出版社 2012 年版,第 328 页。

因经济危机被迫下台。在 1998 年提前举行的议会选举中，社会民主党获得 32.31% 的选票，一跃成为全国第一大党。从东欧历史进程中看，捷克在"左派复兴"的第一波中是个未被波及的"右派孤岛"。但到 1998 年，东欧剧变后历时最久的一个自由派政府下台，左翼的社会民主党授权组阁，捷克剧变后左派首次上台，实现了"左翼的回归"。①

值得注意的是，尽管左派胜出，但社会民主党组阁出现困难，不得不组成以泽曼为总理的社民党一党少数政府，与公民民主党分别执掌政府和议会的权力，左右两派政治势力平分天下。按照双方协议，社会民主党成为执政党，由它组成清一色的一党政府；公民民主党出任议会众议院和参议院主席，担任众议院预算委员会、监察机关等重要部门的领导职务，在其他政党对政府提出不信任案时，公民民主党不参加表决。

在 2002 年 6 月的议会选举中，左派再次获胜。社会民主党以 30.2% 的得票率击败公民民主党，继续保持第一大党地位；公民民主党得票率为 24.47%，位居第二。② 社会民主党与基督教民主联盟—人民党、自由联盟—民主联盟组成三党执政联盟，建立多数政府。

尽管在 2002 年到 2006 年间，捷克左翼政府没有失去政权，但其间最大执政党社民党发生内乱，四年内换了三个总理。先是总理什皮德拉领导的社民党在欧洲议会选举中失利，导致他本人下台；后有捷克史上最年轻的总理格罗斯曝出腐败丑闻，引发部长辞职潮，最终自己黯然请辞；社民党副主席帕劳贝克临危受

---

① Charles Bukowski, Barnabas Racz, and Edward Elgar, *The Return of the Left in Post-communist States*, Edward Elgar Publishing, Inc., 1999.

② 新华社多媒体数据库：《捷克众议院选举结果揭晓》，2002 年 6 月 15 日。

命，担任总理，直至2006年举行新的大选。在此期间，执政联盟与在野党始终保持一票之差的极微弱优势，两派在议会中势均力敌。

2006年6月议会选举，右派重新上台。公民民主党以35.36%的得票率获胜，社会民主党以32.32%得票率位居第二。① 但由于左翼和右翼在议会各占50%的席位，捷克政坛组阁陷入僵局。在此情况下，总统克劳斯亲自干预，举行政治谈判，勉强组阁，但最终没能通过议会信任投票，组阁失败。这是捷克成为独立国家后议会首次未通过对新政府信任案。又经过三个月的反复谈判，直至2007年1月，以托波拉内克为总理的右翼政府才最终诞生。

2010年大选，左右翼主流大党的影响力严重受损，左右两个主要政党——社会民主党和公民民主党加在一起的得票率仅为42.3%，失去组阁主导权，两党多年垄断政坛的局面被打破。同时，中小政党势力上升，新组建的中右翼政党"巅峰09"和公开党异军突起，分获16.7%和10.9%的选票。② 以内恰斯为总理的右派政府上台。

然而，内恰斯政府短命，于2013年6月因贪腐丑闻辞职。同年10月提前举行大选，左翼的社会民主党再度上台组阁。此次大选继续上届大选的特点：传统大党实力明显下降，小党实力增强，各党差距缩小，没有任何政党在议会中拥有绝对多数席位。大选后捷克出现组阁僵局，历时三个月，最终于2014年1月组成以社会民主党为首的左派政府。③

---

① 新华社多媒体数据库：《捷克议会选举结束公民民主党获胜》，2006年6月3日。
② 新华社多媒体数据库：《新闻分析：议会选举冲击捷克政局》，2010年5月31日。
③ 新华社多媒体数据库：《捷克总统任命新内阁结束政府危机》，2014年1月29日。

## 2. 捷克政坛的其他特点

纵观20多年来的捷克政坛，每当政府出现权力真空时，捷克人往往指派或选出一名技术型官僚出任总理，根据政治妥协的结果组成中间派政府，作为临时过渡。典型例子有：1997年，因右派的克劳斯政府提前辞职，国家银行总裁托绍夫斯基临时出任总理，新任内阁成员中有近一半为无党派人士；2009年，由于右翼的托波拉内克政府在任期内垮台，国家统计局局长菲舍尔出任临时政府总理，组建专家型政府；2013年，右翼的内恰斯政府因贪腐丑闻下台，经济学家、前财长鲁斯诺克担任过渡政府总理，组成无党派政府。

捷克政坛的另一个政治特点是，执政党往往在地方选举和参院选举中败北。2004年，社民党执政，但在地方选举中，在野的公民民主党以绝对优势压倒前者。2008年，公民民主党执政，而在参院选举中则失去绝对多数席位，并在地方选举中被在野党社会民主党以280席对180席的压倒性优势击败。2010年，历史重演，右翼政府执政期间，左翼的社会民主党获得参院选举胜利。类似情况也发生在2012年，右翼执政，左翼大胜，不仅在参议院占有多数议席，而且在全国13个州中的11个州获胜。

多年来，捷克执行"虚位总统制"，政府对议会负责。哪个党派或党派联盟在议会占多数席位，谁就说话算数。尽管总统职位属于礼仪性虚职，但捷克总统拥有一定的行政职权，例如有权出席政府会议，参与讨论包括组阁在内的重大问题等。从1993年至2013年的20年间，一律为右派总统当政。其中，1993年至2003年，右翼的哈韦尔担任总统，期间连任。2003年至2013年，同为右翼的公民民主党主席克劳斯连任两届总统。直到2013年，捷克举行历史上首次总统全民直选。克劳斯任满，左翼的泽曼成为捷克历史上首位由全体公民直接投票选出的总统。

同其他经历剧变的中东欧国家一样,由于左右翼政党在议会常常势均力敌,加之近年来政治势力呈分散化状态,捷克很难有哪一个政党单独上台执政,它们往往需要寻找政治盟友,建立联合政府。根据2013年3月进行的民意调查结果,73%的民众对国内政治形势表示不满。①

(二)政府更迭频繁,保持相对的政治平衡

**1. 弱势政府下,政权经常易手**

长期以来,捷克政党分化、重组频繁,政府更迭时有发生,政治格局不稳定,多数情况下处于以政党联盟为基础的弱势政府状态。特别是近十年来,时常爆发政府危机,任内垮台、提前大选现象时有发生。

1996年大选中,刚刚组建的右翼新政府命悬一线,若不是左翼的社会民主党故意在议会信任投票中缺席,暗中帮助右翼执政联盟,并使后者勉强通过信任投票,右翼政党很可能组阁失败。

1997年,曾被誉为中欧地区"小虎"之一的捷克,由于政府经济政策失误,国家经济形势恶化,社会矛盾加剧,在东欧一直相对稳定的捷克政局随之动荡,上任仅一年多的克劳斯政府于当年11月被迫辞职。

2006年,公民民主党在众院选举后的第一次组阁遭遇滑铁卢,政权飘摇。左翼和右翼势力在议会各占半边天,互不相让,致使政府难产。右翼的公民民主党主席托波拉内克历时七个月,

---

① S politickou situací je spokojen pouze jeden z dvaceti Čechů, důvěru mají pouze starostové, http://www.regiony24.cz/11-175506-s-politickou-situaci-je-spokojen-pouze-jeden-z-dvaceti-cechu-duveru-maji-pouze-starostove, 2013年3月27日。

在第一次组阁未果的情况下，最终于 2007 年 1 月涉险通过对新政府信任投票。

2009 年 3 月，总理托波拉内克指使亲信施压捷克电视台，阻止电视台播放一名众议员涉嫌滥用国家拨款的报道。这名议员先前属于反对党社会民主党，后来转投公民民主党。社民党借此推动对政府不信任案，并最终扳倒政府。这是自捷克成为独立国家后，议会首次通过对现政府的不信任案，此时又恰逢捷克担任欧盟轮值主席国，因此曾引起国内外舆论广泛关注。

2010 年上台的内恰斯政府执政期间，爆发了全国范围内的大规模抗议罢工浪潮，人数达十几万之众，数个月之久。不仅如此，执政联盟内部危机四伏，政府高官利用公权行贿，中饱私囊；政府重要阁员与总理内恰斯在反贪问题上意见相左，愤然辞职等，多次引发执政联盟危机。内恰斯政府三年内遭遇至少七次不信任表决，尽管每次都能在表决中幸存，但依然未等到任期结束，就于 2013 年 6 月因贪污丑闻黯然下台。

纵观 1993 年捷克独立后的历次议会选举，弱势政府一直是困扰捷克政坛的难题。政府频繁更迭致使无论左派还是右派政客都没有长远打算，刚适应还未等完全兑现竞选承诺，就要为下次选举做准备，有时还没等到做准备就已经被推翻了。"从这方面讲，中欧的政治还不够成熟。虽然选举可以成为减压阀，使社会不满的可燃点大大降低，相对旧体制来说是一种进步，但要建立成熟的政党政治，捷克还有很长的路要走。"①

### 2. 政治妥协中，保持政权的脆弱平衡

在相当长一段时期内，捷克政坛曾出现左右翼势力在众议院

---

① 金雁：《从"东欧"到"新欧洲"——20 年转轨再回首》，北京大学出版社 2011 年版，第 124 页。

只有"一票之差"的态势,甚至一度各占众院议席的50%。这种政治平衡极其脆弱,政府倒台与否,大政方针是否得以通过,有时往往取决于少数几个议员的投票。例如,2006年右派执政联盟第二次组阁时,之所以能够最终通过信任投票,就是因为2名社民党议员表决时离开会议大厅、1名社民党议员投弃权票。又比如,2009年3月,也是因为在信任投票中7名游离议员中有3人缺席,到场的4人全部投赞成票,最终促使政府倒台。

捷克执政联盟属于"政党联姻",是政治妥协的产物、暂时的利益结合。各政党争权夺利,相互掣肘,频繁制造政府危机。在野时,拼命揭批执政党,动辄提交不信任案;在朝时,推行实用主义,力保坐稳江山。

捷克政治生活中还有一个长期存在的问题,即由于左、右翼政党常常在众议院选举中胜负不相上下,加之捷摩共长期保持超过10%的民众支持率却在政坛被孤立,故获胜党组建执政联盟的困难很大。捷克的获胜党曾先后有三次组建了少数派政府,两次组建了构成异质的执政联盟,这对政府稳定造成不利影响。[1]

但也应看到,捷克总理和部长的辞职或交接,近年来对政府工作的影响越来越小。少数派政府成为松散的执政联盟,虽然对政府有效运作构成不利影响,但对经济的冲击不大,并未引起社会动荡。

(三)捷克的左派传统以及左翼政党之间的关系

**1. 捷克的左派传统**

捷克在历史上是东欧诸国中唯一真正具有左派传统的国家。

---

[1] 金雁:《从"东欧"到"新欧洲"——20年转轨再回首》,北京大学出版社2011年版,第124页。

在战前的绝大多数时间里，社民党都是联合执政党乃至主要执政党。社民党在1945年共产党上台前就已存在。1998年，该党成为东欧第一个执政的历史党。

捷共也是东欧唯一的在苏军"解放"以前就依靠自己的力量拥有巨大影响的党。在上世纪20年代中期就是国内第二大党，1925年得票率超过社民党，1928年拥有15万党员，比法共多2倍，比英共多29倍（而捷克人口仅及英法的1/3）。[1] 捷共的后继党——捷克摩拉维亚共产党长年在议会中占有第三大党位置，在2013年10月的大选中得票再次位居第三。

近年来，捷克政坛左翼力量有所上升。2013年，捷克举行历史上首次全民直选总统，泽曼以其深得民心的经济政治主张以及清廉的形象获胜当选总统，成为东欧剧变25年来捷克首位左派总统。

### 2. 捷摩共的历史演变和地位

1993年1月原捷克斯洛伐克联邦解体后，捷克摩拉维亚共产党成为捷克共和国的主要政党之一，是原共产党的后继党，也是原东欧执政的共产党中唯一一个自然延续下来的党，在捷克议会中长年保持第三大党的地位。捷摩共有一批固定的选民，在北波西米亚和北摩拉维亚等重要选区具有一定影响力。"作为中东欧地区唯一保留共产党名称的共产主义后继党，捷摩共现拥有党员7万余人，基层组织4000多个，是捷克政党中人数最多、组织结构最为严密的政党。"[2]

东欧剧变后，捷摩共决定执行"新共产主义"的战略定位，

---

[1] 朱晓中：《中东欧转型20年》，社会科学文献出版社2013年版，第102页。
[2] 金雁、秦晖：《十年沧桑——东欧诸国的经济社会转轨与思想变迁》，东方出版社2012年版，第315页。

强调实行政治多元化,接受现有的议会民主制和多党制,不追求成为捷克的唯一政治力量;扩展和巩固政治制度的民主化,进一步发展人权,让公民有更多话语权;加强国家的法制建设,提高国家的法制水平;打击腐败,加快行政体制改革,提高办事效率,改变过去人浮于事的状况;保护社会弱势群体,特别是贫困人口、年轻人和妇女的利益等。这一政策虽然仍旧把马克思主义作为该党的指导思想,但是更加重视政治的多元化、民主自由、公民平等和社会和谐等。①

捷摩共的纲领既不同于社会民主主义,也不同于苏联模式下的共产主义,因而,有的学者称之为"新共产主义"(Neocommunism)②。

在2009年欧洲议会选举中,捷摩共获得14.18%的支持率,在欧洲左翼党中名列第二。在2012年的地方选举和参院选举中,捷摩共取得历史性佳绩,自1989年以来首次占据地方政府领导职位。尽管捷摩共在议会选举中战绩不俗,但倘若不能吸引新的选民群体,将面临日益老化和缩小的危险。有学者分析:捷摩共的党章更多地关注党内生活,对于公众关心的政策问题只涉及最少的空间……在政策问题上,捷摩共已经在大多数选民中形成了不受人欢迎的形象③。

### 3. 左翼政党之间的关系

捷克政坛出现了一个奇怪的现象:同为左翼政党,社会民主党与捷摩共之间,反而要比社会民主党与右翼政党之间的距离

---

① 郭翠萍:《捷克斯洛伐克的改革岁月》,中国社会出版社2013年版,第131页。
② 同上书,第140页。
③ Grzymala-busse, A., "The Programmatic Turnaround of Communist Successor Parties in East Central Europe, 1989 – 1998", *Communist and Post-Communist Studies*, 35, 2002, p. 59.

大。多年来，前者宁可与右翼政党合作，也从不与社民党结成选举联盟，共同执政。社民党甚至把"不与捷摩共结成选举联盟"写入了党纲。①

1996年大选中社民党一跃成为议会第二大党，只以微弱劣势败给第一名——公民民主党。它由于不愿与捷摩共联合，又无力单独组阁，故宁愿放弃左派唾手可得的执政机会，也不与"前共产党人"合作。

捷摩共被认为是坚定支持以往意识形态的典型，政策主张上反对私有化，由于不改名、不重建，背负了沉重的历史包袱，在政坛为其他政党所避之不及。该党在谋求与其他左派政党联合执政过程中屡屡受挫，在政坛长期处于孤立地位。即使偶有左派主流政党与之合作，也只是为了一时的选举利益，在地方政权方面结盟。例如，在2008年10月的地方选举和参议院选举中，社民党与捷摩共在地方层面握手合作，形成联盟。

## 二、无论左派还是右派，政策主张逐渐向中间靠拢

### （一）左右翼均摆脱意识形态束缚

在捷克政坛，政党政治早已摆脱意识形态的束缚，意识形态色彩日益退居次要地位，政治钟摆"忽左"或"忽右"纯属正常现象。上台执政后，左派在执政方针上向右转，右派向左转。左派自由主义化，右派福利主义化。左右两派政策主张有逐渐趋同之势，以一种特有的"左右制衡"伴随"左右渗透"的方式运行，在看似混乱交替的政局变化中实现相对的平衡。

---

① 孔寒冰：《东欧政治与外交》，北京大学出版社2009年版，第353页。

东欧国家的左翼复兴，与其说是左翼政党的成功，毋宁说是右翼政党的失败。①选民投左派的票，并不一定相信左派的思想，而是因为对右派政府不满。选民给右派投票也同理。谁能把经济搞上去就支持谁，谁能让老百姓过上好日子就选谁。

(二) 左翼向右转，右翼向左转

捷克政治实用主义盛行，政党在选举中不再主打反共牌，而是侧重国计民生话题。于是，各竞选党派都试图用最实惠的惠民政策吸引选民。为争选票，左右派政党在政策主张上相互交错，相互影响。加之捷克要适应欧盟的种种"清规戒律"，有时会出现令人匪夷所思的现象：左翼偏离"左道"，而右翼趋向于左倾。

社会民主党在基本政策上以西欧社会党的政策为准绳，主张建立"以社会福利和环保为导向的社会市场经济"。该党在1998年至2006年执政期间，一直把发展经济和建立福利国家作为工作重点，实行积极的就业政策，大力完善社会保障体系。②但现实往往是，竞选承诺何其美好，可实际操作起来却难上加难。社民党上台前曾许诺要解决住房、教育、医疗、养老等问题，但在捉襟见肘的财政状况下，竞选纲领很难兑现。

自1997年欧盟出台《2000年议程》、决定与中东欧候选国展开入盟谈判以来，捷克与其他争相加入欧盟的中东欧国家一样，努力适应欧盟浓厚的福利与保护主义色彩，达到诸如"劳工条款"和"福利门槛"等入盟标准。

右翼的克劳斯是捷克"休克疗法"的设计师，典型的新自由

---

① 王志连：《前苏东地区"左翼复兴"评析》，载《当代世界与社会主义》，1997年第4期。

② 方雷、蒋锐：《政治断层带的嬗变——东欧政党与政治思潮研究》，山东大学出版社2013年版，第258—262页。

主义者，公开宣称要搞"标准的西方资本主义制度"，主张"不带任何限制词的市场经济"。但实际上，在克劳斯执政的8年里，捷克实行高税收、高福利、反兼并、反破产、企业保护与"过度就业"的经济政策。失业率从1991年的4.1%降至1995年的2.9%，而且是欧洲极少几个在这一时期退休金增长比工资增长更快的国家。1995年捷克的社会福利事业为预算开支的最大项目，占预算总收入的1/3以上，被保加利亚社会党的机关报称为"欧洲最大的社会民主主义者"。

### 三、左右翼"回归欧洲"的主流大方向不变，兼具"软疑欧主义"

（一）积极加入北约欧盟

总体来说，无论左派还是右派，在"回归欧洲"的大方向上基本一致。只不过在不同历史时期，立场随时局微调，在具体政策主张上有所差别。1993年至1998年，两届右翼执政联盟和一届过渡政府都将加入欧盟和北约确立为外交政策的优先目标。1998年至2004年，两届左翼政府基本延续了融入跨大西洋结构的外交政策。前者反对地区合作制度化，后者积极推动地区合作；前者弱化同俄罗斯的政治经济关系，后者努力恢复对俄关系。

由于担心被大国势力所主导和控制，捷克一直以来主张加强跨大西洋关系，积极要求加入北约。对于俄罗斯的阻挠，时任总统哈韦尔曾警告，如果西方屈服于俄罗斯的压力，那就意味着西方所捍卫的所有价值观的崩溃，鼓励帝国主义野心，出卖那些已在争取自身自由斗争中投资巨大的国家。1999年捷克正式签署加入北约的文件时，哈韦尔称加入北约给捷克这样一个希望：捷克将永远不受征服。①

鉴于此，当美国提出在捷克建反导雷达基地时，时任捷克右翼政府鞍前马后，努力促成，并在2008年7月与美国签署了关于建立反导基地的协定。这凸显出捷克在国防上存在严重的不安全感，极力寻求来自大洋彼岸美国的庇护。可奥巴马政府上台后，美国改变了布什政府的反导计划，此事不了了之。

捷克自独立以来，一心向往加入欧盟，并最终于2004年成为首批入盟的中东欧国家之一。捷克融入欧洲一体化程度较高，从政党内部的结构变化上看，右翼主流大党公民民主党内，有四名欧洲议会成员同时在党的中央行政委员会身居要职。左翼主流政党社会民主党在2007年的新党章中规定，该党在欧洲议会中的代表自动成为党的中央委员会的成员。②欧洲议会选举的结果甚至还影响着捷克国内政治的变动。2004年大选，社民党由于在欧洲议会选举中惨败，党内舆论压力增大，执政联盟裂痕加剧，最终导致党主席兼政府总理什皮德拉下台。

（二）出现"软疑欧主义"

从1993年到1998年，为了吸引选民、扩大自身影响，也为了获得欧盟的资金支持（2007年至2013年，捷克从欧盟得到308亿欧元援助），左右政党都把"欧洲化"当作竞争和选举策略的一部分，将"欧洲化"的政治动员和政治社会化当作自身的职责和价值，表现出"欧洲现实主义"倾向。但与此同时，它们在具

---

① 薛君度、朱晓中：《转轨中的中东欧》，人民出版社2002年版，第380—388页。
② Vit Hlousek, Pavel Pseja, Europeanization of Political Parties and Party System in the Czech Republic, http://mve.fss.muni.cz/mpsv/download/doc/publikace/europeanization_of_political_parties_in_czech_republic.pdf., p.13.

体领域或政策上，又对欧盟表示支持或怀疑甚至反对，"软疑欧主义"盛行。①

例如，公民民主党虽然支持捷克加入欧盟，但反对欧盟成为超国家实体，尤其反对在国家主权和民族身份问题上过度"欧洲化"，认为这将严重损害民族国家主权，主张将"欧洲化"进程限定在社会经济领域。公民民主党元老、时任总统克劳斯拖延签署《里斯本条约》就是典型例子。克劳斯是出了名的"疑欧派"，2009年上半年捷克担任欧盟轮值主席国期间，他甚至拒绝在总统府悬挂欧盟旗帜。不仅如此，他更是拖延到最后一刻还拒签《里斯本条约》，被不少欧洲国家认为是"麻烦制造者"。爱尔兰第一次全民公决否决该条约后，他如获至宝，电贺爱尔兰"反欧派"，公开自命"欧洲异议分子"。直到爱尔兰第二次公投通过该条约，克劳斯仍未表态是否签约。他在最后一刻提出以"贝奈斯法令"②继续有效作为签约的附加条件。捷克由此成为最后一个签约的欧盟成员国。

相比公民民主党，捷摩共则更加反对加入北约和欧盟，宣扬欧盟的制度框架缺乏透明度，欧盟的决策过程不民主，对议会批准《里斯本条约》持批评态度，认为这将削弱成员国的国家主权，使得像捷克这样在大国夹缝中生存的小国难以维护自身利益。

此外，2012年1月，内恰斯右翼政府拒绝签署欧盟新财政协

---

① 朱晓中：《中东欧转型20年》，社会科学文献出版社2013年版，第147—151页。
② "贝奈斯法令"指1938年英法等国牺牲当时捷克斯洛伐克的利益，迫其接受臭名昭著的《慕尼黑协定》，将其境内的苏台德地区割让给德国。德国战败后，捷克收回苏台德地区，并根据时任捷克总统贝奈斯颁布的法令，将250万苏台德地区的日耳曼人和少数匈牙利族人驱逐出境，并没收了他们的全部财产。几十年来，这些被驱逐者或其后裔一直要求重返家园和归还财产。

议，与英国一道成为欧盟 27 国中仅有的两个明确表示拒签该协议的国家。不仅如此，捷克还考量本国利益，一直拒绝采用欧元，成为"软疑欧主义"的代表国家之一。

## 第三节　匈牙利剧变再思考

### 一、回归欧洲探源

匈牙利史学界称：1989—1990 年之交，匈牙利面临重大的历史转折，由共产党一党专政转换为多党议会民主政体；由集权经济体制转换为多元的自由市场经济体制，为匈牙利回归欧洲翻开了新的篇章。

（一）匈牙利先人融入欧洲之路

今日匈牙利人属于芬兰—乌戈尔族系的一个分支。匈牙利人的祖先亦称马扎尔人，曾是欧亚的游牧民族，公元 896 年迁徙定居在喀尔巴阡山盆地。这块土地上先前已有斯拉夫人、日耳曼人、阿瓦尔人、法兰克人和匈奴人居住，并先后建立过政权。匈牙利人的介入经历了百年生存的冒险战争，击败了所有对手，这期间与原住民也有过交往、联姻，乃至于融合、同化，但在毗邻国家中没有一个同宗、同族、同文的伙伴。为了摆脱孤立状态，匈牙利大公盖萨（公元 972—997 年在位）决意敲开通向西方的大门，接受罗马天主教的洗礼。

恩格斯称天主教会是西欧"封建制度巨大的国际中心"[①]，匈

---

[①] 《马克思恩格斯选集》第 3 卷，人民出版社 1972 年版，第 390 页。

牙利建立封建王国过程无不和融入西欧、推行基督教联结在一起。

首先，盖萨大公派特使觐见神圣罗马帝国，接受天主教洗礼（匈牙利人原信奉多神教萨满教），并请求派神父和骑士来匈牙利辅佐朝政。公元997年盖萨驾崩，其子伊斯特万加冕为大公。他于公元1000年续派特使去神圣罗马帝国，请求教皇希尔威士特尔赐给皇冠和国王称号。公元1000年12月25日（亦说公元1001年1月1日）教皇派特使赐送皇冠，是日伊斯特万加冕为匈牙利国王，谥号圣·伊斯特万一世，是为匈牙利建国的奠基人。匈牙利正式成为继捷克和波兰之后的欧洲封建王国，很快融合到欧洲国家体系之中。

此后，匈牙利历届国王都是由神父辅佐朝政，或由神圣罗马帝国的皇帝兼任匈牙利国王，而匈牙利国王及诸多上层政治人物也极力和西方教会及贵族后裔联姻，以增强家族的社会地位。自圣·伊斯特万一世始，全国大兴土木建造修道院、大主教区和主教区，迄今留下的宗教文明遗产丰富多彩，并深深打上西方文明的烙印。此外，从上到下实行教会什一税，提供经费保障教会的发展。国王规定，礼拜日无论男女老少一律前去教堂做弥撒，违者严惩。宗教的影响渗透到社会民俗的各个方面。至今匈牙利1000万人口中信奉罗马天主教的有650万人，占全国人口的67.8%，其次为新教（基督教），有教徒240万人，占居民总数的20.9%。皈依天主教是匈牙利融入欧洲、走向世界文明的标志。

采用教会通用的拉丁文为官方语言是匈牙利融入欧洲的另一重要坐标。13世纪初，匈牙利最早见诸文字的编年史和插图编年史都是用拉丁文书写的。匈牙利文人习惯于用拉丁文创作延续到

# 第五章 中东欧转轨的合格生：捷克、匈牙利和斯洛伐克

16—17世纪。尔后是拉丁文和匈文掺半的双重文字一直延续到18世纪。直到1844年匈牙利文才通过法律正式成为国语。

匈牙利以天主教基督教为纽带逐渐融入西方的文明世界，而它所沿袭下来的西方议会民主制与东方专制制度是格格不入的。在宗教文化传统上匈牙利属拉丁语区的西派，与已脱离了欧洲历史主流的俄国所信奉的东正教相对峙。等级制度的发展是中世纪欧洲的普遍现象，最早发端于古罗马时代的元老院，其最高权力机构是议会。在欧洲，英国于1265年，法国于1302年形成等级议会制，而匈牙利紧随其后在1437年就仿效英、法的议会模式形成了封建等级议会的雏形——朝廷议会。1848—1849年在科苏特领导的革命和自由斗争过程中，匈牙利于1848年4月11日通过法律废除封建等级制度，取而代之的是代议制的新国会，因1849年4月14日宣布成立"自由、自主和独立的欧洲国家"而载入史册，成为融入欧洲的又一里程碑，迄今仍成为匈牙利人美好的集体记忆。

匈牙利社会历来是面向西方的，经济、政治和文化属于欧洲主流国家的体系，所以它对自由、民主、人权、人道乃至议会制度等西方传统价值有着极大的认同感和归属感，对于外来强加的有悖欧洲传统的舶来货有着强烈的排斥。上个世纪50年代当过拉科西时代政府总理的赫格居斯说过："匈牙利这个社会历来是面向西方的，传统上形成的思维方式，行为准则，生活习惯的总体是属于西方的。然而，我们却妄想把整个民族的这些东西都扭向东方，因此它注定是徒劳的，早晚是要失败的。"①

所谓回归欧洲，其实质就是要对扭向东方的错位拨乱反正。

---

① 《赫格居斯回忆录》，陈元骝、柴鹏飞译，世界知识出版社1992年版，第166页。

(二) 在大国争夺的夹缝中求生存

匈牙利地理上处于东西欧的交汇点，历来乃兵家必争之地。13世纪初叶鞑靼人入侵，15—18世纪匈牙利受土耳其奥斯曼帝国和奥地利帝国统治，丧失自由长达400年之久。

匈牙利历史正是世界弱小民族国家被损害、被奴役的真实写照。先人提出过救国的方案，最有名的是1848年资产阶级革命领袖科苏特在19世纪60年代提出的建立多瑙河联邦共和国的构想：不应靠某个大国或者参加某个势力集团来保证匈牙利的独立、自主和自由民族的生存，而应同周边各民族紧密团结，同自由民族结成平等同盟；科苏特从奥地利殖民者手中一度夺回了立法和行政权，成立代议制新国会，以后率20万军队历经一年多的民族解放战争。他勾画多瑙河联邦共和国的蓝图可算是匈牙利回归欧洲最早的版本。

现代匈牙利政治人物历经两次世界大战对此有了更深切的认知，纳吉·伊姆雷便是。他进一步认为，两次世界大战的惨重教训使匈牙利人民认识到，像匈牙利这样的小国不能，也不允许本国参加势力集团的角逐。他主张遵循前人科苏特的遗训，匈牙利应保持中立、和平共处，反对势力集团和集团政治，乃至提出小国应站在"大国争霸"之外，而寻求"第三条道路"。①

匈牙利的欧洲文明史和地缘政治处于在大国的夹缝中求生存的境遇，这一切都铸就了匈牙利的民族特质，它的西方传统价值取向是自由、民主和民族独立，尤其把自由视为高于一切。1848年革命的英勇战士裴多菲有句名言是："生命诚可贵，爱情价更

---

① [匈] 纳吉·伊姆雷：《为了保护匈牙利人民》，南晓译，人民出版社1983年版，第54—57页。

高,若为自由故,二者皆可抛。"他创作的《民族之歌》更是不朽诗篇:"愿意做自由人,还是做奴隶,我们宣誓:我们不再做奴隶!"这应是匈牙利民族魂的真谛。

## 二、匈牙利剧变的序幕:1956年事件

匈牙利剧变的序幕是1956年十月事件(10月23日—11月4日),它震撼了全球。"二战"后建立的共产党政权受到几乎全民性的暴力抗拒,在血雨腥风的13天里共产党一度丧失了政权,经苏联两次出兵镇压才收拾了残局。

### (一)"二战"后匈共建立的政权

1945年匈牙利政权的建立主要是由苏军战胜法西斯取得的,而非自己打出的江山。匈共力量相对弱小,无独立接管政权的能力,只能在战后议会各政党博弈、较量中组成联合政府(在第一次议会选举中共产党仅得17%的选票)。

"二战"后"雅尔达体系"的格局,作为战败国的匈牙利划归苏联势力范围的社会主义阵营,附属苏联大国。

由苏联斯大林扶植的匈牙利拉科西集团在与苏联双边互动中完全丢掉了民族独立的旗帜,唯苏联马首是瞻,亦步亦趋,跟着大国的指挥棒转,在与东欧各国的比较中显得尤为突出。拉科西一伙处心积虑地瓦解多党联合议会制政体,用有损道德和道义的"切香肠"手段,让各民主党派消亡(如炮制"反共和国阴谋案"的假案,政界名人或被捕,或被判刑或流亡)。1948年拉科西一伙悍然宣布匈牙利已"转折"为无产阶级专政的社会主义国家,自此从经济基础到上层建筑实行全盘苏化。

拉科西一伙深谙斯大林的无产阶级专政的真谛,热衷于政党

领袖个人的独裁专政,"开始纵容和鼓励个人迷信",将党政军大权独揽一身,建立起高度集中的中央集权政体。1950年拉科西等人背着全党成立国防委员会,对关系国家命运的重大问题在不受任何监督的情况下擅自独断专行。在经济建设上机械照搬苏联模式,秉承斯大林"没有重工业就没有社会主义"的旨意,不顾资源匮乏的国情,追求高指标,超速发展重工业,计划把匈建成为"钢铁大国"。强迫推行农业合作化,个体农民经济被禁止和取缔,又实行高征购余粮义务交售政策,不少人离乡逃亡,大片土地荒芜,有50万农民受到惩罚。实行文化专制政策,对匈民族文化传统全面排斥,致使外来的苏俄文化泛滥成灾,极大地损害了匈民族的感情和自尊。诚然,这种不以经济发展为基础,缺乏相应的政治、文化条件的主观社会主义,只能凭借政权的力量来强制推行一套空想的社会主义,于是产生了一系列误国殃民的大灾难。

拉科西的思维公式是:"谁不同我们在一起,谁就是反对我们"。以此为划线的律条,他强化暴力手段,把国家保安局置于社会和党之上,成为政权的最高机构,营造不受任何限制的阶级恐怖,随意破坏法制,人为推动"提高警惕"的政治运动,制造冤假错案。1953年3月(斯大林逝世时)被捕的人占全国总人口的1.5%。从共和国主席、政府总理、党的主席到教会领导人乃至农民、普通老百姓都难免其难。1956年12月卡达尔对外提供的骇人听闻的一份报告称:全国近1000万人口,但有100万人在家、在工作岗位都受到秘密监视。此举弄得风声鹤唳,国无宁日。拉科西构建的苏式社会主义,在匈牙利人的心目中已异化为"别国强加的社会制度"(舶来货),潜伏着道德和道义的危机。

## 第五章　中东欧转轨的合格生：捷克、匈牙利和斯洛伐克

### （二）震撼世界的 1956 年匈牙利事件

#### 1. 政治诉求

1956 年 10 月 22 日，匈牙利大专院校联合会提出政治诉求，有四五种版本，但主要内容都是一致的，凸显去苏联模式要求回归欧洲的意愿，择其要点有：苏联立即撤军；拆除斯大林塑像，用 1848—1849 年争取自由的英雄和殉难烈士纪念碑取代；要用历史上科苏特徽章代替现仿苏的国徽；呼吁将 1848—1849 年革命和自由斗争的起始日 3 月 15 日定为公休的国庆日，取消苏联歼德入境的 4 月 4 日为国庆日；要求纳吉复出执政，解除在斯大林—拉科西时代犯有罪行的领导人职务；要求全国普选，选出一个有多党参加的新国会；恢复法制，审理所有的政治和经济案件，赦免政治犯，平反冤假错案，以及出版和言论自由（包括广播），等等。

10 月 23 日下午 2 点，青年学生聚集在裴多菲的塑像前敬献花篮，宣读政治诉求，游行示威到国会大厦时沿途各阶层人群也竞相加入，队伍约增至 20 万之众。人们朗诵《民族之歌》，高唱《科苏特进行曲》和《马赛曲》，挥舞着中间被掏个破洞的匈红白蓝国旗（传统国旗中间被当局嵌有苏式徽标，有仿佛是苏一个联邦共和国之嫌）。"支持南斯拉夫和波兰"、"苏军撤出匈牙利"、"支持纳吉"、"独立"、"自由"等口号响彻云霄。游行队伍旋又转向电台大楼，强烈要求播放游行者的政治诉求，部分人占领了《自由人民报》编辑部、国际电信局、武器仓库和警察哨所等重要设施。几个重要场所的斯大林塑像被捣毁。

以 10 月 23 日的示威游行为开端，顷刻间演变为对拉科西政权的全民性的暴力抗争，当时和今日都称之为"人民武装起义"。

10 月 25 日，克里姆林宫派来特使米高扬和苏斯洛夫，在枪

林弹雨下督助应急，执政的劳动人民党解散，拉科西集团彻底覆灭；在血雨腥风、瞬息万变的时局中临时组建匈牙利社会主义工人党，由卡达尔任党的临时中央第一书记，纳吉恢复党籍，复出任部长会议主席。

**2. 恢复多党制**

"二战"后建立的多党议会制被苏式的无产阶级专政所取代，这在匈牙利人的心目中是沉淀着集体伤痛的记忆。事件进程中把恢复多党制提到首要议程，这是历史使然。

10月30日，纳吉政府宣布结束一党制，建立多党合作联合政府。这是爆炸性新闻，轰动全国，一天之内就成立了70个政党。但细心梳理可窥出脉路，主导的部分还是1945—1948年参加联合执政的那些党，如小农党、社民党和裴多菲党（前身是全国农民党）等，这些党派的头面人物相当部分都因当年拉科西集团捏造各种冤假案件，或身陷囹圄或流放逃亡，仅屈指可数的幸存者成为重组内阁人选。这些人所持政见较为谨慎，且对重新组建的社会主义工人党有所期待。另一部分不可忽视的是宗教势力较强的政党，如基督教民主党、天主教人民党和基督教人民党等，反映了罗马天主教徒占2/3人口的社会基础。

10月31日下午，纳吉站在国会大厦阳台上向聚集在那里的群众发表讲话："你们英勇进行的革命斗争已经取得了胜利。这些光荣的日子里诞生了我们的民族政府，这个政府将为争取我国人民的自由和独立而战斗……我们将坚定地按照匈牙利人民的意愿制定我们的政策。这是我们获得主权和独立的开端。"

11月2日，纳吉最后一次改组政府。新政府成员中，社工党、社民党、小农党各三人，裴多菲党两人，武装部队也有代表参加。纳吉为部长会议主席兼外长。

### 3. 释放红衣大主教

由罗马教廷任命的红衣大主教明曾蒂·约瑟夫（1892—1975年）在1949年2月8日以"叛国和倒卖黄金罪"被判无期徒刑；另一个天主教大主教格罗斯·约瑟夫（1887—1981年）也被判刑入狱，不过1955年被特赦获释。

1956年10月30日，有宗教基础的政党约数百人在美国驻匈牙利使馆门前集会，要求明曾蒂出任政府总理。纳吉签署了为明曾蒂恢复名誉、取消剥夺红衣大主教权利的法令。从此，明曾蒂恢复享有公民权和圣职权，释放回寓所。苏军开进布达佩斯后，明曾蒂在美驻匈牙利使馆避难。1971年为改善匈美关系，匈政府允许明曾蒂离匈流亡西方，他先到梵蒂冈，后移居维也纳。1975年病逝，1991年遗体运回匈牙利隆重安葬。

### 4. 纳吉·伊姆雷生平

历尽政坛沉浮的纳吉（1891—1971年），是1956年匈牙利事件的标志性人物。他和拉科西是同时代人。1918年加入匈共，"二战"期间在苏联。1944年回匈后任匈党的政治局委员，掌管农业土改领导工作，因被指控"犯有布哈林式的右倾机会主义错误"而贬谪。1953年斯大林去世后，被平反，遂取代拉科西任部长会议主席，主持纠正拉科西极左错误的"新时期"改革，推进"非苏联模式化"的历史进程。1956年苏联人事调整殃及匈共，拉科西再度上台，纳吉被解职，并被开除党籍。他曾到大学任教授，从事理论研究，写了大量为"新时期"改革辩护和针砭时弊、富有创意的文章、书籍，在民众中有崇高的声望。十月事件中，他恢复党籍，再次复出执政。

1956年11月1日，纳吉秉承新联合政府的旨意，以部长会议主席的身份致函联合国秘书长，宣布匈牙利人民共和国中立，并要求四大国给予援助来保卫这个国家的中立。同时他召见苏驻匈大使，通知对方匈立即退出华约，宣布中立。

在当时国际"冷战"加剧的大气候下，经苏联阵营紧急磋商，决定出兵镇压匈牙利十月事件，11月4日凌晨苏军坦克再次开进布达佩斯，纳吉等人跑到南斯拉夫驻匈使馆政治避难。11月23日，纳吉等人被押解出境，送到罗马尼亚软禁。1958年6月16日匈牙利工农革命政府对纳吉及其同谋者以"反革命阴谋案"起诉，并以"叛国罪"和"推翻人民共和国"罪判处死刑。

**5. 苏联两次出兵和暴力介入**

匈牙利和平示威游行酿成武装起义，苏联出兵镇压促使暴力冲突进一步升级；社会渣滓泛起，鱼目混杂地制造出各种惨不忍睹的枪杀案件；盘根错节的暴力介入，流血事件蔓延全国。

匈中央统计局1957年5月15日公布了十月事件中死伤情况："全国从10月23日及此后事件中仅在户口册上登记的死亡人数共2502人，10月23—31日间发生死亡事故990起，11月发生1168起，12月发生116起，1月发生8起，时间不详的220起。在全部有关的死亡事故中，布达佩斯发生1945起，外地发生557起。"另据1991年公布的一份当年的绝密报告称：事件中死亡人数为2700人，其中1330人是体力劳动者，44名是大专院校学生，196人是中学生，约13000人受伤。另外苏联方面死亡722人，1251人受伤。十月事件过程中有20万人流亡国外。

1956年11月中，当枪声停息后，布达佩斯街上一片瓦砾，商店紧闭，交通中断，街上荷枪实弹的武装人员来回巡逻，居民排长龙购买食品，几乎重新经历了一场战争的浩劫。

1990年版《匈牙利政治年鉴》公布了一份匈民意研究所的调

第五章　中东欧转轨的合格生：捷克、匈牙利和斯洛伐克

查资料，调查时间为1989年6月27日—7月3日，称全国成年人中有3/4的人谴责1956年苏联出兵。

## 三、匈牙利剧变的延续：卡达尔改革模式

亚诺什·卡达尔于危难之际复出执政，开创了改革的新时代。他力挽狂澜，在苏军坦克的威慑下创党建政，强制扭转已开始重回西方的政局。为稳定政局，他用2年时间进行"报复性的镇压"，对1000多人起诉判刑，约200余人被处决，包括有重大影响的"纳吉及其同谋者"。

卡达尔执政，既摈弃拉科西的"全盘苏化"，又防止重蹈纳吉冲击"雅尔塔体系"底线的覆辙。他以联盟政策作为补充，取代当时已呈现的多党制；用"计划与市场相结合"的革新取代高度集权的单一经济模式；致力于构建"以人的利益为中心"的社会主义，殚精竭虑让老百姓尽快富裕起来，以让人民得到实惠作为政治理念。毫无疑问，卡达尔的治国方略和前任大有区别，且高出一筹。

卡达尔批判前任"全盘苏化"时说过："没有国家的独立，就没有社会主义"，但他也无法挣脱雅尔塔格局的樊篱。改革每迈出一步必引发"以苏联为首的社会主义大家庭"和社工党内外姓资姓社的无休止的争论，在勃列日涅夫有限主权论的威慑下，只能寻求妥协来改善生存的环境。诚然，他对苏联施展过软顶硬磨的反限制、反控制的博弈，但更多的是"顺从"。如1968年参与苏联出兵镇压捷克的"布拉格之春"；1974年3月顶不住外来压力对匈党中央领导层大换班，导致改革的大倒退等。西方记者描绘卡达尔像是个"走钢丝的艺人"，"妥协的奴隶"。

卡达尔上台伊始，面对"苏联走狗"、"卖国贼"等骂声，决意采取怀柔手段来扭转乾坤。在改革的头10年曾有过盛世的亮点，以后断断续续，陷入停滞、回潮，虽有短暂的复苏振兴，但20世纪80年代中期跌入危机的低谷，1989年公有经济在国民收入中仍占94.5%；外债猛增，超过年GDP收入的60%，导致经济体制改革工程的倾塌。舆论界批评卡达尔的改革是"对斯大林模式极不彻底的修补"。卡达尔沉疴病榻接受记者采访时曾对"独立自主"、"自由"受到外部条件的制约坦露他无法超越"二战"后匈牙利独特国情的苦闷。他独树撑厦，但却回天无力。

1956年事件中回归欧洲的思潮和势力伴随时局的进程时隐时现，从未中断。卡达尔的改革和取得的成就曾对此有过缓冲作用。1988年5月匈牙利社工党全国代表会议上，卡达尔退出政坛，他的改革时代宣告终结。

## 四、回归欧洲

20世纪80年代中期，克里姆林宫易主，戈尔巴乔夫主政，苏联经济停滞，国力衰退，对"雅尔塔体系"有所失控，在国际上采取收缩的政策。戈尔巴乔夫抛弃了前任"有限主权论"，实行尊重各国选择的"不干预"，实为"扔包袱"的策略。更为重要的是戈尔巴乔夫的"新思维"，倡导"民主化"、"公开性"和建立"欧洲大厦"，这对于匈牙利回归欧洲的思潮和派别具有极大的鼓动力，为其重新崛起客观上提供了宽松的空间。

在"党内有党，党外有派"的多元政治态势下，匈牙利在为1956年事件和纳吉平反上取得突破。

| 第五章 中东欧转轨的合格生：捷克、匈牙利和斯洛伐克 |

### （一）切入口：为1956年事件和纳吉平反

1989年社工党成立由15名专家、学者参加的历史委员会，重新甄别评价匈牙利建国以来的历史，拟定一份供匈牙利社工党"十四大"讨论通过的草案。对1956年事件本身，确认为是"人民起义"，是"一次反对蔑视整个民族的寡头统治的起义"。过去简单把它称为"反革命案件"是"站不住脚的"。党的中央委员会在讨论中强调："1956年，由于领导在革新方面的无能为力导致了政治性爆炸，爆发了真正的人民起义。在这次起义中，民主社会主义力量起了作用，但企图复辟的力量、社会渣滓和声名狼藉的分子从一开始就鱼目混珠地混杂进来。10月底，反革命的行动增多了。"

随后，匈牙利历史委员会正式公布了1956年事件始末的全部材料。这份材料提到，1958年6月审判的纳吉案件是"捏造的政治案件"，"判决是非法的"。5月，匈牙利最高检察长宣布，经复查决定撤销1958年6月17日对纳吉及其同谋者的审判的决定。

1989年5月31日，匈牙利社工党中央就重新安葬纳吉一事发表公报指出："纳吉·伊姆雷是1945年以后匈历史上的重要人物。他的一生同共产主义运动密不可分。他是社会主义改革政策的象征。""他的名字仍然同民族独立，同承认自治及民主的多党制形式的多元化的社会主义道路联系在一起。"

1989年6月24日，匈牙利政府就重新安葬纳吉等人发表声明称："纳吉·伊姆雷是杰出的国家领导人。他认识到，必须改变同我国的传统格格不入的没有生命力的政策，必须体现匈牙利民族的特点，实现不可磨灭的人的价值。纳吉及其拥护者的思想以及所追求的具有民主人道和民族特色的目标是现今匈政府政策的最重要的组成部分。"

几乎与此同时，重病在身的卡达尔接受《匈牙利周刊》记者的采访，也沉浸在对历史的回顾之中；1954年卡达尔平反出狱后，他和纳吉都是反对拉科西集团的党内反对派。匈牙利事件伊始，他曾肯定过这是反拉科西独裁统治的"人民起义"，并被接纳为纳吉组建的多党新政府的内阁成员之一，后来由于形势发展，意见分歧，才分道扬镳。他感慨万千地说道："纳吉的悲剧也是我个人的悲剧"，引起社会上较大的反响。

（二）和平过渡，政权更迭

1956年历史事件和纳吉的平反是和1989年匈牙利政局剧变紧密相连的，前者是后者的一个原因，也可以说是后者的一个结果。

1989年2月11日，社工党中央正式宣告："在宪法的范围内可以存在作为反对派的运动和政党。"匈牙利社会上新建和重新恢复的反对党和政治团体有30多个，其中最大的势力是民主论坛。它又和社工党内衍生的所谓"改革俱乐部"有着联系和配合。上述组织于4月8日成立了名为"反对派圆桌会议"的联合组织，同社工党倡议的官方全国圆桌会议，共同商讨向多党制"和平过渡"的步骤和办法。

1989年10月6日，匈牙利社工党通过决议易名为匈牙利社会党，这个拥有72万党员的执政党裂变为两个分别仅有4万和3万党员的小党：社会党和社工党。同年10月18日，匈牙利国会通过新宪法修改草案，取消了关于马克思列宁主义政党领导地位的条款，把"匈牙利人民共和国"更名为"匈牙利共和国"。1990年3月25日和4月8日匈牙利举行多党制的两轮大选，民主论坛获得42.5%的国会议席，获得组阁权，社会党仅获8.5%的

## 第五章 中东欧转轨的合格生：捷克、匈牙利和斯洛伐克

议席，丧失了执政地位。

1990年5月2日，匈牙利国会通过1990年第1号法令，即匈牙利共和国成立后的第1号法令，内容如下：通过自由选举产生的新的国会认为自己刻不容缓的任务是，将1956年10月革命和自由斗争的历史意义写进法律。匈牙利近代史上这一光辉事件同1848—1849年的革命和自由斗争具有同等的意义。1956年秋匈牙利发生的这场革命证明了民主的社会制度是能够建立的，为祖国的独立而作出的任何牺牲都不会徒劳无益。革命后的镇压重新恢复了旧政权，但1956年精神却永远留在人民心中。

新的国会认为自己有责任唤起并保持对1956年革命和自由斗争的纪念。国会宣布，将竭尽一切努力保卫符合1956年精神的多党制民主、人权和民族独立。为此，它在第1号法令中作出如下决定：(1) 国会将以法律形式永远纪念1956年革命和自由斗争；(2) 将10月23日，即1956年革命和自由斗争的第一天，即匈牙利共和国1989年成立的日子，法定为国庆节。新国会还强调，它是1946年曾被共产党放弃的国会的继续，按顺序为"第四共和国"①，以表示同共产党执政43年彻底决裂。

新的联合政府的目标是回归欧洲，建立混合经济所有制、社会市场经济的自治体制和多党议会民主体制。历经四届政府转型改革的努力，1999年匈牙利加入北约，2004年成为欧盟正式成员国。从此，匈牙利终于在21世纪的欧洲找到了自己的位置。

---

① 1848—1849年科苏特领导的革命和自由斗争过程中，1849年4月14日匈牙利宣布成立"自由、自主和独立的欧洲国家"，史称第一共和国；1918年11月卡罗列·米哈伊领导的资产阶级民主革命中成立的议会制的资产阶级共和国，史称第二共和国；"二战"后的1946年2月1日经普选成立的多党议会共和国政体被称为第三共和国。

## 第四节　匈牙利与欧盟关系的新变化

### 一、匈牙利因修宪而得罪欧盟

2013年，匈牙利和欧盟的关系正可谓磕磕绊绊又一年。"冰冻三尺，非一日之寒"，双方的纠结关系自然并非始于今日，而是从2010年这届青民盟政府上台后就开始了。但这一年的关系确实比前两年更麻烦，矛盾也尖锐了许多。

事情还是起源于修改宪法。3月11日，匈牙利国会以绝对多数票通过了执政党青民盟提出的《基本法》（即宪法）修正案，并经总统签署。修正案把很多被匈牙利宪法法院和《欧洲人权协定》否决了的法规又列入进去，同时进一步削弱了匈牙利宪法法院的权限，即国会2/3多数提出的修宪，宪法法院不能对修改内容进行审查。这是2012年初新宪法生效后的第四次修改，内容包括废除《基本法》生效前宪法法院的决定；国家资助的大学生毕业后一段时期内必须在国内工作，取消大学的经济自治权；"家庭"的概念将不再包括"无子女者、同居关系者和同性伴侣"；进一步限制媒体和舆论自由；缩小竞选和合法政党竞争的可能性，在国会选举和欧洲议会选举前的竞选活动只能在公共媒体上做政治广告；缩小司法机关的活动范围；国会有认可教会地位的权限；最高检察长在案件上有向不同法院提出起诉的权力等。修正案的通过不仅在国内掀起轩然大波，欧盟国家和媒体亦群起而攻之，威胁"要对匈进行制裁"，甚至称要把匈驱除出欧盟，一时间使欧尔班政府陷入难堪和孤立之中。

## 二、欧盟威胁采用各种手段制裁匈牙利

匈牙利这次修宪行动遭到欧盟如此强烈的反对和批评,这在匈牙利制度变革和加入欧盟后的近20年中没有先例。欧盟诸国这样集中对付一个成员国也极为罕见。其实,就在2012年初匈牙利新宪法正式实施后,欧盟不少国家就对宪法的内容表示了不同的意见,提出了尖锐批评。

青民盟和基民盟在2013年3月5日的会议上作出拒绝反对党的建议、坚持修改的决定后,欧盟委员会主席巴罗佐在3月8日打电话给欧尔班总理,认为匈牙利修改《基本法》背离了欧盟提倡的法治原则;巴罗佐随后又写亲笔信给欧尔班,强调修宪可能违反欧盟法律。3月11日,巴罗佐和欧洲理事会秘书长在匈国会修宪法案通过后又立即发表联合声明,对此表示忧虑,并责成威尼斯委员会进行深入分析,要求匈牙利当局在与欧盟谈判时澄清所有令人疑虑的问题。巴罗佐3月15日又说,要进行客观调查,根据调查结果"动用一切可以动用的权限与手段"。

随后,欧洲理事会主席范龙佩也与欧尔班通电话,对匈修宪表示担忧。欧洲理事会秘书长则在一份声明中说,匈政府利用国会2/3的多数否定宪法法院的决定,"危及了制衡机制和民主制度的权力分立原则"。

欧洲议会的社会民主党和绿党等议员同样纷纷表示反对。欧洲社会党议会党团主席认为,匈牙利修宪计划是"对法治、言论自由、司法独立、媒介和舆论自由等欧洲价值的严重威胁",将使"欧尔班及其政党陷入更加孤立的境地"。

3月11日,德国总理默克尔在柏林对来访的匈牙利总统阿戴

尔表示：必须重视欧洲伙伴国和匈牙利朋友们对修宪的忧虑，如限制宪法法院权力等内容。默克尔在欧盟峰会上也警告说："不允许滥用议会 2/3 多数"，她表示相信欧盟委员会的考察，支持欧盟委员会审查匈牙利《基本法》。德国、丹麦、荷兰和芬兰四国外长 3 月 7 日联名致信给欧委会主席，建议建立更有效、更迅速的反应机制，以捍卫欧洲的基本价值，并呼吁欧盟冻结对匈牙利的一切物质援助。

在 3 月 14 日的欧盟峰会上，应欧洲议会主席舒尔茨的提议，讨论了匈牙利修宪问题。舒尔茨说，如欧委会的调查证实修宪违反欧盟法律，不排除使用《欧盟基本条约》第七节的可能性，最终结果可能是把匈牙利"开除出欧盟"。

## 三、欧尔班政府不屈服压力

但欧尔班政府没有屈服欧盟的压力，依然我行我素，软磨硬顶，总统、国会主席和欧尔班总理等青民盟骨干在国内外各种场合出面为修宪辩解。

3 月 8 日，欧尔班写信给欧委会主席巴罗佐和欧洲议会主席舒尔茨，强调匈牙利政府和国会坚定地信守欧洲的准则和法规，但拒不回答欧盟推迟或取消修宪的要求，结果 3 月 11 日国会照常表决通过。匈牙利执政党和政府要员也都坚持修宪法案要如期表决，青民盟议会党团主席、副主席等都认为，没有任何理由推迟表决。匈牙利副总理兼行政和司法部长致信欧洲理事会秘书长，匈牙利外长写信给欧盟各国外长，称国际批评大都是建立在"消息不全和误解"的基础上，修宪正是为了满足宪法法院的要求，还对修宪的一些条款作出了解释和辩护。

原青民盟副主席、现总统阿戴尔访问德国时抱怨"外国伙伴未获得有关匈修宪必要的和准确的信息"。

欧尔班3月14日在欧盟峰会期间举行记者会，坚称修宪完全符合欧盟准则，而国际批评没有具体对象，并重申他本人及其政府"信守欧洲的准则和法规"，拒绝"对匈采用双重标准"。

匈牙利国会主席克维尔在电视台称国际批评是"世界性的反匈阴谋"。他说国际上对修宪的愤怒是由于匈政府"压低公杂费价格"损害了跨国公司的利益。

匈牙利外长马尔托尼对英国《金融时报》说，匈牙利修宪引起的反应"令人吃惊"。他认为对修宪的忧虑，会在深入的研究后烟消云散，所有意见的出发点都是误会。

### 四、欧尔班总理连续发表批欧言论

修宪事件发生后，欧尔班对欧盟的批评依然不减，在各种场合发表疑欧言论，部分言论确实也是他对世界各种问题的独特看法。例如，他对欧洲目前的地位和趋势表示强烈怀疑，认为"欧洲大陆正在失去几百年来所拥有的文化、经济和文明地位"；欧洲的经济危机可能是一个长期的没落过程；欧洲没有起死回生的药方，欧盟目前的机构不适于为欧洲面临的挑战找到答案，"答案只能在民族国家的基础上产生"。[①] 这对目前正在做着欧洲统一大梦的那些领导人来说不啻是当头一棒，难以容忍。

欧尔班直截了当地批评1990年以后欧洲的统一犯了两个错误：一是吸收中欧国家加入欧盟的时间太晚了，丧失了找到应对危机的措施；二是在建立共同的财政金融联盟时没有进行连贯

---

① 欧尔班2013年7月27日在一次大学生夏令营上的讲话。

的、审慎的通盘考虑。他认为这就是今天欧元区危机的症结所在。① 欧尔班还对欧元区表示严重不信任，并强调匈目前没有加入欧元区的打算。他说：对匈来说，加入欧元区不是现实问题，"我们在考虑加入问题时，想的不是明年的事，而是今后10年、20年甚至30年以后的事，当然，如果欧元还存在的话"。② 在中东欧一些国家急于想加入欧元区和欧元区威信降低的情况下，欧尔班的这番逆潮流的话显然是对欧元区目前状况表示不满，对它的未来丧失信心。欧尔班上台后一次也没有提到过匈牙利计划加入欧元区的时间表。

欧尔班甚至把布鲁塞尔比作苏联时期的莫斯科，说即使没有欧盟，日子一样能过。2013年4月，他在匈牙利一家瑞士人投资的企业竣工仪式上指桑骂槐地说："匈牙利人一直很尊重瑞士人，瑞士人是热爱自由的民族，从来不会放弃自己的独立，瑞士是在欧盟之外也能活的典范，谁也不要为此惊慌。"他还说："我们不靠别人的钱，不靠国际货币基金组织和欧盟的救济过活，国家完全立足于自己的经济业绩基础上。"③

他明确地说："欧洲政坛之所以攻击我们，是因为要保持压力，使我们背弃自己的政治和经济路线"；"我们要把政策建立在我们自己的经济知识的基础上，而不是布鲁塞尔来的建议或主意上"；"匈牙利在处理危机上是成功的，而欧洲不成功"；"由于欧盟采用双重标准，即使事实为我们说话，欧盟仍然不能作出对我们有利的决定"。④

---

① 欧尔班2013年7月27日在一次大学生夏令营上的讲话。
② 欧尔班2013年11月21日在访问日本时的演讲：《匈牙利和欧洲在变化的世界中》。
③ 欧尔班2013年4月18日在匈牙利瑞士人投资的企业竣工仪式上的讲话。
④ 欧尔班2013年4月18日在匈牙利瑞士人投资的企业竣工仪式上的讲话。

对于当前匈牙利的情况，欧尔班认为"改制后匈牙利的生活质量迅速改善，但希望却没有实现，这是因为匈牙利尽管获得了政治自由，但仍是一个受人支配和利用的国家"。2013年，匈牙利的经济发展水平超过欧洲平均水平，就业率也刷新了以往纪录。匈牙利从改革中看到了希望。欧尔班还说："问题是我们怎样构建一个能维护我们的政治和经济主权的政策，这是我们的民族战略的首要问题，即匈牙利在正在形成的世界新秩序中充当受益者还是受害者。"

欧尔班为政府的经济政策和修宪明确辩护说，政府实行民族的经济政策，目的是使匈牙利人创造的价值留在匈牙利。新宪法就是为此搭建框架，新宪法不是自由主义的，而是一个民族的宪法，维持了权利和义务的平衡。欧尔班强调，政府与欧盟的冲突不是出于自我目的，而是"为了民族而承担的冲突"。①

## 五、欧盟冻结对匈援助项目资金

2013年下半年，欧盟对匈牙利的行动不仅限于言论，而且付诸行动。8月下旬，欧盟委员会决定冻结对匈牙利的13项援助项目资金，这些项目包括欧盟地区发展基金、整合基金和欧洲社会福利基金等，被欧盟冻结的援助资金约有2亿欧元。欧盟委员会的理由是：匈牙利在项目选择中透明度不够；在确定政府采购选择标准上有歧视和比例失调问题；个别项目涉嫌贪腐案件，警方尚在侦办中；在中小企业的专项招标工程中也出现丑闻。

此外，在招标的过程中发现有些企业未经审批就拿到了钱；一些接近青民盟（执政党）的企业向投标者许诺给钱，使其轻松

---

① 欧尔班2013年7月27日在一次大学生夏令营上的讲话。

中标，如农业土地租赁权、赌博机和烟酒店经营权等。

其实，冻结对匈资金的深层次原因是因为欧洲议会通过了有关报告。2013年7月3日，欧洲议会在法国斯特拉斯堡举行的全体会议上，对《关于匈牙利目前基本权利状况的报告》展开辩论。这份报告旨在对2014年4月的匈牙利大选产生重要影响。

早在2013年2月16日，欧洲议会就责成负责公民权利、内政和司法事务的专业委员会就匈新制订的《基本法》、新媒介法和其他一些法规重新进行调查并提出报告，因为从2013年年初起，匈牙利的这些法律和法规生效后引起欧洲和匈国内政界、媒体的强烈批评和忧虑。欧洲绿党议员、葡萄牙人瑞·塔瓦莱斯受命负责调查和起草报告，包括欧洲人民党的代表在内的议员小组多次走访匈牙利，听取各方意见，对有关法规进行详尽的剖析，并在参考威尼斯委员会报告的基础上，在一年半的时间内接连起草和公布了五个文件。在这次欧洲议会辩论前，议员们共提出了500多条修改意见。这份《报告》认为，匈牙利为制宪奠定基础的所谓"民族协商"很不严肃。《基本法》可说是"一党宪法"，是在缺乏同各方进行实质性对话的情况下通过的。《报告》指出，匈宪法的修改与欧盟条约第二章所阐述的基本价值格格不入。这一批评非常严重，因为根据这一条款，欧洲议会即可以对匈牙利采取惩罚措施。但后来由于匈牙利社会党和欧洲社会党提出了建设性意见，《报告》才去掉了包含取消匈牙利表决权的有关制裁内容，只提及欧盟基本条约第七章的第一节，由欧盟委员会判断是否存在成员国严重侵犯第二章节的问题。

《报告》在列举了一些法规和事实后说："匈牙利最近三年在宪政和法律方面的变更引起了人们的严重忧虑，无论在人权还是在民主的基本价值方面，都发生了严重的倒退。"

第五章　中东欧转轨的合格生：捷克、匈牙利和斯洛伐克

欧盟委员会主席巴罗佐详细回顾了在匈牙利修宪问题上欧盟同匈牙利所进行的多次协商，但"仍心存殷忧"，他强调将密切监视匈牙利的实际情况和变化。欧委会的目的是使欧盟和匈牙利的法律完全相容，"将以更发达的手段及系统，为实现欧洲的基本价值而斗争"。

在表决前的辩论中，欧尔班说："报告对匈牙利及其公民极不公正，欧盟实行双重标准，不承认匈牙利人为国家取得经济成绩付出的努力。"他还表示，欧洲议会无视欧盟的权限和成员国与欧盟之间的法制平衡，"是非常危险的方向"。最后报告仍以52.78%的多数票获得通过。

### 六、欧尔班总理严批欧洲议会的报告

在欧洲议会表决后，欧尔班举行记者会，指责这一报告"严重损害和限制匈牙利的独立"，强调欧洲议会所做的事情，"首先不是针对匈牙利，而是对欧洲未来的威胁"。

欧尔班随后在匈牙利电台发表强硬讲话，对欧洲议会的这一做法予以批驳。他说，除苏联存在的时期外，还没有任何一个外国通过强权手段，敢于以法律形式公然限制匈牙利国家的独立。他认为欧洲议会发生的事情是"左派的行为"，欧洲的左派们对匈牙利政府和匈牙利国家有着难以化解的怨恨，其中原因之一是因为2010年匈选民以2/3的多数让当时的左派政府下了台；二是由于左派与金融资本勾结，要求撤销"银行税"和停止"缩减公杂费"的愿望没有得逞。欧尔班再次以"匈牙利人民"的名义宣称："我们不愿意生活在这样一个欧洲帝国，它在布鲁塞尔的中心指挥边缘地带或省里的人应该怎么做事。"他说，批评欧洲议

会的不是匈牙利政府，而是"匈牙利民众"。他认为欧洲议会犯了非常严重的错误，违背了基本条约。欧盟的任何机构这样行事，不会加强而只能削弱欧盟的内在凝聚力，因此必须停止这种做法。他表示相信，这一事件是"第一次也只能是最后一次"。

其实，欧盟和匈牙利政府的恩恩怨怨、磕磕绊绊从历史和当前的现实来看并不奇怪。欧盟从成立伊始至今，始终存在着不同意见，有坚决拥护努力执行的，也有怀疑消极观望的。即使在拥欧派中，也存在着对欧洲一体化的结构、方式方法的争论。五年前的金融危机及几乎同时爆发的欧洲债务危机让欧盟的内部矛盾进一步激化，减缓了一体化的速度，对债务危机的不同处理方法又使矛盾公开化。匈牙利政府，尤其是欧尔班总理的言行在欧盟新成员国中是比较突出的。欧尔班同欧盟领导人之间的矛盾，反映了他们对当前欧盟的处境、对欧洲和世界形势的看法大相径庭，同时说明了他们对如何处理欧债危机、建设各自国家和发展经济的不同理念和途径。这也暴露出欧盟新老成员国之间的矛盾。

近几年，欧洲右翼和民族主义势力利用欧洲经济困难的情势，对疑欧和弱欧情绪无疑是起了推波助澜的作用，匈牙利国内也不例外。欧尔班总理这样做，也有争取部分右翼和民族主义力量的考虑。但同时，欧尔班的这些言行也造成了事与愿违的效果，遭到国内反对派的愤怒，成为攻击他的借口。毕竟匈牙利从欧盟中得到的经济好处巨大，欧尔班一方面批评欧盟，但他不会、也不可能轻易地提议退出欧盟，他目前也做不到这一点。另一方面，在当前欧盟经济复苏缓慢的背景下，欧盟不可能对匈牙利大动干戈，不会出现严重的制裁，至于把匈牙利驱赶出欧盟更是不切实际的想法。欧盟领导人对欧尔班的这些动作心知肚明，掀不起什么大浪,顶多是必要时给以警告或处罚。同时,欧尔班也面临2014年4月的大选,不得不谨言慎行。不过,不管形势如何发展,围绕欧洲一体化问题的争论仍将时起时伏,并将在不同的国家,以不同的方式继续进行,并出现不同的代表人物。

# 第六章 中东欧转轨的后进生：保加利亚和罗马尼亚

1989年剧变后不久保加利亚即开始入盟进程。经过十几年的努力，终于在2007年入盟。但整个入盟过程并不顺利，除被延期东扩外，欧盟还对保加利亚实施监督性的评审机制。入盟以来，保地缘政治地位明显提升，政治转轨进程得以巩固并加强，经济也经历了五年左右的快速发展期，外交上积极参与欧盟决策与管理，尽力拓展与传统国家的关系。但至今保加利亚存在的问题较多，与欧盟面临新的矛盾，经济上受到的冲击较大，政治上存在诸多深层次矛盾，外交上仍难脱离在大国夹缝中生存的处境，真正融入欧盟仍任重道远。

1989年罗马尼亚剧变以来，经过三个发展阶段，其政治制度的转轨已经基本上实现，议会民主制度已经大体建立起来；初步建立起了市场经济体制，经济出现持续增长，但经济制度的转轨尚未完成；狭义上罗马尼亚加入北约和欧盟的历程始自1991年，终于在2007年元旦如愿以偿。然而加入不等于融入，罗马尼亚融入欧洲和完成制度转轨还面临诸多困难，还有很长的路要走。

# 第一节　保加利亚入盟后的发展及面临的问题

1989年保加利亚剧变后，政治、经济和社会等各领域开始全方位转型。早在1990年大国民议会制宪会议上，保加利亚各界有识之士就保加利亚加入欧共体达成一致意见。经过十几年的努力，保加利亚终于在2007年1月1日加入欧盟。入盟前几年及入盟后头两年，保加利亚政治、经济及社会各领域发展迅速，政治日趋稳定，经济增速在欧盟位居前列。但在2008年国际金融危机爆发后，特别是近年来欧债危机的持续作用下，保加利亚社会深受影响，无论是经济还是政治均陷入困难局面，其融入欧洲一体化进程也不得不减速缓行。

## 一、艰难加入欧盟

1995年底，保加利亚议会正式通过了加入欧共体（欧盟）决议并向欧共体递交了申请。1997年保加利亚被列为第二批入盟候选国。1998年民主力量联盟（民盟）政府通过保加利亚入盟国家战略。2000年2月，欧盟开始同保进行入盟谈判。2002年底，由于保加利亚政治、经济等各领域改革进度与入盟标准差距较大，欧盟未将保加利亚包括在波兰、捷克等第一批入盟的中东欧国家之列，而是将其与罗马尼亚一起捆绑，作为第二批入盟的中东欧国家。

2004年7月，保加利亚结束入盟谈判的31个章节。2005年2月，欧盟委员会决定同意罗马尼亚和保加利亚加入欧盟，标志着这两个国家加入欧盟的程序正式启动。同年4月，欧洲议会表决批准罗马尼亚和保加利亚于2007年入盟，并与两国正式签署入盟条约。条约规定涉及经济、内部市场以及司法和内务等领域两国必须在指定期限内兑现改革承诺。

2006年9月26日，欧盟委员会主席巴罗佐正式宣布建议罗马尼亚和保加利亚于2007年1月1日加入欧盟。值得注意的是，尽管31个章节的入盟谈判已经结束，但保、罗两国在司法改革及打击有组织犯罪等方面举步维艰，进展不大。为了不影响这两国入盟的整体进程，2006年9月欧盟单独设立适用于两国入盟后的监督机制——合作及评审机制，对这两国在司法改革、肃贪及打击有组织犯罪等方面的改善状况加以评估，以督促两国在打击有组织犯罪等方面推进改革，在司法以及国内事务处理过程中采取更加透明的步骤等等。在这个机制下，每过一段时期（一般是半年）欧盟要就这两个国家打击腐败、有组织犯罪和司法改革进展发布评估报告。目前这一机制仍在发挥作用，以监督和督促保、罗两国推进司法等领域的改革。

## 二、入盟后取得的可喜成就

（一）地缘政治地位显著提升

历史上保加利亚地处大国争夺激烈的巴尔干核心地区，一直在大国的夹缝中生存，国家安全和领土完整没有保障。剧变后，在地缘政治变迁的大背景下，保加利亚急转向西方寻求依靠，欧盟和北约成为当然的理想选择。在加盟的历史任务完成后，欧盟内部冲突调解机制、促进地区融合机制以及强大的综合实力，不仅使保加利亚立于"火药桶"之中却免于战火纷争，始终保持稳定局面，获得安全上的巨大好处，而且使得保加利亚在与其他大国及大的经济集团谈判和博弈时增添砝码，能切实维护自身利益。在巴尔干地区，保、罗两国政治地位明显提升，相对该地区其他转型国家，两国在融入欧洲方面先行一步，今后将在引导该地区整体融入欧洲方面发挥某种示范作用。

（二）政治转型得到加强

剧变后保加利亚政治上向西方民主自由模式靠拢，推行三权分立及多党制。入盟谈判中，欧盟对保提出更为明确的政治改革原则和标准，并通过严格的审查和监督，促使保深化各项措施，全面深入推进政治改革。主要政党为争取民心，着眼长远，积极向国际政党组织或欧洲地区政党组织学习、靠拢。保加利亚社会党在向社会民主党转型过程中，几经努力，先后于 2003 年和 2005 年加入社会党国际及欧洲社会党。保加利亚右翼政党民主力量联盟则于 1998 年加入欧洲人民党。所有这些都有力地推动了保加利亚政治转型的进程，使得保加利亚西方多党民主框架得以建立并稳定运行。

（三）经济快速发展

进入本世纪以来，保加利亚转轨日趋定型，经济逐步步入快速增长轨道。特别是随着入盟日期的临近，外资明显加快了进入保的步伐。2004 年保加利亚吸引外资达到创纪录的 20 亿欧元，约为保过去 13 年来吸收外资总和的 1/4。[①] 2007 年保吸引外资高达 84.88 亿欧元，是 2004 年的 4 倍多，年均增长 2 倍。除了外资的大量进入外，入盟前援助基金也不断流入，1995 年至 1999 年，

---

① 2004 年保加利亚吸引外资 20 亿欧元。http://bg.mofcom.gov.cn/article/ddgk/tjsj/200503/20050300028189.shtml。

保加利亚得到的入盟前援助基金每年为 8300 万欧元，全部通过 PHARE 基金获得。2000—2006 年又先后通过 ISPA 和 SAPARD 基金得到援助达 2.5 亿欧元，共约 21 亿欧元，其中 ISPA 项下基金 12 亿欧元，PHARE 项下基金 6 亿欧元，SAPARD 项下基金 3 亿欧元。大量资金的进入使得保经济步入了剧变以来的一段黄金发展期，2003—2008 年保经济持续保持较高增长率，年均增长 5% 以上，在欧盟位居前列。保加利亚人均国内生产总值由 2005 年为欧盟平均值的 36.4% 提高到 2011 年的 46%。

（四）外交上积极参与欧盟决策与管理，尽力拓展与传统国家关系

入盟后保对欧政策更加活跃，通过欧盟决策机制参与欧洲治理，谋求与其他欧盟成员国、特别是老成员国在相对平等对话的基础上进行交流与合作。同时，积极寻求与新入盟成员国的联系，以共同维护新入盟成员国的利益。在尽力提升自己在欧盟中地位的同时，借助欧盟的国际地位和影响，特别是欧盟统一市场、强劲的购买力和先进的技术，尽力拓展对外交往层次与空间，恢复与传统友好国家的交往，开辟新的市场和外资来源地，谋求利益最大化。

## 三、入盟后面临的一系列问题

（一）国家利益与主权让渡的矛盾

入盟虽使保加利亚享受到大家庭的温暖，但同时保加利亚也不得不让渡部分主权。特别是欧盟新老成员国之间未能做到真正的平等，老成员国以自己的标准套用新成员国，让保加利亚这些新成员国倍感困难，深表不满。比如在二氧化碳减排问题上，老

成员国试图让新成员国采用较高的排放标准,引起大部分新成员国的不满。对保来说,尤其在入盟头两年,好处尚未享受到,入盟会费却要一分不少地上交,使得保加利亚对欧盟入不敷出(2007年保向欧盟缴纳3.04亿欧元会费,而从欧盟得到各种援助仅2.5亿欧元)。入盟前,保加利亚各主要政党为了尽早达标,努力满足欧盟对政治稳定的要求,尚能保持政局稳定局面。入盟后,国家利益与主权让渡的矛盾充分暴露,一些带有疑欧性质的极端主义政党,如保加利亚法律、秩序和公正党等,利用民众的不满乘机崛起。主要政党之间为一党之私矛盾渐起,从而导致政局的稳定性较以前明显下降。

(二)欧盟规则在保遭遇水土不服

经过入盟31个章节的谈判,保加利亚与欧盟间的权利和义务、特别是欧盟对保的具体要求得以明确,但在推行中如何不折不扣地实施却问题重重。一方面,欧盟多年来运转良好的标准和规章制度来自发达或较发达的西欧资本主义国家,效果显著,也很成熟。但另一方面,保加利亚是前社会主义国家,传统上是农业国,商品意识尚不发达,更别说市场经济意识。无论从制度上,还是传统上,乃至人员的素质上二者之间落差很大,使得好规则没有应用的好土壤、好环境。这导致欧盟各项规章制度在运行中走样变形,有些甚至落空、走过场。为了急于求成,保加利亚社会上一些人铤而走险,弄虚作假。在保加利亚绝迹多年的假文凭、假证件等欺诈现象开始频繁出现。在吸收欧盟资金方面,由于高素质人员和达标项目缺乏,吸收欧盟资金缓慢。入盟6年来,保加利亚向欧盟各种转移支付达到55亿欧元,欧盟同期对保加利亚援助资金约110亿欧元,实际上保加利亚仅获得55亿欧元的净援助，平均每年不到 10 亿欧元。在吸收欧盟资金过程中欺诈、滥用现象比比皆是，逼迫欧盟不得不采取制裁措施，冻结部分保应得的欧盟基金。剧变后，保加利亚官员腐败现象普遍，人们普遍寄希望于入盟能给他们带来积极变化，但事与愿违。入盟后保加利亚官员腐败现象依然严重，主要原因即是长期以来形成的腐败文化根深蒂固，短时期难以改变，即使欧盟严格的法规一时也难以将其撼动。

### （三）经济竞争力提高缓慢，受危机影响深重

入盟后保加利亚市场完全开放，许多行业和产品难以适应欧盟标准，无论是价格还是质量，无法与欧盟产品相抗衡。与此同时，政府失去部分政策自主权，对生产和资本的掌控减弱，无法给企业提供支持和有效保护，导致保加利亚部分弱势产业在入盟后经营惨淡，逐渐被淘汰。2000—2010 年保加利亚对欧盟的出口增加了 3.5 倍，而来自欧盟的进口则增加了 6.5 倍。①同时，尽管入盟前后大量外资的进入促进了保加利亚经济的繁荣，但进入部门主要局限在能源、电信和房地产领域，对制造业和服务业投入有限，因此保加利亚经济竞争力并未得到明显提高。随着全球金融危机的到来，进入保加利亚的外资急剧减少，2009 年保吸引外资总额为 28.45 亿欧元，与 2008 年同比下降达 56.6%。2012 年保加利亚吸引外国直接投资 13.98 亿欧元，仅相当于 2009 年的一半左右。再加上欧盟资金吸收缓慢，外部市场迅速萎缩，保加利亚经济在 2009 年开始进入危机状态，经济下滑 5.5%。近两年保加利亚经济仍维持低增长态势，在 1% 左右徘徊。由于经济减速，失

---

① Венелин Цачевски, *България и Балканите в началото на XXI век*, София: "Изток – Запад", 2011, с. 346.

业率重回两位数，由2008年的5.5%上升到2012年的12.3%。

（四）社会动荡暴露保政体深层次矛盾

近年来，受全球金融危机和欧债危机的影响，保加利亚财政困难，教育、社会医疗保障改革一拖再拖，贫富分化进一步拉大，社会矛盾陡升。在此背景下，2013年初保加利亚爆发了全国范围内数十万人参加的抗议示威活动，导致政府提前下台，议会提前选举。新政府上台后，抗议活动断断续续，延续至今。随着2014年5月欧洲议会选举的临近，抗议活动仍有再次大规模爆发的可能。此次抗议活动是保加利亚入盟以来的第一次大规模抗议活动，在1989年剧变以来的20多年间也不多见。抗议活动明确提出对所有政党不满，对现行选举制度不满，要求召开大国民议会，重新制定宪法、选举法等，大有推倒重来之势。以上表明，尽管剧变以来保的多党民主政治运行较稳定并加入了欧盟，但保加利亚社会仍存在一系列深层次矛盾。

综合保加利亚各界有识之士的看法，目前主要存在以下问题：一是政党代表性不强，支持率逐年走低。二是主要政党间恶斗多，难以联手应对保转轨中的难题。三是党内强人政治色彩明显，主要政党间内斗严重。四是司法效率低下、腐败严重、有组织犯罪猖獗，剧变20多年来鲜有高官或黑社会头目获刑。五是媒体缺乏独立性，大多数媒体被利益集团控制。六是既得利益集团日趋固化，官商勾结、左右翼政治势力合谋，形成所谓精英阶层。这些问题相互影响，盘根错节，使保社会发展步履蹒跚。

（五）难以摆脱大国夹缝中求生存的处境

尽管保加利亚入约加盟显著提高了自身的地缘政治地位，但由于保加利亚与俄罗斯在历史和地缘上有着千丝万缕的关系，特别是对俄能源的高度依赖，90%以上的石油、天然气需要从俄进口，使其难以摆脱俄的影响。同时，保加利亚又要维护欧盟和美国的利益。因此，保加利亚在大国夹缝中面临两难选择。近来，俄欲修建经过保至意大利的"南溪"天然气管道项目就受到欧盟和美国或明或暗的阻挠，让保加利亚历届政府左右为难。

## 四、入盟效果难现的原因

（一）保加利亚政府治理国家能力薄弱是保入盟效果难现的内在原因

保入盟之初人均国内生产总值仅相当于欧盟平均水平的1/3左右，二者在政治、经济和文化等方面的巨大落差造成公职人员无能为力和政府行政效率低下。希腊、葡萄牙和西班牙融入欧盟，获得快速发展的主要经验表明："落后国家能否充分分享一体化成果，政府的管理效率至关重要……只有各国政策调整得当、管理效率高，参与一体化的积极效果才会更为显著。相反，如果自身政策不当、管理效率低，就难以从一体化中获益，甚至会受到负面的冲击。"[①] 与西班牙和葡萄牙相比，希腊入盟后的积极效果不明显即与此有关。与希腊相比，保加利亚在发展程度上更是明显落后，再加上保加利亚官员腐败，主要政党争斗激烈，相互拆台，政权更迭频繁，所有这些不仅使得入盟效果难以快速显现，而且使得保加利亚内外政策备受冲击。

---

① 张小济、张琦：《欧盟欠发达成员国经济一体化的经验和启示》，载《国际贸易》，2004年第2期。

## （二）国际金融危机的打击是保加利亚入盟效果不彰的外部原因

入盟前后的几年里，依赖大量外资进入和欧盟的援助基金，保加利亚经济一度保持快速发展。但好景不长，国际金融危机的到来，使得对外部市场和资金严重依赖的保经济受到重创，外资急剧减少，对外贸易额大幅削减，国内需求疲弱，原先经济快速发展的势头戛然而止。近年来欧债危机持续发酵，欧盟及西方各大国无暇东顾，保经济更是雪上加霜，恢复增长乏力。

## （三）入盟时间较短制约保入盟效果凸显

欧盟基金对保加利亚的援助主要集中于基础设施、商业环境改善等领域，着眼于长效机制，对保加利亚经济竞争力的提高更多是起到一个基础性的作用，而不是像外资那样在短期内即可发挥明显效果。希腊、爱尔兰等国融入欧盟的经验表明，入盟的效果要经过较长时期培育、磨合，才能逐步显现：希腊在加入欧共体最初15年里发展相对缓慢，从2000年起，希腊发展开始加快。爱尔兰早在上世纪70年代初就加入欧共体，但从上世纪80年代后期，爱尔兰的发展才开始明显加快。在当前全球金融危机和欧债危机的双重打击下，保加利亚无疑将需要一个更长的磨合发育期。

## 五、发展前景

### （一）多党议会民主政治巩固和完善面临挑战

首先，保加利亚各界难以就推进政体改革达成共识。2013年年初爆发全国性大规模抗议示威活动以来，尽管保各界有识之士对保社会存在的问题议论较多，但由于存在利益冲突，难以达成一致。抗议的民众要求全面修正保现行政体,重修宪法等,但左右翼两大党仍主要以相互攻击为主,难以就民众呼声达成一致,即使过去一年来欧盟多次出面干预,也无济于事。执政党孤掌难鸣,只能在执政过程中做些修修补补的工作,如吸收社会代表参与立法和决策过程等。未进入议会的右翼小党则联合提出一整套推进保政体改革的方案,意图顺应民意,争取上台机会。右翼大党公民党与右翼小党之间也矛盾重重,难以形成合力。

其次,冰冻三尺非一日之寒,前述诸多深层次问题的解决绝非易事。以欧盟多年来督导的司法改革、反腐和打击有组织犯罪为例,尽管欧盟这几年一再督促保予以改进,并以经济制裁手段予以挟持,但收效甚微。重压之下,保加利亚反腐和打击有组织犯罪的主要负责人、上届政府副总理兼内务部长茨韦塔诺夫也只能公开感叹:保加利亚的入盟是早产儿,入盟条件并不成熟。更有甚者,尽管议会外街头抗议活动不断,但执政党以权谋私行为并未有所收敛,在施政过程中多次严重失职,明显违背欧盟规则,屡屡被欧盟官员或欧洲议员以冻结保欧盟成员国资格或清除出欧盟相威胁。2013年中,新上台的保加利亚政府因利益关系任用媒体老板担任涉及国家安全的重要职位,遭到德国欧洲议员的指责,称保加利亚民主受到践踏,欧盟应冻结保在欧盟的投票资格。以上种种现象表明,保加利亚多党民主政治的完善仍有很长的路要走。

(二) 经济发展模式调整困难重重

危机之下,保加利亚经济过度依赖外部世界、特别是欧盟的弱点暴露无遗。痛定思痛,近年来,保加利亚政府及实业界人士多次就保经济模式的调整进行全国范围内的讨论。根据上届政府主导制定的《保加利亚至 2020 年发展纲要》及综合保各界人士的观点看，今后保加利亚经济发展将继续实行货币委员会制度，以保持当前宏观经济稳定的局面。保加利亚以此为基础，借助欧盟资金，致力于道路等基础设施的完善；提高教育水平，培养合格的高素质人才，鼓励科研和创新；提高政府治理能力和办事效率等，最终目的是发展高附加值产业等。但知易行难：首先，剧变以来保原来的产业体系被打乱，实体经济受到严重破坏，民族支柱产业消失殆尽。在此种条件下，在新的市场竞争环境下培育出高附加值产业只能是一个缓慢的发展过程。其次，欧盟资金的使用效率低下问题受制于社会环境的改善和人才素质的提高，这些短期内难以做到。再次，保行政机构官僚主义和腐败问题严重，办事效率低下。这个问题的解决历经几届政府努力而见效甚微，短期内显著改变不现实。最后，培养高素质人才需要教育系统改革。而近年来保加利亚教育改革因财政拮据一拖再拖，教育水平快速下降。根据 PISA（国际学生评估项目）的报告，2012 年保加利亚中学生得分在欧洲最低，许多学生不能通过基础性数学考试。再加上大批青年精英到国外打工或留学，保加利亚人才流失现象相当严重。

（三）全面融入欧盟进程任重道远

尽管保加利亚目前已入盟六年多，但合作及评审机制仍在发挥作用，近日欧盟发布了最新一期（第 13 期）评审报告，再次批评保加利亚打击腐败和司法改革进展缓慢，认为改革"整体进步缓慢，存在不稳定性"，指出保加利亚司法系统存在缺陷，审判力度不足，腐败和有组织犯罪活动依然猖獗等具体问题。目前看来，欧盟的这一督促机制何时能结束还很难预测。由于在司法改革、打击有组织犯罪和反腐败方面进展缓慢，保加利亚加入申根协定的请求也因荷兰、德国等欧盟成员的反对而一再拖延,目前看来在近期内实现的可能性不大。尽管所有欧盟成员国于 2014 年 1 月 1 日对保、罗两国放开了劳动力市场,但放开过程并不顺利,特别是英国顾虑重重。

至于保加利亚实现融入欧盟的终极或远景目标——加入欧元区、生活水平与欧盟平均水平看齐等,目前看来达到这两个目标将会困难重重。欧洲复兴开发银行(EBRD)发布的 2013 年中东欧国家转型报告称,中东欧与西欧发达国家的发展差距将长期存在。报告强调,近五年来该地区的经济发展已经减速。全球金融危机和欧元区危机的冲击固然是重要因素,但中东欧国家经济长期发展后劲不足,仍存在更深层的原因。尽管中东欧国家实施了一系列刺激经济的改革措施,但强大的既得利益集团和软弱的政治机构仍阻挠落实这些措施。报告预测,未来 20 年内,仅有中欧和波罗的海国家的人均收入有望达到西欧 15 国 60% 以上的水平。① 至于保加利亚、罗马尼亚等东南欧欧盟成员国,它们何时能达到上述欧盟新成员国 20 年后的水平,还很难断言和预测。

## 第二节　罗马尼亚剧变的 25 年

### 一、制度转轨艰难曲折

1989 年 12 月 22 日,罗马尼亚发生流血政变,齐奥塞斯库政权被推翻,齐奥塞斯库夫妇在三天后被处决。曾被齐奥塞斯库贬

---

① 《中东欧国家和西欧国家的发展差距仍将长期存在》,http://bg.mofcom.gov.cn/article/jmxw/201311/20131100399488.shtml。

第六章 中东欧转轨的后进生：保加利亚和罗马尼亚

黜的原罗马尼亚共产党中央书记伊利埃斯库为首组成的救国阵线接管政权。1991年年底，议会颁布了罗马尼亚新宪法。宪法规定，罗马尼亚是一个主权独立、统一和不可分割的民族国家，政治体制为共和制。议会是罗马尼亚人民的最高代表机构和唯一的立法机构，由参议院和众议院组成，议员由普选产生，任期四年。罗马尼亚社会制度的转轨由此开始。2003年10月通过的宪法修正案，又进一步确立政治多元化、三权分立的制衡原则，明确规定保障和保护私有财产。

1990年5月举行了首次大选，救国阵线推举的候选人伊利埃斯库以85.07%的高票当选总统。在随后的众参两院选举中，救国阵线又赢得了67%以上的选票，救国阵线的罗曼就任政府总理。

剧变之初，罗马尼亚的社会秩序、经济状况和人民生活水平出现严重滑坡，国民生产总值缩水近40%。罗曼政府推行计划经济走向市场经济的激进的转轨政策，即所谓的"休克疗法"，提出了一系列加快私有化、全面放开价格的措施，导致罗马尼亚经济元气大伤，通货膨胀率居高不下，1991年为117.7%，1992年是210.9%，1993年更是达到了256%。① 当年9月，4000多名愤怒的日乌河谷矿工来到首都布加勒斯特举行示威游行，要求提高工资和改善工作条件，与军警发生了流血冲突，导致罗曼政府下台。

曾经有人认为，相较于其他东欧国家，罗马尼亚的经济转轨有更多的有利条件。1989年12月，罗马尼亚几乎没有外债，并

---

① 参见李静杰主编：《十年巨变（中东欧卷）》，中共党史出版社2004年版，第109页。

保持了 28 亿美元的经常性账户盈余，同时外汇储备达到 17 亿美元，其他经济指数，如经常性账目差额、债务率以及硬通货保有量等，也好于其他东欧国家。① 然而更有人指出，罗马尼亚在社会主义时期几乎从未进行过改革，经济体制中的问题积重难返，而且是东欧国家中私有制经济成分最低的国家之一。"其改革的客观条件明显不如那些引领改革的先进国家。"②

1992 年 11 月，根据新宪法举行了第二次大选。此前以伊利埃斯库为首的中左翼成员退出了救国阵线，另组民主救国阵线参加大选并获胜。伊利埃斯库以 61.4% 的得票率击败反对派的总统候选人康斯坦丁内斯库，蝉联总统。民主救国阵线虽然是议会第一大党，却不再是议会多数党。无党派人士沃克罗尤出任总理，组成新政府。沃克罗尤政府采取的渐进的经济转轨措施取得了明显成效，上台第一年的 1993 年就实现了经济的止跌回升。1996 年初罗马尼亚遭受了特大洪灾，其严重程度甚至超过了 1970 年的那场"世纪洪灾"。当年的国内生产总值仍然增长了 4.1%，但即便是这年的国内生产总值，也只相当于 1989 年的 88%，而且政府为稳定经济采取了避重就轻的办法。有的罗马尼亚经济学家指出，沃克罗尤政府在经济上的成就，与其说是靠经济改革取得的，不如说是靠延缓甚至牺牲改革换来的。③

1996 年 11 月，罗马尼亚举行了第三次大选。执政的社会民主主义党（由民主救国阵线改名而来）由于改革不力、政绩不佳和贪污腐败而败给了反对党组成的民主协议会，成为在野党。民

---

① Roper, S., *Romania, the Unfinished Revolution*, Harwood Academic Publishers, Amsterdam, 2005, p. 88.

② Bac Dorin Paul:《中欧大背景下的罗马尼亚转型研究》，任云飞译，载《广州社会主义学院学报》，2012 年第 3 期。

③ 同上。

第六章 中东欧转轨的后进生：保加利亚和罗马尼亚

主协议会推举的总统候选人、布加勒斯特大学校长埃米尔·康斯坦丁内斯库在第二轮投票中获得了54%的选票，以微弱优势战胜伊利埃斯库当选总统。随后，以乔尔贝亚为总理的中右翼七党联合政府宣誓就职。

乔尔贝亚政府重拾"休克疗法"，推行全面的私有化和彻底的市场经济，导致物价上涨、市场混乱和失业率大增。而执政联盟内部愈演愈烈的内耗，更使得政府的执政威望和效率受到很大的损害。罗马尼亚经济由连续四年回升，转为从1997年起连续三年掉头向下，1998年更成为剧变以来经济形势最差的一年[①]，直到2000年才出现了1.5%的小幅回升，通胀率则高居欧洲各国之冠。不仅如此，"在欧美专家相互矛盾的建议下，罗马尼亚出现了一个美式股市、一部德式企业法和一套法式私有化方案。这种混乱的管理法规显然无助于罗马尼亚的经济复苏。"[②] 北约空袭南联盟期间，罗马尼亚又违背民意加入了制裁南联盟的行列，给本国造成了10亿美元的直接经济损失，进一步招致民众的不满。1999年罗马尼亚特地在"统一之城"阿尔巴—尤利亚举行国庆典礼，竟在民众的一片嘘声中草草收场。为了挽回颓势，1999年12月执政刚一年半的总理瓦西里突然被罢免，由中央银行行长多布雷斯库接任，但为时已晚。

在这种形势下，2000年11月举行了第四次议会大选，原执政联盟惨淡的政绩帮助社会民主主义党及其领袖一举夺得议会第一大党的地位和总统的宝座，组建了由社会民主主义党一党和无

---

① 据欧洲复兴开发银行1999年转型国家报告、罗马尼亚国家统计局网页；《俄罗斯和东欧中亚国家年鉴》(1999)，当代世界出版社2001年版，第291页。

② 《美报文章：东欧国家十年经济发展缘何不均衡》，载《参考消息》，1999年11月3日，第3版。

· 271 ·

党派专家组成的政府，党主席讷斯塔塞出任政府总理。原以国家农民党为首的执政联盟得票不到5%，连进入议会的资格都没有获得。与同期中东欧多数国家走出了剧变后的政治动荡期，经济形势普遍向好的形势一样，罗马尼亚的经济从这一年起也出现了连续增长，2004年更是达到了8.3%的增长率。同期罗马尼亚入约加盟工作的进展也进一步提高了执政党的支持度。

2004年11月，根据宪法修正案举行了第五次大选，执政党社会民主党（即原社会民主主义党，2001年改名）虽然保住了议会第一大党的地位，却未能夺得议会多数席位，其总统候选人讷斯塔塞在第二轮总统选举中败给了民主党候选人、布加勒斯特市长伯塞斯库。伯塞斯库遂提名国家自由党领导人特里恰努出任总理，组成中右翼的联合政府，议会第一大党社会民主党得势不得权，反而沦为在野党。究其原因，主要还是社会民主党改革不力、治贪不力，并被在野党攻击为罗共的后继党。①

在2008年进行的议会选举中，首次采取了实名制选举方式。由于议席产生方式的变化，已为在野党的民主自由党（由民主党与自由民主党2007合并而成）在议会获得了略多于社会民主党的席位，党主席博克被任命为总理，受命与社会民主党等党派组成左右翼的联合政府。根据2003年的宪法修正案，罗马尼亚总统的任期从4年调整为5年。在2009年12月举行的总统选举中，伯塞斯库又在第二轮以50.33%的微弱多数票战胜社会民主党的总统候选人、社会民主党主席杰瓦讷，获得连任，选票仅比后者多出0.7%。

---

① 马细谱：《罗马尼亚社民党在大选中丧失执政地位》，载《中国社会科学院院报》，2005年1月4日，第3版。

## 第六章 中东欧转轨的后进生：保加利亚和罗马尼亚

罗马尼亚从2004年起第一次出现了左右翼力量和朝野之间基本均衡的态势，但是执政党内部以及议会内部各党派之间的争斗反而愈演愈烈，政局持续动荡不定。2006年，已任众议院议长的讷斯塔塞由于腐败指控而被迫辞去议长和社会民主党执行主席的职务。2007年，社会民主党以伯塞斯库有违宪行为为由提出弹劾总统案。弹劾案虽然在议会获得通过，却在全民公决中被否决，已被停职一个月的伯塞斯库复职。2008年产生的左右翼联合政府使得争斗变本加厉，仅仅9个月便成为第一个遭议会弹劾的政府。2012年2月，由于国民连续几周抗议严厉的财政紧缩政策，看守内阁总理博克被迫辞职。接替的温古雷亚努政府执政78天后又被蓬塔组建的政府所取代，成为罗马尼亚历史上最短命的政府。蓬塔是在2010年取代杰瓦讷当选社会民主党主席的，后者一年后又被社会民主党开除党籍，紧接着又被解除了参议长的职位。

组阁仅仅一个月后，新总理蓬塔又受到了其博士论文涉嫌剽窃的指控，国家学位委员会因此收回了他的博士学位。但蓬塔拒绝辞职，称这是总统策划的政治阴谋。总理蓬塔为代表的执政的社会自由联盟与总统伯塞斯库为代表的民主自由党两大阵营之间持续已久的斗争由此达到白热化。几天后，亲总统的参议长布拉加和众议院议长阿讷斯塔塞双双被解除职务。又过了三天，议会又以滥用职权的名义启动了弹劾总统的程序。但弹劾议案在全民公决中因投票率仅为46%而未能生效，伯塞斯库再次大难不死，恢复行使职权。

罗马尼亚政坛在持续的地震中迎来了2012年的议会选举，社会自由联盟在两院的选举中分别以60%和59%的票数获胜。为保住总统宝座，总统伯塞斯库被迫再次提名蓬塔组阁。

2004年后，罗马尼亚经济增势继续强劲。虽然没能搭上欧盟东扩的头班车，但是经过与欧盟艰苦的谈判，罗马尼亚在2005年4月签署了入盟协定，并在2007年的第一天正式入盟。2008年底，当欧债危机来袭时，罗马尼亚的经济再受重创，2009年和2010年的经济增长率分别为负7.1%和1.3%，2011年恢复到了2.5%，成为当年经济增幅最大的欧盟成员国之一。但由于政府实行的财政紧缩与改革政策使百姓利益受损，导致民众不满情绪增加。2010年10月，布加勒斯特爆发了自1989年剧变以来最大的示威游行，参加者有近10万之众。2012年初爆发的反政府反改革示威，波及全国的41个城市，在布加勒斯特还出现了暴力骚乱，是现任总统伯塞斯库2004年任职以来发生的最为严重的抗议活动。①

## 二、政经转轨的特点

总结罗马尼亚剧变20多年来的政治与社会制度变革，可以说，政治制度的转轨已经基本上实现，经济制度的转轨尚未完成，并呈现出如下几个特点：

第一，罗马尼亚政治制度转轨和议会民主制度的建立大体经历了三个阶段。第一个阶段，从1990年罗马尼亚剧变后的第一次大选到1996年《政党法》的颁布和第三次大选。这期间多党制为基础的议会民主制初露端倪，街头政治逐步让位于议会政治，基本按照法律程序完成了政权更迭。第二个阶段，从1996年到2004年的第五次大选。此时议会政党的数量明显减少，左、右翼政党分别完成了一个执政轮次，其执政能力和效果都得到了检

---

① 《罗马尼亚经济负重前行》，载《光明日报》，2012年4月24日。

验,并取代意识形态成为影响选民倾向的主要因素。第三个阶段,从 2004 年至今。政治制度的转轨基本完成,多党制为基础的议会民主制基本确立,政局在中东欧国家中算是比较稳定的,虽大震不多,却小震不已。

第二,西方式的政党和议会民主制度已初步建立起来,但党派内外和议会内外的争斗不已,民众的政治参与热情大减。经过 20 多年的 7 次大选,全国登记注册的政党已由剧变初的 250 多个演变为现在的 30 多个①,议会党也由十几个变为今天的 6 个。街头政治逐步让位于议会政治,议会和总统的选举均能按期举行。但议会内倒阁动议不断,政府及阁员频繁更迭,政党领袖较少能全身而退。政争大都围绕着经济政策和权力分配展开,而后者更突出地表现为总统与总理,甚至是出于同一政党的总理与总统之间的分歧与权力之争,这又与罗马尼亚不成熟的半总统议会制的政治体制不无关系。最为严重也最有代表性的是 2012 年总理蓬塔和总统伯塞斯库的相互拆台,以至于欧盟不得不出面干预。频繁的权力之争,使民众参政的热情大减,大选的投票率从上世纪 90 年代初的 80% 以上,跌到了 2008 年大选时的 39%。

第三,左右翼政党势力经过多次整合,力量趋于平衡,纲领日渐趋同,轮流执政渐成常态。剧变之初,左翼的救国阵线在政坛上一枝独秀,六年后反对党结成中右翼联盟,在大选中从救国阵线手中夺走了政权,但四年后因政绩不佳,在 2000 年的大选中又惨败给了中左翼政党。救国阵线的伊利埃斯库派此后演变为中左翼的社会民主党,罗曼率领的另一派先后改名为民主党和民主

---

① 马晴燕:《罗马尼亚转轨十年情况》,载《国际资料信息》,1999 年第 10 期。

自由党,蜕变为"右翼的民粹主义政党"。① 2004 年大选后,后者挤掉前者成为执政党。但 2008 年大选后,两个昔日的同党、昨天的政敌竟然又联合执政,罗马尼亚政坛第一次出现了左右翼力量和朝野之间基本均衡的态势。实际上,经过 20 年的冲突与调整,所有中东欧国家的中左翼和中右翼政党的政策都在逐步趋同,在建立议会民主和市场经济制度以及入约加盟等大政方针上没有分歧,在意识形态上更是难分伯仲,有分歧的只是实现这些目标和争取选票的具体策略与口号,更多的是实用主义的考虑。比如在入约加盟的问题上,罗马尼亚入约和完成入盟谈判就是在中左翼的社会民主党执政期间完成的。

第四,伴随着制度转轨进程,政界的贪腐和造假的丑闻不断,时有高官落马。罗马尼亚曾长期被欧盟列为最腐败的国家之一,执政党及其高官的贪腐问题尤为突出。转轨初期,总理罗曼带头以权谋私,就遭到反对党的猛烈攻击。他所在的社会民主主义党 1996 年在大选中下台后,媒体评论说是该党自己把选民推到了反对党一边。② 进入新世纪后,在入盟的压力下,罗马尼亚加大了打击贪腐的力度,前国有资产私有化管理署署长穆谢泰斯库、前行政管理和内务部长奥普雷亚,以及前总理讷斯塔塞等高官均因腐败问题而被提起公诉。特别是曾任社会民主党主席和众议院议长的讷斯塔塞,2012 年因腐败问题已被判处两年监禁,成为罗马尼亚剧变以后获罪的最高级别官员。当时他曾自杀未遂。2014 年 1 月,他又因同样罪名再次被判处入狱四年并立即执行。这也是剧变以来罗马尼亚最大的政治丑闻。几天以后,32 岁就荣

---

① 李停、项佐涛:《罗马尼亚民主党"右转"及其原因分析》,载《当代世界社会主义问题》,2008 年第 2 期。
② 药晓芬:《罗马尼亚大选情况及政局走向》,载《国际资料信息》,1997 年第 1 期。

## 第六章 中东欧转轨的后进生：保加利亚和罗马尼亚

任众议院议长的美女阿讷斯塔塞也因"计票造假"被解除了职务。

罗马尼亚政坛的贪腐问题为什么如此严重？从历史和文化的角度审视也许有助于我们寻找答案。先后长期处于奥斯曼帝国统治和苏联集团的控制之下，封建主义的任人唯亲和人浮于事、斯大林主义的官僚主义和贪污腐败，是罗马尼亚等巴尔干国家贪腐问题严重的重要根源。而拉丁民族特有的慵懒和散漫，使得罗马尼亚的贪腐问题之顽劣，不但大大超过了其他巴尔干国家，也超过了与罗马尼亚国情类似的保加利亚。

第五，初步建立起了市场经济体制，经济出现持续增长，但经济制度的转轨尚未完成。上世纪90年代，即转轨后的前10年，罗马尼亚经济的平均增长率是负2.28%，低于原东欧6国的平均值。而转轨后第二个10年的平均增长率达到了5.58%，在6国中排名第2，实现了持续的快速增长[1]。2000年罗马尼亚的国内生产总值（加权平均）第一次超过了1989年的水平。1991年，罗马尼亚的人均国内生产总值只相当于当年欧盟各国平均水平的29%，2008年已相当于这个水平的45%。到2012年，罗马尼亚的人均国内生产总值已达7038欧元[2]，人民生活水平有了明显的提高。2008年的欧债危机发生后，罗马尼亚成为仅次于匈牙利的受影响最为严重的中东欧国家，不得不求助于国际货币基金组织和欧盟的救助。

---

[1] 转引自孔田平：《中东欧经济转型的成就与挑战》，载《经济社会体制比较》，2012年第2期。
[2] "罗马尼亚国家概况（2013）"，外交部网站。

### 三、加入北约和欧盟道路崎岖

罗马尼亚加入北约和欧盟的历程，从狭义上说，至少应该从其接受"法尔计划"的援助算起，到其 2007 年正式入盟，经过了 16 年。如果从广义上说，从其发生剧变起，就已开始了制度转轨、入约加盟的进程，而且这一进程并未随着罗马尼亚的入约加盟而结束，它大体可以分为三个阶段。

第一阶段：提出入约加盟申请，成为候选国。

东欧剧变后，欧洲经济共同体（欧盟的前身）就向中东欧国家伸出了橄榄枝。1991 年元旦，欧共体的"波兰、匈牙利经济重组行动"计划即"法尔计划"开始实施，一年后援助范围扩展至包括罗马尼亚在内的所有中东欧国家，意在通过直接经济援助推动这些国家由计划经济向市场经济转型。罗马尼亚的受援额位列 12 个受援国的第二位。这一年，存在了 40 年之久的华沙条约组织和经互会先后正式宣布解散，前东欧地区立即出现了安全真空，各国纷纷向欧共体和北约寻求援助和保护。

罗马尼亚把"入约加盟"视为基本国策，并得到了 85% 民众的支持。1993 年 2 月，欧共体与罗马尼亚签署了旨在建立联系国关系的"欧共体—东欧第二个综合合作协定"（也称"欧洲协定"）。这一协定是欧盟对东欧外交政策的重要组成部分，旨在通过深化和加强双边政治经济联系，为这些国家日后加入欧盟创造条件。6 月，欧盟的哥本哈根峰会提出中东欧国家入盟必须满足的政治、经济、法律的基本标准，同时正式邀请罗马尼亚等六国"在政治和经济上准备就绪时加入欧共体"，标志着欧盟正式将东扩列入议事日程。这就是"哥本哈根标准"，即在政治上，候选国必须具备保证民主、法制、人权以及尊重和保护少数民族利益的稳定体制；在经济上，候选国必须具备运行良好的市场经济，能够应付欧盟内部的竞争压力和市场机制；在法律上，候选国必须能够承担欧盟成员国的义务。这要求它们保证执行整套欧盟法律，其中政治标准是首要标准。①

紧随其后召开的罗马尼亚执政党民主救国阵线随即改名为社会民主主义党，着手为"回归欧洲"修改宪法。宪法修正案增设了第六章"欧洲—大西洋一体化"。在罗马尼亚经济从1993年起止跌回升的情况下，1994年底，欧盟首脑埃森会议正式批准了吸收罗马尼亚等六个前华约国家的计划。1995年6月，刚刚成为欧盟联系国的罗马尼亚继波兰和匈牙利之后，在中东欧国家中第三个正式申请加入欧盟。

与此同时，罗马尼亚对参加北约表现出了更大的兴趣和热情。罗马尼亚意识到，欧盟对入盟有着严格的标准，而入约事实上是由美国的旨意决定的。凭着自己与美国的特殊关系，全力以赴首先实现入约，不但是必要的，也是大有可能的。从1992年起，罗马尼亚就多次表达了加入北约的强烈愿望，并欢迎北约在其境内修建海军基地。1994年1月，罗马尼亚在原东欧国家中第一个与北约签订了"和平伙伴关系"协定，4月又正式向北约提出加入申请。同时，在国内经济很困难的情况下，参加了北约领导的几乎所有的军事和维和行动。

第二阶段：入约加盟初步受挫，罗马尼亚加倍努力。

罗马尼亚为能够第一批入约加盟使出了浑身解数。但是出乎许多人的意料，罗马尼亚既不在北约首批"纳新"的名单中，也

---

① 王坚：《欧盟完全手册》，中央编译出版社2010年版，第86页。

被排除在欧盟首批东扩的名单之外。1997年7月召开了讨论东扩问题的北约马德里峰会，据称这是"多年来争论气氛最激烈的首脑会议之一"。尽管法、意和中东欧许多国家都为罗马尼亚说情，美国总统克林顿和英国首相布莱尔等人却坚持第一批只接受波、匈、捷三国，会议最终采纳了克林顿的方案。会后，克林顿立即访问罗马尼亚以示安抚。美国出人意料地阻止与自己有着密切关系的罗马尼亚首批入约，在很大程度上折射出的是美法矛盾，即在欧洲事务中究竟是美国为首的北约还是法德为首的欧盟更有发言权。几乎与此同时，欧盟委员会公布的《2000年议程：为了更大和更强的联盟》，根据哥本哈根标准评估了中东欧10个入盟申请国的资格，建议首先与波兰等五国进行首批东扩谈判，罗马尼亚也被排除在外。

罗马尼亚入约加盟受挫，主要原因还是在其自身。罗马尼亚的制度转轨迟缓，1996年大选后政局动荡，经济自1997年起再次深度下滑，直到2000年才有小幅回升。在欧盟列出的入盟申请国排名中，罗马尼亚连续两年在中东欧国家中排在队尾。[①] 在欧盟委员会提交的关于中东欧入盟候选国申请入盟工作的进展报告中，连与罗马尼亚的发展水平最为近似的保加利亚也被认为"在宏观经济的稳定方面取得了巨大的进步"，而罗马尼亚却被评价为"没有取得进一步的发展，其经济形势令人不安"。[②]

不过，1999年12月召开的欧盟赫尔辛基首脑会议，仍然决定邀请包括罗马尼亚在内的六个第二批入盟国家开始入盟谈判。

---

[①] 赵磊：《斗转星移，中左力量重掌政权——罗马尼亚2000年大选结果》，载《当代世界》，2000年第12期。

[②] ［奥］马丁·赛迪克博士等：《欧盟扩大——背景、发展、史实》，卫延生译，中央编译出版社2012年版，第62页。

## 第六章 中东欧转轨的后进生：保加利亚和罗马尼亚

其主要原因是，首先因为在这一年的科索沃战争后，欧盟意识到，没有东南欧的稳定就不可能有欧洲的稳定和发展，因而必须加快欧盟东扩的步伐。而罗马尼亚在东南欧地区稳定中能够为欧盟发挥重要作用。其次，欧洲不愿意将巴尔干置于美国的控制下，希望借此减少美国在这一地区的影响。再次，罗马尼亚积极参与欧盟对南联盟的石油禁运，并向北约对南联盟的军事行动开放领空和机场，欧盟要投桃报李。① 在罗马尼亚入盟问题上，欧盟显然考虑更多的是政治标准，而非哥本哈根标准。

受此鼓舞，在入盟谈判开始后，罗马尼亚更为积极地着手行政和司法改革，提高行政管理水平，加强法制，打击贪污腐败、集团犯罪、贩卖毒品、拐卖人口等等。另一方面，罗马尼亚把美国视为自己入约的最关键条件，频频向美国示好，派兵参加在阿富汗和波黑等地的国际维和行动，为美军打击伊拉克提供基地及后期支持，甚至冒着可能触怒欧盟某些成员国、危及自己入盟进程的风险，与美国签署保证不将美国公民引渡到国际法庭的协议。功夫不负有心人，2002年11月22日，北约布拉格峰会终于决定邀请罗马尼亚等七个中东欧国家入约。2004年3月29日，罗马尼亚正式成为北约的新成员国。

至此，罗马尼亚的入盟谈判之路仍在曲折前行。在入盟谈判的五年间，罗马尼亚经济连续增长，呈现出强劲的复苏态势，2004年的经济增长率更是达到了8.3%。欧盟却似乎在有意放慢谈判的节奏，中东欧各国"回归欧洲"已成不可逆转之势，欧盟可以从容地消化其第一次东扩的成果，并压迫候选国进行更多的

---

① Martin D. Brown, "Return to Helsinki", *Central European Review*, Vol. 1, No. 25, 13 December 1999, Internet Edition.

改革。2004年12月,罗马尼亚终于结束了入盟谈判,欧盟的布鲁塞尔首脑会议决定,罗马尼亚和保加利亚将于2007年一起成为欧盟正式成员国。但是,欧盟继续督促两国政治和司法制度的整改,加强打击腐败的力度,并威胁如不能满足2007年入盟的条件,仍然可能被推迟入盟一年。

新上任的罗马尼亚总统伯塞斯库和总理波佩斯库-特里恰努随即颁布了一系列措施予以响应,欧盟则迟迟不对罗马尼亚入盟的准确时间表态。2006年9月26日,欧盟委员会公布的一份最终报告指出,罗马尼亚仍存在下列问题:司法体系改革尚未完成;腐败问题仍然令人担心;农业补贴的支付没有建立一个健全的运行模式;电子增值税系统还不能完全运转,等等。但它又认为,"早一点入盟估计会使改革导向型的力量得到加强,而这又会推动司法和反腐败等问题领域的迅速改革",建议两国于2007年1月1日加入欧盟。12月,在布鲁塞尔举行的欧盟首脑会议对此予以批准。普遍预计入盟时间将会推迟到2008年的罗马尼亚人又转忧为喜。2006年最后一天的晚上,布加勒斯特万人空巷,欢庆罗马尼亚加入欧盟。

第三阶段:如愿入盟,继续整改。

欧盟东扩无论从政治、经济还是从安全的角度来看,对欧盟原有成员国和新成员国都是一件双赢的事情,对罗马尼亚的发展和欧盟的一体化都将产生深远影响。罗马尼亚的入盟,将能享受欧盟的巨额农业补贴和其他经济援助,大幅提高人民的生活水平,为本国的产品和劳务输出打开了一个广阔的市场,也将对西巴尔干其他国家的睦邻、发展和入盟起到引导、示范和鼓励的作用。

然而,加入欧盟并不意味着融入欧盟,入盟并非转轨的完成。显而易见的是，罗马尼亚在许多方面还没有达到欧盟的标准，在政治体制和社会改造等方面还存在着诸多问题。如以购买力标准计算的人均 GDP 只相当于欧盟 25 国人均 GDP 的 34%，要赶上老成员国还有很长的路要走。罗马尼亚总理波佩斯库-特里恰努认为这需要 40 年的时间。欧盟将继续对罗马尼亚的某些领域进行严格的监管，要求其每年提交相关的报告。直到 2011 年 2 月，欧盟在其入盟之初给罗马尼亚指出的需要整改的四点基本缺陷，还没有一项整改到位，其中仍然包括对其司法体制和反腐工作的整改。

还在入盟前夕，由于入盟已成定局，罗马尼亚政坛的注意力就已从确保入盟转回到党派之争去了。反腐败既是政治家的首要工作，更是党派之争的主要利器。入盟后，正值罗马尼亚需要推行更多更深入的改革之时，第一个失去官位的高官，竟然是为罗马尼亚达标入盟立下汗马功劳、被欧盟誉为反腐斗争的"铁娘子"的司法部长马科维，她在入盟当年的 4 月被突然解职。从那以后至今，罗马尼亚的政治领袖不时有人落马，仅总统就曾两次被弹劾未果，政府被弹劾下台一次，总理则换了 4 人。他们不是因贪腐和造假而身败名裂，就是因反贪腐造假而遭嫉恨。2012 年，新上任的蓬塔内阁的成员又接连曝出抄袭丑闻，就连蓬塔本人也被指控，让人对这颗罗马尼亚政坛的"希望之星"忧心忡忡。2013 年 6 月，蓬塔在柏林与德国总理默克尔会谈时，默克尔对罗马尼亚现政府在治理国内腐败方面所取得的成就表示赞赏，同时要求罗采取更加严厉的措施，切实防范腐败现象再度泛滥和滋生。

回想 1989 年，罗马尼亚是东欧国家集团中最后发生剧变的国家之一，然而却是剧变用时最短的国家。有人总结说，东欧剧变，波兰用了 10 年，匈牙利用了 10 个月，民主德国用了 10 个星期，捷克斯洛伐克用了 10 天，而罗马尼亚只用了 10 个小时。然而，上述五个国家中，除民主德国外，波、匈、捷三国 2004 年就加入了欧盟，完成了制度转轨。而且，剧变用时最长的波兰，被公认为是转轨最为成功并已经接近完成的中东欧国家，而罗马尼亚是 2007 年才涉险入盟。可以看出，在中东欧国家的转轨过程中，似乎在社会剧变的用时和制度转轨的质量之间存在着反比例的关系。无论从当年罗马尼亚剧变的方式和基础，还是入约加盟后罗马尼亚的社会状况来看，罗马尼亚真正完成社会转轨和融入欧洲，还有许多功课尚未完成。虽然总的趋向是令人乐观的，但所需的时日仍旧是漫长的。

# 第七章 西巴尔干国家入盟前途坎坷

最近 20 多年的事态发展表明，巴尔干国家的转轨要比中欧国家更加困难、更加痛苦、持续的时间更长。其原因在于该地区经济落后，政治斗争尖锐激烈，民族和宗教矛盾突出，人民生活水平低下，融入欧洲一体化进程缓慢。巴尔干地区的前途是加入欧盟，但道路崎岖且遥远。

地处西巴尔干地区的马其顿，与该地区的其他多数国家一样，民族矛盾是国家稳定和安全局势中十分敏感的因素，尤其是马其顿族与阿尔巴尼亚族之间的矛盾，不时表现十分尖锐，可谓"内忧"。这个国家由于其宪法将国名定为"马其顿共和国"，而遭到邻国希腊的强烈反对，可谓"外患"。正是因为存在着这些"内忧外患"，马其顿至今仍徘徊在北约和欧盟的大门之外，使其"加盟入约"的基本国策和终极目标迄今难以实现。

阿尔巴尼亚是曾经的"贫穷社会主义国家"的典型。穷则思变，情理之中，但剧变方式实不可取。转型改制，趋势使然，"加盟入约"，战略目标。入约今已如愿，但入盟梦尚难圆。阿尔巴尼亚剧变的主要特点是：对内破坏性大，对外依赖性大，致使社会动荡，转轨艰难。

在西巴尔干国家中，塞尔维亚是一体化进程中最困难和最复杂的案例之一。在经历了北约轰炸、黑山独立、科索沃单方面宣布独立等一系列重大事件之后，塞尔维亚是最晚开始入盟进程的西巴尔干国家，尤其是同科索沃的关系问题成为塞尔维亚入盟不可回避的关键因素。欧盟明确表示：科索沃问题是塞尔维亚入盟道路上最大的障碍。在欧盟的调解下，塞尔维亚和科索沃2011年3月—2013年4月进行了两个阶段的对话，达成妥协性协议，随即塞尔维亚获准启动入盟谈判。但从长期来看，科索沃问题仍将是入盟谈判中的一大挑战。塞尔维亚要想入盟，还有很长的路要走。

自波黑1995年签订《代顿和平协议》以来已近20年。然而，这个国家内部深层矛盾难以消除，分裂状态仍将继续。波黑中央政府举步维艰，政治经济发展进程缓慢。在加入北约和欧盟的漫长道路上，这个西巴尔干国家落后于原南斯拉夫地区其他邻国。波黑能否建立一个三个民族和平共处的多民族、多元文化的民主国家，能否成为欧盟正式成员国，既取决于波黑人民自己，也取决于国际社会的真诚努力，还取决于邻国对波黑的正确政策。

第七章 西巴尔干国家入盟前途坎坷

# 第一节 巴尔干国家与欧洲一体化进程

## 一、希腊率先加入欧共体

巴尔干国家同欧洲经济共同体的接触始于20世纪50年代末和60年代初。最早有希腊和土耳其两个巴尔干国家表示愿意参加当时的欧洲经济共同体（简称欧共体）。希、土两国早在1950年2月就加入了北大西洋公约组织（北约），成为北约在巴尔干半岛和东地中海地区的军事基地和最可靠的伙伴，成为西方当时确保石油供应的重要通道。

希腊原来是巴尔干地区较为落后的一个农业国，到1960年它的国内生产总值仅450亿美元。但它是巴尔干地区的文明古国，它的政治经济发育程度要高于其他巴尔干国家。它还在1961年7月1日便成功地成为欧共体联系国。但这时的希腊与西欧富国的差距太大，美好的愿望很难变成现实。1976年欧共体委员会曾提出希腊不能加入共同体，因为它不具备有竞争力的经济、通货膨胀率高、失业严重和贸易赤字。直到1981年1月1日这个东南欧穷国才进入西欧富人俱乐部。希腊从申请加入欧共体到开始谈判等待了6—7年，它是欧共体的第12个成员国。尽管希腊进入欧共体历时20年，"但接受希腊，这是统一的欧洲向巴尔干地区迈出的最重要的第一步"，从此，"开始了欧洲大陆联合的历史进程"[①]。希腊进

---

[①] Екатерина Никова, "Балканите и Еаропейският съюз през 90 – години", *STUDIA BALCANIKA* 26, *Изследвания в памет на Апостолос Христакудис*, София, Институт по Балканистика, 2007, с. 33 – 34.

入欧共体后，推行既亲西方又亲苏联的政策。"冷战"结束后，西方争先恐后到希腊投资，把它树立为巴尔干地区西方阵营的榜样。希腊政府一度成功地利用这个机会，发展经济，实现政治民主化。

土耳其于1963年9月与欧共体签订了联系协议，但由于众多的原因至今没有获得欧盟成员国资格。

巴尔干资本主义国家加入欧共体尚且如此，那么巴尔干社会主义国家同欧共体的联系则非常薄弱。当"冷战"将欧洲从政治上分割开后，巴尔干社会主义国家受到经互会和华约以及苏联的束缚，与西欧国家发展外交和经贸关系都需获得苏联的首肯，才能有所行动。所以，保加利亚坚持"阵营"的原则，与西方的贸易份额很小。保加利亚直到1989年6月10日才正式承认欧共体。

罗马尼亚的情况则不同于保加利亚。它不完全听命于苏联，推行较为独立的对内对外政策，早在1964年就同欧共体建立了联系，并在1980年与欧共体签订了第一个贸易协定。

这期间，唯独南斯拉夫联邦与欧共体保持着全面的合作关系。1968年10月南联邦就同欧共体建立了外交关系，1970年则与欧共体签订了贸易协定，欧共体给予南联邦最惠国待遇。1973年和1980年南联邦又同欧共体签订新的合作协定，南联邦享受新的优惠，并且扩大了双方合作的范围。此时，欧共体甚至表示，只要南联邦放弃共产党一党执政，愿意接纳南联邦为其成员国。成百万的西方旅游者来到南斯拉夫海岸旅游和度假，近百万南斯拉夫人在西欧国家工作。

然而，后来的事实却是，正是这个与西方联系最紧密的国家，早在20世纪50年代初和70年代末就最有可能成为北约和欧共体成员国的国家，至今还被排除在这两个组织之外。这是值得东西方国家深思的一个问题。80年代末开始，巴尔干国家社会经济制度发生剧变后，把加入欧共体（欧盟）作为自己追求的梦想。

## 二、"回归欧洲"梦难圆

随着柏林墙的倒塌，欧洲大陆分裂为东西方集团的状态宣告结束，"自由欧洲"呈现在东欧人民面前。东欧社会主义制度被推翻，执政的共产党下台，欧共体立即从经济组织变成了政治联盟，全力策动和掌控东欧国家的变革进程。

巴尔干国家新上台的"民主派"也像中欧国家的新执政者一样，急需改变落后状态和巩固夺权后的成果，急需确立西欧的民主价值观和市场经济，把欧盟有效的行政机构和司法制度作为自己学习的榜样。它们认为，只要倒向西方，马上就会富裕起来，提高生活水平，很快就会缩小差距，梦想就会变成现实。所以，它们喊出了"回归欧洲"的口号，似乎它们过去不是生活在欧洲，不是欧洲国家；不久，它们发现这个口号毫无逻辑性，于是"回归"欧洲的行动纲领和目标就变成了加入欧共体（欧盟）。其实，加入了欧盟，不见得就达到了"欧盟的标准"，即便"回到"了欧洲，未必就能追赶上西欧人的生活水平。

但是，无论中欧国家还是巴尔干国家，都称自己为"转轨国家"、"转型国家"或"过渡国家"，即都处于从原来的社会主义（从苏联模式或南斯拉夫模式）向民主政治体制和市场经济过渡阶段。即使大部分中东欧国家已经参加了欧盟，这个转轨阶段至今也没有结束。

然而，事实证明这个美梦只是幻想，现实是残酷的。通往欧洲的道路比原先想象的要漫长、付出的代价要高昂得多。剧变的头几年，欧共体已经实现了摧毁它们所说的"共产主义制度"和

"共产党统治"的目的,丝毫没有将这些"穷兄弟"纳入共同体的愿望和计划。

早在1989年,欧共体和经济合作组织就制定了"援助波兰和匈牙利经济重建"计划,简称为"法尔计划"(PHARE)。其后该援助计划陆续扩展到其他中东欧国家。1991年12月,欧共体同中欧国家签订为期10年的自由贸易协议,但欧共体仍然对原东欧国家采取严格的贸易保护主义。直到1992年,西方领导人都在"劝说东欧人开展更加积极的合作,但从来没有承诺在可以预见的未来让它们加入欧共体"。① 这时,中欧的波兰、捷克斯洛伐克和匈牙利已经组成维谢格拉德集团,对西欧采取联合行动。维谢格拉德集团还正式呼吁欧共体就它们加入欧共体的日期和标准制定路线图。这一举动果然触动了西欧国家的神经。

1993年6月,欧共体理事会的哥本哈根会议向已经申请和将要申请加入欧共体(欧盟)的中东欧国家提出了入盟的基本条件,即政治上实现民主、法制、人权和保护少数民族的稳定的制度;经济上拥有能发挥功能的市场经济,具有应对欧洲内部竞争和市场压力的能力;法律上有能力承担作为成员国的义务,包括坚持欧盟的政治、经济和货币联盟目标等。

巴尔干国家的情况则与中欧国家截然不同。在20世纪90年代初的自由选举中,保加利亚和罗马尼亚经过改组的前共产党人取得胜利,改革进程缓慢;而原南斯拉夫境内较富裕的天主教国家斯洛文尼亚和克罗地亚率先脱离南斯拉夫,接受了西方的民主价值观。较为贫穷的塞尔维亚和马其顿仍是由改名的前共产党人

---

① Екатерина Никова, "Балканите и Еаропейският съюз през 90 – години", *STUDIA BALCANIKA* 26, *Изследвания в памет на Апостолос Христакудис*, София, Институт по Балканистика, 2007, с. 36.

执政。显然，原巴尔干社会主义国家向西方民主和市场经济过渡要比原中欧社会主义国家缓慢和困难，其表现是经济崩溃，政治（政党）斗争激烈，社会贫困化加剧，国家机关涣散，民族矛盾尖锐，腐败成风，有组织犯罪猖獗，甚至爆发了内战。而且，在巴尔干国家中几乎每个国家都存在一两个极端民族主义小党反对加入欧盟。这一切都与西欧的价值观相差甚远。南联邦解体、波黑内战、科索沃危机都是最典型的例子。

继南斯拉夫危机和波黑内战（1992—1995年）之后又爆发了1999年的科索沃战争以及2001年的马其顿种族冲突。流血冲突和战争不仅给原南斯拉夫地区的人民带来了深重的灾难、造成大量人员伤亡和无法估量的财产损失，而且其他巴尔干国家也深受影响，使之孤立于世界，形象严重受损。由于该地区民族矛盾尖锐和战乱频发，外界认为，巴尔干地区是远离欧洲的角落，是落后和不文明的代名词。所以，在剧变后的头10年，欧共体也把巴尔干国家与中欧国家区别开，对它们"回归欧洲"的强烈愿望持冷漠态度，设置重重障碍。然而，巴尔干地区不稳定，欧洲也不得安宁。在这个动荡多事的地区，欧盟不得不吸取在解决南斯拉夫危机中软弱无力的教训，通盘考虑自己对巴尔干地区的政策。同时，欧盟也不再把解决巴尔干问题的主动权完全交给美国，开始直接介入巴尔干事务。

巴尔干地区地理位置重要，欧盟已经在政治上、经济上控制了该地区，现在正利用巴尔干地区作为进口俄罗斯和中亚地区石油和天然气能源的重要走廊。近10年来欧盟力图实现能源进口多样化，扩大进口石油和天然气的基础设施，巴尔干半岛正是向中欧和西欧输送能源的理想通道。欧盟在巴尔干地区在建和设计中的石油和天然气大型项目多达八九个。这在一定程度上将满足欧盟的能源需要，又提高了巴尔干地缘战略地位的作用和融入欧洲一体化进程的速度。

这样，巴尔干问题被视为欧洲问题，不再是一个简单的地区问题；巴尔干地区被列为欧洲安全和对外关系以及一体化的一部分。21世纪初始，巴尔干地区的稳定、安全与发展成为欧盟关注的焦点。

## 三、巴尔干地区是欧盟东扩的一部分

在当代的地理和政治术语中，一般把巴尔干地区或巴尔干半岛与东南欧等同，视为同一个地区的两种不同叫法。今日的巴尔干半岛包括阿尔巴尼亚、波黑、保加利亚、希腊、马其顿、罗马尼亚、塞尔维亚、斯洛文尼亚、土耳其、克罗地亚、黑山和科索沃①等12个国家和地区。

在欧洲48个国家中，巴尔干国家占据1/4，其领土面积48.64万平方公里，占欧洲大陆总面积的4.8%。如果把那些部分领土属于巴尔干半岛的国家的面积加在一起，那总面积达到154.9万平方公里，则占欧洲总面积的15.2%。2010年年底巴尔干国家的人口约5370万，占欧洲总人口的7.3%。如果将那些部分领土属于巴尔干半岛的国家的人口加在一起，那总人口达到1.383亿，占欧洲总人口的16.5%。② 2000—2010年期间巴尔干国家国内生产总值增长的平均速度为4%，超过欧洲2.8%的平均

---

① 科索沃于2008年单方面宣布独立，还不是完全意义上的主权独立国家。
② 关于巴尔干国家人口和面积的统计从来没有一个统一的说法和标准，这取决于是否把有的巴尔干国家（如土耳其）的人口和面积都计算进去。维基网称巴尔干国家的面积为55万平方公里，大英帝国百科全书称66.67万平方公里，人口约为5500万至6000万之间。此处的数字引自 Венелин Цачевски，*България и Балканите в началото на XXI век - По пътя на европеизация*，Издателство "Изток - Запад"，София，2011，c. 46 - 47。

速度。但该地区按人均计算的 GDP 只有 9630 美元，仅为欧洲平均水平的 35%。而且，巴尔干各国之间人均 GDP 的差距特别大，较高的三个国家依次为希腊、斯洛文尼亚和克罗地亚。

斯洛文尼亚脱离南联邦后，率先获得欧共体的承认，并于 1992 年与其正式建立外交关系，成为"法尔计划"的受援国。1996 年斯洛文尼亚与欧盟签订联系国协议，1998 年与欧盟开始入盟谈判，2002 年年底谈判结束，2004 年 5 月 1 日斯洛文尼亚与其他 9 个国家一起成为欧盟东扩的第一批正式成员国。斯洛文尼亚被誉为转轨国家中的"优等生"，它和希腊还是欧元区成员国。

跟斯洛文尼亚相比，其他巴尔干国家的入盟进程则没有那么顺利和幸运。当 1994 年中欧国家纷纷递交入盟申请的时候，巴尔干国家中只有罗马尼亚和保加利亚于 1995 年提出了入盟申请。1997 年 7 月，欧盟委员会对中东欧 10 个入盟申请国的现状及其前景进行分析后，决定从 1998 年起与其中的波兰、捷克、匈牙利、爱沙尼亚和斯洛文尼亚 5 国开始入盟谈判，而立陶宛、拉脱维亚、斯洛伐克、罗马尼亚和保加利亚 5 国还不能启动入盟谈判，只承诺它们的入盟前景。

正在这个时候，1999 年 3—6 月爆发了科索沃战争。这次欧盟反应过度，不仅参与了以美国为首的北约发动的战争，而且感到巴尔干地区局势动荡对欧盟威胁的严重性。或者说，巴尔干地区动荡的局势严重影响了巴尔干国家的发展和入盟进程。于是，欧盟不得不重新考虑自己的巴尔干政策，决心先稳定该地区的局势，然后引导这些国家创造条件加入欧盟，因为稳定是走向欧洲一体化的必备条件。为此，1999 年上半年德国担任欧盟轮值主席国期间，制定了《东南欧稳定公约》。该公约就巴尔干国家的民主化、经济发展和安全领域的改革提出了一些具体要求，第一次强调巴尔干国家在经历了冲突之后，需要恢复和稳定，以及加强地区合作，应该与欧洲建立更加紧密的一体化联系。

在这种背景下，1999 年 12 月在欧盟赫尔辛基会议上，保加利亚和罗马尼亚被纳入欧盟第五次东扩计划，这是欧盟巴尔干政策的转折性变化。由于这两个国家在 1999 年的科索沃战争期间坚定地支持北约的空中打击行动，提供空军基地和空中走廊，欧盟立即于同年 12 月决定启动同保、罗的入盟谈判，并在 2007 年 1 月 1 日接纳它们为正式成员国。这一匆忙决定留下了一些后遗症，至今欧盟还认为保、罗条件不成熟，没有为西巴尔干国家的入盟树立优秀者的榜样。按照欧盟原先的计划和承诺，罗、保在 2011 年年初应该进入申根区，但至今它们也没有如愿以偿。

2000 年 11 月，欧盟委员会与巴尔干国家领导人在萨格勒布会晤时，提出了西巴尔干的概念①，即西巴尔干地区包括原南斯拉夫联邦各共和国（斯洛文尼亚除外）加上阿尔巴尼亚，它们都是潜在的入盟候选国，再加上此前已经申请入盟的土耳其，这样，所有巴尔干国家都获得了欧盟的承诺，纳入了欧盟东扩的轨道。至此，"巴尔干国家怎么办的问题已经不复存在。今后的问题是：该地区将怎样、以什么样的政策和速度在欧洲占据自己的地位？"②

如果说巴尔干国家在转轨的头 10 年是混乱和倒退的 10 年，欧盟在忙于稳定巴尔干地区的局势；那么后 10 年，即 21 世纪的第一个 10 年则是"欧洲化"的 10 年，或者说争取加入欧盟的 10 年。这时，欧盟将《东南欧稳定公约》扩展为稳定与联系进程

---

① 这是一个模糊的、不怎么科学的概念，但被巴尔干地区多数学者所接受。
② 转引自 *STUDIA BALCANIKA* 26, Исследвания в памет на Апостолос Христакудис, София, Институт по Балканистика, 2007, с. 51.

(Stabilisation and Association Process),明确欧盟与巴尔干国家之间的关系是维护地区稳定和安全,开展地区经济贸易合作,并承诺在2000—2006年期间向巴尔干国家提供53.8亿欧元的财政和技术援助。

欧盟在巴尔干地区实行先稳定后入盟的政策初见成效。于是,欧盟在2003年6月的萨洛尼卡会议上发表声明,以法律形式保证西巴尔干地区加入欧盟是共同的战略目标,强调欧盟制定的对中东欧的入盟机制也适用于原南斯拉夫地区和阿尔巴尼亚。如果说1999—2002年期间欧盟工作的重点是解决西巴尔干地区的社会稳定和地区合作问题,那么萨洛尼卡会议则是西巴尔干国家融入欧洲一体化的起点。

此后,欧盟一方面向巴尔干半岛的热点地区波黑、马其顿、科索沃等地派出文职人员和维和部队,另一方面在西巴尔干各国设立办事机构,派遣特别代表和工作人员,帮助培训和指导西巴尔干国家准备加入欧盟的各种繁琐程序。

巴尔干国家的前景在于同欧洲一体化。2007年保加利亚和罗马尼亚入盟后,其他巴尔干国家把加入欧盟作为各自国家的首要目标。2005年秋,克罗地亚和土耳其开始与欧盟进行入盟谈判;同年12月,马其顿获得欧盟候选国地位,2008年底等待启动入盟谈判;2008年波黑也与欧盟签订了《稳定与联系协议》;2009年阿尔巴尼亚向欧盟提交了入盟申请;2008年4月塞尔维亚与欧盟签署《稳定与联系协议》,2009年年底塞尔维亚提出入盟申请,2012年3月欧洲理事会决定给予塞尔维亚候选国资格,2014年1月21日欧盟启动同塞尔维亚的入盟谈判。这样,除科索沃外的所有巴尔干国家都同欧盟建立了一体化条约关系。

但是,西巴尔干国家的入盟道路仍然遥远。西巴尔干国家的未来在欧洲,这仅是从理论上讲,这些国家都走在入盟的道路上,但哪一个也不符合欧盟提出的严格要求。塞尔维亚入盟道路上的最大障碍不是经济,也不是海牙法庭通缉的战犯,而是科索沃问题。塞尔维亚如果不承认科索沃,就入不了盟,这是美国和欧盟的底线。而塞尔维亚重申,决不拿科索沃做入盟的筹码。

马其顿和黑山已经是欧盟的入盟候选国,但近两年来马其顿政局不稳定。它的邻国希腊、保加利亚、塞尔维亚和阿尔巴尼亚都对它抱有各种成见,国内的阿尔巴尼亚族则不断向政府提出种种难以令人满足的要求。它同希腊的国名之争如果不解决,则无法开启入盟谈判之门。

波黑仍是巴尔干地区最不稳定的国家。塞族与穆克联邦之间的种族冲突依然存在,国家的经济形势严峻,至今没有行之有效的行政机构,司法不健全,没有正常的经济活动,是前南斯拉夫地区最落后的国家。欧盟表示,决不会接纳分裂的波黑加入其组织。

阿尔巴尼亚政局这两年一直不稳定,民主党和社会党两大势力互不相让,相互攻击,导致国家陷入政治危机之中。欧盟要求阿尔巴尼亚重新制定选举法,以走出政治死胡同。阿尔巴尼亚目前的情况肯定无助于它早日实现其入盟的目标。

巴尔干地区最强大的土耳其早于所有巴尔干原社会主义国家与欧盟建立了联系,并开始入盟谈判,但谈判时断时续,一直没有获得入盟的承诺。实际上,土耳其已经是欧洲国家,不是要通过入盟成为欧洲国家。有分析人士认为,在土耳其入盟问题上,欧盟和土耳其都是一种策略。欧盟知道有600万土耳其人在西欧国家,不会让土耳其入盟;而土耳其欲成为地区大国,成为欧盟中的人口大国,入盟也只是一种策略,要争取赢得讨价还价的筹码。其实，双方都明白，这是一个不现实的、解决不了的问题。

由于巴尔干各国的历史、经济、社会发展、宗教和文化不同，它们在融入欧洲一体化的过程中取得了不同的成绩和结果。表 11 较为完整地反映了巴尔干国家入盟的历史与现状。

表 11　巴尔干国家和地区加入欧盟的进程表

| | 签订稳定与联系公约 | 免签证 | 提交入盟申请 | 获得候选国地位 | 入盟谈判 | 加入欧盟 |
| --- | --- | --- | --- | --- | --- | --- |
| 保加利亚 | 1993.8.8 | 2001.3.15 | 1995.12.15 | 1995.12.15 | 1999.12.10—2004.6.15 | 2007.1.1 |
| 罗马尼亚 | 1993.2.1 | 2001.12.7 | 1995.6.22 | 1995.6.22 | 1999.12.10—2004.6.15 | 2007.1.1 |
| 克罗地亚 | 2001.10.29 | 未 | 2003.2.21 | 2004.6.18 | 2005.10.3—2011.6.30 | 2013.7.1 |
| 阿尔巴尼亚 | 2006.6.12 | 2010.12.16 | 2009.4.29 | 未 | 未 | 未 |
| 马其顿 | 2001.4.9 | 2009.12.19 | 2004.3.22 | 2005.12.17 | 未 | 未 |
| 塞尔维亚 | 2008.10.29 | 2009.12.19 | 2009.12.23 | 2012.3.1 | 未 | 未 |
| 黑山 | 2007.10.15 | 2009.12.19 | 2008.12.15 | 2011.12.17 | 2012.6.29 | 未 |
| 波黑 | 2008.6.16 | 2010.12.16 | 未 | 未 | 未 | 未 |
| 科索沃 | 未 | 未 | 未 | 未 | 未 | 未 |

注：该表主要依据保加利亚科学院巴尔干学研究所编的《21 世纪头十年的巴尔干》（Балканите през първото десетилетие на 21 век）第 40 页上的"入盟进程阶段"一表编制。表中没有列入已经入盟的斯洛文尼亚和尚未达到入盟要求的土耳其。

## 四、世界经济危机以来的欧盟与西巴尔干国家

2008 年下半年，世界金融危机爆发。特别是 2010 年希腊发生主权债务危机，让人们清醒地看到，希腊的经济、政治和社会如此迅速崩溃，表明这个入盟最早的巴尔干国家的社会政治和经济基础并不像人们想象的那样坚固，而且入盟也不是万事大吉，

一切问题都解决了。问题的严重性还表现在欧盟本身也陷入了危机。正如有的巴尔干学者指出的那样:"在上升年代,欧洲给巴尔干地区带来了稳定与繁荣。而在2008年以来的经济危机中,欧洲成为不稳定和衰退的根源。但是,不管危机的表现是好或坏,巴尔干地区已经成为欧洲不可分割的一部分,已经共命运。"①

2008年年底巴尔干国家受世界金融危机的冲击,经济发展速度下降,2009年和2010年上半年表现最为明显。该地区国家国内生产总值降低,财政赤字增加,失业率增高,外国直接投资减少。2009年整个地区的GDP下降3%,经济下滑最严重的国家是斯洛文尼亚(-8.1%)、克罗地亚(-6.0%)、黑山(-5.7%)、保加利亚(-5.5%)。当年只有科索沃和阿尔巴尼亚的经济出现缓慢增长。2010年有4个巴尔干国家出现经济衰退:希腊的经济发展速度下降了4.5%,黑山为-1.8%,罗马尼亚为-1.3%和克罗地亚为-1.2%;这一年其他巴尔干国家的经济略有增长,如保加利亚只增长了0.2%,马其顿增长0.8%,阿尔巴尼亚增长3%,而土耳其却增长了8.9%,在整个欧洲也是最高的。②

这场危机导致巴尔干国家的外贸减少,银行业务近乎瘫痪。不管巴尔干国家是欧盟成员国还是非成员国,它们60%—70%的进出口贸易是同欧盟进行的。2009年,西巴尔干国家对欧盟国家的出口下降了14%。至于巴尔干国家的银行几乎全由奥地利、意大利、德国和希腊控制。例如,外国银行控制了塞尔维亚银行75%和波黑银行95%的市场业务。当西欧国家的母银行遇到金融危机时,它们便从巴尔干国家的子银行收回货币和贷款,致使国

---

① Балканите през първото десетилетие на 21 век, София, Парадигма, 2012, с. 21.
② Венелин Цачевски, България и Балканите в началото на XXI век – По пътя на европеизация, Издателство "Изток – Запад", София, 2011, с. 49.

外直接投资锐减。巴尔干国家在西欧打工的人数缩减，随之侨汇收入也显著减少。

在整个2008—2012年期间，巴尔干国家出现"停滞和衰退"，这说明与欧盟一体化也带有风险。希腊本来是巴尔干地区未来的榜样，但它被危机淹没，难以自拔。2010年希腊深陷主权债务危机，经济到了崩溃的边缘。这年希腊的国家债务达到3270亿欧元，为其国内生产总值的150%。它的失业率从2010年6月的11%增加到2011年的15%。希腊不得不向欧元区和国际货币基金组织申请1100亿欧元的贷款（约合1570亿美元）。2011年7月21日欧元区国家领导人共同制定了第二个拯救希腊的计划及其原则。新计划预计将减免希腊从前的部分债务，并继续增加新的贷款。希腊由于要减少预算赤字和压缩各项开支，结果经济受到沉重打击，国内工人和公务员持续罢工，政局动荡。

从政治层面上讲，世界金融危机和欧洲主权债务危机并没有明显降低欧盟的威信和作用。近年的民意调查显示，巴尔干国家的民众对欧盟仍然怀抱着希望。保加利亚、罗马尼亚和西巴尔干国家有50%—75%的民众希望加入欧盟。克罗地亚在2012年1月22日关于入盟的全民公决中，有66%的人投了赞成票。

从2013年7月1日克罗地亚的入盟可以看出：欧盟已经把西巴尔干国家的入盟分成若干阶段，并提出了许多政治条件，也不让这些国家捆绑式加入，而是个别吸收。这一点完全有别于中欧国家入盟，也区别于保加利亚和罗马尼亚的入盟。

在上个世纪90年代，欧共体（欧盟）在缔结联系国协议和开启谈判时，没有设置先决条件，而现在对每个申请国几乎在每个阶段都提出了具体要求。例如，在对克罗地亚入盟谈判中除其他中东欧国家需要满足的一般条件外,欧盟还增加了一些其他的谈判章节,如有关反腐败和反贿赂的司法改革、如何处理战犯嫌疑人问题、如何解决与邻国斯洛文尼亚的领土纷争等问题。

又例如,过去欧盟为入盟候选国规定了29—31个谈判章节,而现在提高到了35个章节,而且,每一个章节在满足多项指标后才能启动谈判。

还例如,鉴于原南斯拉夫在上个世纪90年代流血冲突造成的特殊后果,欧盟对西巴尔干国家入盟提出了早期入盟的中东欧国家所没有的新的要求,概括起来有如下几点:(1)西巴尔干国家要处理好同邻国的关系问题,解决悬而未决的领土争端和主权问题;(2)要解决好内部问题,特别是少数民族问题以及难民返回家园问题,使他们感到安全;(3)要同海牙审判原南战犯国际法庭合作,缉拿安特·戈托维纳、拉德科·姆拉迪奇、扬科·波贝特科、拉多万·卡拉季奇等要犯归案;(4)积极参加地区合作机制和一体化进程;(5)对不同申请国还有具体要求,例如对塞尔维亚入盟也有新的要求,要与海牙审判原南战犯国际法庭进行全面合作,要处理好科索沃地位问题;马其顿要解决国名问题;波黑要理顺复杂的政治结构问题,等等。

从上可以看出,欧盟东扩首先考虑的是政治标准。随着形势的发展,西巴尔干国家入盟的条件越来越严格,标准不断提高,入盟难度增大,越来越政治化。欧盟东扩的政策在不断改变,原因之一是形势变化,原东欧国家入盟后表现欠佳;二是欧盟中的德、法、英等国态度日趋强硬。欧盟这么做,是想控制住已经入盟的国家,要巩固阵地。欧盟东扩到此为止,因为扩大后问题太多,需要消化。同时,欧元区也出了问题。正是这些附加条件和欧盟自身因素使西巴尔干国家入盟希望渺茫。欧盟新政策的核心是不想继续扩大,以维系其既得利益。欧盟越来越觉得,让东南欧穷国入盟,违背了本国人民的愿望。

经过20多年的努力,巴尔干国家已经取得了明显的进步,正在融入欧洲一体化进程。但这些国家要建立起有效的民主机制、发达的经济和实现高水平生活,还要走漫长而又崎岖的道路。

## 第二节 马其顿内忧外患,"加盟入约"受阻

### 一、民族矛盾总体缓和

民族和宗教之间的矛盾在曾被公认为欧洲"火药桶"的巴尔干地区由来已久。生活在这里的阿尔巴尼亚民族由于历史原因,被分割在了不同的国家,其中包括前南斯拉夫联邦成员的马其顿。被分割出去的阿族人曾长期受到歧视,因此,重新统一阿族人聚居区、建立"族群阿尔巴尼亚"(现又称"自然阿尔巴尼亚")的想法一直在阿族人群中存在。在马其顿200多万人口中,主要信奉东正教的马族人约占六成半,而以穆斯林为主的阿族人则占到1/4。在前南斯拉夫时期,马其顿内部的马阿两族矛盾被前南斯拉夫的主要民族矛盾——阿族与塞族之间的矛盾所覆盖,并未充分显现出来。1991年马其顿宣布独立后,这一矛盾浮出了水面,上升为第一矛盾。掌权的马族人一定程度上延续了前南斯拉夫的民族政策,继续对国内的阿族人存在歧视,造成阿族在国家和社会生活中的地位以及经济生活水平都与马族有明显差距。不满"二等公民"身份的阿族人强烈要求当局调整民族政策,改变民族间的不公平待遇,但状况一直没有得到明显改善,以至于

本世纪初，两族矛盾发展到兵戎相见的地步，酿成了全国性安全危机。

2001年2月，与马其顿北部接壤的科索沃地区的阿族极端分子因为不同意马其顿和前南斯拉夫签订的边界划分协议而在双方边境发起武装挑衅，随即得到马其顿境内的阿族非法武装响应，汇合成统一的"民族解放军"，在马西北部的泰托沃和北部的库马诺沃开辟了第一和第二战场，使马其顿陷入内战危机。为了解决"安全危机"，马其顿于当年5月成立了由马阿两族政党组成的"民族团结政府"。紧接着，马阿两族4个主要政党经过艰难谈判，最终在北约（主要是美国）和欧盟的压力下于8月份签订了《奥赫里德和平框架协议》。阿族武装在9月宣布停火。这场安全危机逐渐得到平息。

《奥赫里德和平框架协议》的签署结束了大规模的武装冲突，而对这一协议的贯彻和落实成为了进一步缓和马阿两族矛盾的重点。协议要求：修改马其顿宪法前言中"马其顿是马其顿人的国家"的论述；阿语在议会全会以及阿族人口占20%以上的地区成为第二官方语言；阿族人在政府机构、军队和警察部门中占有与人口比例相一致的比重；增加阿语教育经费；保护各民族文化遗产和宗教设施等。如今，经过12年的努力，按照协议内容所进行的立法改革已经大部分完成，不少内容得到落实或正在落实中，比如：

马其顿政府基本上是由马族政党和阿族政党联合组成。阿族在内阁成员中所占比例有所上升，其中包括副总理和强力部门的部长。在地方选举中，阿族政党获得市长和区长席位有较多增加，特别是在西部阿族聚居区。2001年以后，军队和警察部门中的阿族人也有所增加。

2001年11月，马其顿议会以多数票通过了被视为协议核心部分的宪法修正案，对原宪法中的15处进行了修改，其中很重要的一点就是确认了阿尔巴尼亚语的第二官方语言地位。2004年1月，议会决定将主要面向阿族青年的泰托沃大学设为国立大学。政府还在全国小学中设立阿语课程，鼓励马其顿等其他民族的学生学习阿语。

为了推进协议的落实进程，马其顿政府于2004年7月提出了新的地方区域划分法律草案，随即得到议会通过。按照新法，国内的地方自治行政区数目被缩减，阿族在包括首都斯科普里和南部斯特鲁加等地区的人口比重增加，从而使他们在中央政府的权力下放到地方后，能够在地方自治政府中获得更多自治和自决权力，并使阿语在更多城市成为第二官方语言。

2005年7月15日，马其顿议会通过另一个新法案，规定在地方行政区中占有多数的少数民族可以在政治和社会生活中并列使用该民族的族旗和马其顿国旗。国内有19个区的少数民族依法获得这个权利，其中包括阿族的16个区、土耳其族的2个区和吉卜赛人的1个区。

2012年8月13日，马其顿国防部长法特米尔·贝西米参加阿尔巴尼亚民族解放军纪念庆典引起了争议，他所在的政党一体化民主联盟与执政伙伴马其顿内部革命组织—争取马其顿民族统一民主党关系开始恶化。8月24日，马其顿内部革命组织—争取马其顿民族统一民主党提出一项法律草案，要求提高参与2001年武装冲突的马其顿安全部队成员及其家属的待遇。根据这一草案，政府要扩大2001年平息武装冲突的军队老兵、家属及已故老兵的家庭成员的一系列特权，包括免费医疗、就业权、免费教育和住房、家庭补贴、其他经济补偿以及荣誉证书和奖章。建议还明确规定，准军事人员（指阿尔巴尼亚民族解放军战士）不能享有上述特权。而一体化民主联盟也提交了一份修正案，要求同样提高在阿尔巴尼亚民族解放军中战斗的阿族游击队员的待遇。但这一要求无法被马其顿内部革命组织—争取民族统一民主党接受，因为大部分马其顿族人认为阿民族解放军是非法组织。一体化民主联盟威胁说，如果修正案得不到通过则退出现政府。面对党派纷争，总理格鲁埃夫斯基表示，如果政府采取的相关政策得不到一体化民主联盟的支持，国家将再度提前举行议会选举。在格鲁埃夫斯基执政的6年（2006—2012年）当中，已经分别于2008和2011年提前举行过议会选举。不停的党派纷争和提前选举，使得政府无法集中精力推进欧盟提出的结构性改革。同时，腐败、不透明的司法体系和民族纷争等问题长期不见改善，进一步成为入盟的阻碍。

在协议的签订和执行过程中，西方国家施加的压力起到了监督和推动作用。美国和欧盟出于自身的利益考虑，都不希望马其顿继续动荡。它们明确提出，彻底落实《奥赫里德和平框架协议》是马其顿加入欧盟和北约的途径，而地方自治行政区域的重新划分是落实该协议的一个关键，如果新法案不能得以实施，马其顿"加盟入约"的进程势必受到影响。它们的态度在一定程度上削弱了抵制新法案的势力。

随着协议的逐步落实，马其顿的马阿两族之间的矛盾总体上趋于缓和，为保持国家安全和政治局势的基本稳定起到了关键作用，同时也有利于马其顿的"加盟入约"进程。

## 二、安全隐患依然存在

马其顿的民族矛盾虽然得到缓和，但安全隐患依然存在，且在将来较长一段时间内会继续威胁国家及整个巴尔干地区的和平与稳定。这是因为：巴尔干地区是当今世界上分裂、极端和恐怖分子活动较集中的地方，这些势力在马其顿也将继续存在下去。地区国家中的部分阿族人始终没有放弃建立"族群（自然）阿尔巴尼亚"（即外界所称的"大阿尔巴尼亚"）的努力。

1992年1月，马其顿西部阿族聚居区的伊里利达民族运动举行全民公决，要求领土自治。据称，公决得到美国一些国会议员的支持，随后便制定了"共和国"宪法，擅自宣布"伊里利达共和国"（又称"西马其顿"或"东阿尔巴尼亚"）成立，曾任阿尔巴尼亚民主繁荣党主席的奈乌扎特·哈里利任"国家主席"，同时还选举了"议长"，任命了"政府总理"。实际上，"伊里利达共和国"国家机构并不存在，一切均系虚拟。但是，近年来伊里利达民族运动的抗议活动却一直未断，要求实现马其顿的联邦化，以彻底解决民族问题。2012年1月3日，该组织还通告世界上许多"民族国家"："为了捍卫民族自由和独立的愿望，呼吁世界人民与我们团结在一起，把2012年宣布为我们共和国的成立年——伊里利达共和国年。"同时，该组织还于当年4月9日将其政治纲领送交各国际机构。纲领中表示，决心通过民主手段建立伊里利达和马其顿联盟。据悉，跨国民族极端组织"阿尔巴尼亚民族统一阵线"对"伊里利达共和国"表示祝贺，还在阿尔巴尼亚与"伊里利达共和国总统、总理"举行了正式会见，决定建立协调委员会，并研究了"伊里利达共和国"执行机构的生存方式。阿尔巴尼亚的另一个民族极端组织"红与黑联盟"也与其建立了联系。

马阿两族宗教信仰不同，因此而产生的矛盾长期存在，而且有可能受到国际宗教势力的影响。阿族中的穆斯林极端分子有可能得到"基地"组织等国际组织的支持。塞尔维亚和黑山的情报部门曾透露,"基地"组织已经渗透到巴尔干半岛,在马其顿西部城镇泰托沃、基切沃和戈斯蒂瓦尔以及科索沃和阿尔巴尼亚北部地区频繁活动,企图在此设立据点,建立一个与中东伊斯兰国家有关联的"宗教国家"。俄罗斯情报机构近期连续爆料,与塔利班和"基地"组织有联系的激进的伊斯兰领导人在巴尔干地区建立恐怖主义活动训练基地,并制定了建立"穆斯林中心"、"巴尔干伊斯兰联盟"的"欧洲—3000"计划,即"占领欧洲"的计划。作为实施该计划的第一阶段,首先要在波斯尼亚、阿尔巴尼亚、科索沃、马其顿、塞尔维亚南部和黑山建立统一的伊斯兰国家(巴尔干伊斯兰联盟)。按照伊斯兰主义者的主张,欧洲应该是穆斯林人的国家(从乌拉尔到大不列颠)。该计划实施方案根据"暴力和仇恨"的策略分阶段进行,在包括俄罗斯在内的欧洲各国的最大城市的郊区,建立庞大的穆斯林社区,其主要目标是在"最近的将来"把这些社区联合到一起,成立统一的"穆斯林中心"。

巴尔干地区各国的内部民族关系都存在变数,牵动着马国内民族矛盾的神经。《奥赫里德和平框架协议》一开始就遭到国内马阿两族部分民族主义者的反对,国内的反对党也经常对协议执行情况提出批评,协议的彻底落实尚需时日。马族中有人认为,协议给予阿族过多自主权,会造成绝大多数阿族人集聚的西部地区的民族分离主义势力强化,加剧国内东西部分裂的趋势。目前,阿语的第二官方语言地位虽已得到宪法确认,但在具体操作中还有许多工作没有完成;军队和警察机构中阿族人的比例还没有达到与人口比例相当的水平;与推进协议执行进程密切相关的中央政府权力下放改革需要较长时间才能完成;不少法案虽已得到议会批准,但具体实施起来阻力很大,尤其是在野的阿族党派依然对协议的落实结果甚为不满。他们认为:关于阿族语言和阿族旗帜的使用范围狭小，只有阿族人口占 20% 的部分地区阿语才正式成为官方语言，而中央机构并没有落实语言法，阿族旗帜只有阿族人口占 50% 的地方才能使用，而且根据修改的法律，为了区别阿族旗帜与马其顿国旗，阿族旗帜大小仅为国旗的 1/3。①

总而言之，马其顿通过推行《奥赫里德和平框架协议》，在缓和国内民族矛盾方面已经取得一定成果，但民族矛盾仍是影响国家安全与社会发展以及"加盟入约"进程的一个十分敏感而又不确定的因素。

### 三、加入北约的努力在布加勒斯特峰会上被封杀

如同其他中东欧国家一样，马其顿长期以来一直把加入北约和欧盟列为其外交政策中的优先，也可以说是它的基本国策和终极目标，并为实现这一战略目标而付出艰辛的努力。但受各种内外因素的影响，这个国家至今仍徘徊在北约和欧盟的大门之外。

为了加入北约，马其顿于本世纪初就参加了北约"成员国行动计划"。参与这项计划意味着向"入约"迈出了重要的第一步。2003 年，马其顿与克罗地亚和阿尔巴尼亚三国同美国签署"美国—亚得里亚海宪章"，希望在美国的帮助下，以"捆绑式"加入北约。但事实上，在 2008 年 4 月布加勒斯特北约峰会上，北约时任秘书长夏侯雅伯宣布阿尔巴尼亚和克罗地亚两国成为北约正式成员，而马其顿虽已达标，但入约进程却因国名问题遭到希腊否决而被搁置。希腊认为，马其顿的国名暗示马其顿对希腊北部马其顿省存在领土野心，因而不承认其国名，并要求其改名。否则，希腊即否决马加盟入约。希腊此举使马其顿感到失落和愤

---

① Pervjetori I Marreveshjes se Ohrit, Bota Sot, 28 Shtator 2013.

怒。早在 2008 年 11 月，即北约向马其顿发出邀请而遭到希腊反对半年之后，马其顿当局就向海牙国际法院提交诉状，指控希腊在因"国名问题"否决该国加入北约时违反了两国曾经在 1995 年达成的《临时协议》。马其顿要求国际法院命令希腊停止此抵制行为，并不再以任何方式阻止其加入北约或希腊是其中一员的其他国际组织。时隔三年，国际法院 2011 年 12 月裁定，希腊 2008 年抵制马其顿加入北约的行为违反 1995 年两国为结束国名纷争而签署的《临时协议》①，希腊政府"违背自身义务"。国际法院还确定该法院对这一案件拥有管辖权，其裁定具有法律约束力，而且不可上诉。

负责调解希腊与前南斯拉夫马其顿国名争端的联合国秘书长个人特使马修·尼米兹发表声明指出，国际法院的裁决值得两国政府认真研究。他敦促两国政府将这一裁决视作一个契机，建设性地思考双边关系。在这个关口，注重解决问题而不是偏执于分歧的前瞻性态度将有助于产生一个持久的解决办法。为了促成国名问题的解决，多年来，尼米兹数十次穿梭于雅典和斯科普里之间，并就解决国名分歧提出了一系列倡议和可能的替代国名，但迄今尚无结果。②

与此同时，为了安抚马其顿，北约和美国政府官员多次访问

---

① 根据两国《临时协定》，希腊同意不阻碍前南斯拉夫马其顿以这一名称申请加入国际或区域组织，双方还可就协定产生的争议提交国际法院审议。

② 可能的替代国名有：马其顿宪政共和国（Constitutional Republic of Macedonia）、马其顿民主共和国（Democratic Republic of Macedonia）、马其顿独立共和国（Independent Republic of Macedonia）、马其顿新共和国（New Republic of Macedonia）、马其顿北部共和国（Republic of North Macedonia）和上马其顿共和国（Republic of Upper Macedonia）等。关于后两个国名的建议，马其顿前政府官员格奥尔基耶夫斯基认为均可以接受，而马其顿的阿族执政党则表示同意尼米兹特使最近推出的"上马其顿"国名建议。据透露，希腊方面也有可能接受后者，或接受"马其顿新共和国"，但迄今尚未表态。

马其顿，一方面向马其顿表示北约仍然欢迎马其顿加盟，另一方面也敦促马其顿作出一些妥协，以免错过"东扩列车"。北约秘书长拉斯穆森2012年年初在布鲁塞尔表示，北约一贯支持马其顿加入北约，一旦马其顿解决与希腊的国名纷争，北约将立即邀请其加入。他感谢马其顿支持北约在阿富汗的行动，希望马其顿早日加入北约。美国前国务卿希拉里称，"北约的大门对马其顿在内的每个国家都是敞开的"，希望马尽快解决与希腊之间的国名争端，成为第29个北约成员国。北约前秘书长罗伯逊和美国大西洋委员会副主席威尔逊2013年10月3日在"华盛顿论坛"上，对马其顿在2014年的伦敦北约峰会上被接受入约表示支持。罗伯逊说，马其顿早已满足了入约条件，美、德、英、法、意和其他关键性国家应该向希腊施加影响，以便解决国名问题。

拉斯穆森秘书长2013年访问希腊时表示，"不解决国名不能入约谈判，2009年布加勒斯特会议的立场是明确的，只要国名纷争双方达成一致意见，我们随时准备请马其顿谈判入约。遗憾的是，自2009年以来没有取得进展。欧盟与北约两个组织应该利用最大的力量有效解决。"这位秘书长在2014年1月27日发表的北约年度报告中又重申，马其顿必须解决与希腊的国名争端，因为这是马其顿成为北约正式成员的唯一障碍，一旦马、希两国解决了国名分歧，北约立刻向马发出入约邀请。

马其顿当局在失去布加勒斯特和芝加哥两次峰会的机会后备感不平，批评北约对马其顿耍两面派、搞双重标准，但又不得不承诺，加入北约和欧盟仍然是马其顿的首要任务，马其顿将继续与希腊商谈解决国名纷争，以期最终加入北约。马其顿政府就国名问题基本分成两派，一派主张积极开展外交活动，尽快解决国名争端，另一派主张中止与希腊谈判，要求希腊遵守海牙法院对两国关系做出的裁决。现阶段,马其顿会继续推进各项改革,并与北约保持密切合作,寄希望于伦敦的北约峰会。

俄罗斯对西巴尔干国家加入北约心怀疑虑,并告诫它们入约并不会给它们带来安全。2011年4月,俄罗斯外长拉夫罗夫在走访塞尔维亚、黑山和马其顿时均表达了上述观点。他在会见马其顿领导人时明确指出:"俄罗斯不反对巴尔干国家加入北约,但是,北约并不会带来安全。马其顿可以自由选择,是与俄罗斯在一起还是与欧洲在一起。"

## 四、成为入盟候选国九年仍未开启入盟谈判

马其顿是西巴尔干地区较早启动入盟进程的国家。马其顿与欧盟1995年建交,2001年4月与欧盟签署《稳定与联系协议》。2004年,马当局在总统特拉伊科夫斯基发生空难、国际社会担心马其顿再次陷入危机的时刻,采用"哀兵策略",立即向欧盟递交了入盟正式申请书。翌年年底,马其顿便获得候选国资格。正当马准备于2006年开启入盟谈判之际,希腊以欧盟成员国身份向马发出警告:如果马其顿与希腊在马其顿国名问题上的分歧不能得到合理解决,希腊将在欧盟使用否决权。近年来,马、希两国在联合国特使调解下,虽经旷日持久的谈判,双方分歧始终未得到解决。也正因为如此,马其顿作为欧盟候选国八年后,迄今仍未能开启入盟谈判。

从客观上讲,马其顿从其内在条件看,发展相对落后,在社会、政治、经济、司法等诸多领域与欧盟要求相差甚远,党派纷争也是阻碍马其顿加入欧盟的障碍之一。同时,腐败、不透明的司法体系和民族纷争等问题长期不见明显改观,进一步成为入盟的阻碍。欧盟委员会近四年对马的评估报告均认为,马的改革仅

取得"小的进展",未完全达标,并责成马尽快解决与希腊的国名争端,做好开始入盟谈判的准备。欧盟委员会 2012 年的评估报告还对马司法改革、反腐斗争、媒体自由、行政机构改革等方面提出批评,同时提出 12 条建议:保持政府稳定,努力实现欧盟要求的各项改革,就民族关系进行对话,权力放宽,保持公共行政机构的透明度,司法体系改革,反腐,改善监狱条件,禁止对媒体施以不必要的政治干预,不要限制非政府组织,反对家庭暴力,保护儿童权利等。美国政府认为,国名问题仍是马加盟入约的障碍,要尽快克服;美国将进行建设性的积极努力,帮助马克服法治、独立司法和腐败三大问题。2013 年的评估报告虽然再次表示,欧盟准备与马其顿开谈,但同样指出失业与贫困是马其顿的主要问题,批评马其顿腐败、司法运作不灵、媒体缺乏多样性,要求加强新闻自由、改善民族关系、密切政党沟通,尽快解决国名问题。报告建议开启入盟谈判,但并没有确定谈判日期。

在马其顿国名问题上,无独有偶,在希腊发起争端之后,马其顿的另一个邻国保加利亚也趁机提出异议,指责马当局无视睦邻关系。保加利亚甚至提出马其顿入盟三条件:马、保两国签署睦邻合作协议;建立进行紧密合作的必要基础设施和成立政府间年度会晤委员会。这样,马其顿在加盟入约进程中将遭遇双重挑战。保加利亚官方多次重申,只要马其顿不与保加利亚签署双边睦邻协议,保加利亚就不同意马其顿开启入盟谈判。

近来,马其顿和希腊双方在解决分歧问题上的立场持续强硬。希腊外交部高级官员称,考虑到目前马其顿与邻国的关系状况,欧盟现在开启马其顿入盟谈判没有意义,甚至会起副作用。希腊的立场十分明确:马其顿既要入盟达标,就要在国名问题上妥协。在国名问题上,希腊甚至越来越强化自己的立场。它在联合国坚持马其顿国名应该具有普遍性（erga omnes），同时还推出一个"斯拉夫—阿尔巴尼亚马其顿共和国"的滑稽国名供选择，批评马其顿总理格鲁埃夫斯基的傲慢是解决国名分歧的障碍。

马其顿总理格鲁埃夫斯基日前表态说，加盟入约符合马的国家利益，将努力实现之，但这可能要拖上五年或更长时间，但马其顿不会因此而不惜任何代价，不能有损民族特征和国家尊严，马其顿愿意通过对话和妥协的办法解决争端。2013年12月，欧盟再次未予开启与马其顿的入盟谈判，格鲁埃夫斯基总理则表示，"尽管如此，太阳照样升起"。

马其顿在"一体化进程"中几经坎坷，国民的加盟入约热情也随之下降。2012年12月马其顿一研究所进行的民调显示，国民的入约支持率已由4年前的91%下降到87%，入盟支持率从4年前的87%下降到84%。

对于马其顿因国名问题而导致加盟入约停滞不前的现状，国际社会深感不安。自2012年以来，联合国秘书长潘基文曾数次表示要亲自干预马希之间的国名争端，法国总统奥朗德此前也表态参与西巴尔干问题的解决，为帮助解决国名分歧做贡献。尤其是德国总理默克尔于2013年下半年还专门与尼米兹特使进行了一次会见，表达对马其顿政府的关注。马其顿希望在欧盟直接参与下与希腊进行高级对话，以便解决国名分歧。舆论认为，欧美对解决马希分歧均未表现出特别关心，原因是欧盟或美国高官都不想得罪希腊。2014年上半年，希腊担任欧盟轮值主席国，马其顿对解决入盟谈判更不抱希望。但据认为，默克尔总理与尼米兹的会见说明，欧盟内部正在对希腊失去忍耐力，欧盟国家已经发出警告，待欧洲议会选举之后，会说服希腊对马其顿入约加盟放弃否决权。

2014年6月之后，德国可能就马希争论问题展示新战略，向希腊施加新的压力，以便它在国名问题上作出让步。2014年1月27日，美国副国务卿助理霍伊特·布朗·伊（Hoyt Brian Yee）访问斯科普里时指出："美国十分关心并愿意帮助马其顿实现其与欧洲—大西洋一体化的努力。但寻求国名问题解决办法应该由争议双方来解决。"

## 第三节 转型改制后的阿尔巴尼亚

阿尔巴尼亚步原东欧其他国家之后尘，于上世纪90年代初发生了政局的激烈动荡与演变，从号称"社会主义明灯"变为东欧"转型改制的尾灯"。1992年上半年，阿尔巴尼亚政权易手，由执政47年的劳动党演变而来的社会党沦为在野党，以中右势力为主体的民主党控制了中央权力，被称为"转型改制过渡期"的开始。接着，便进入了政权轮流更替期。直至2013年6月，以中左翼势力为主体的社会党再度夺回政权，宣告"转型改制过渡期"基本结束，"阿尔巴尼亚开始实现复兴梦"。

综观阿尔巴尼亚政局的演变原因、过程及后果，与东欧其他国家既有共性，也有特性。东欧各国的演变均有其内因和外因。阿尔巴尼亚剧变的主要内因在于：国家极度贫穷，极度孤立，执政的劳动党积怨甚深。劳动党处在内有困难、外有压力的形势之下，不得不采取妥协、退让和自身蜕变的办法，最终丧失政权。

就东欧剧变的形式而言，可概括为：以波、捷、匈为代表的"天鹅绒式"演变；以罗、阿为代表的"急风暴雨式"的剧变；以及南斯拉夫联邦的"战争和冲突式"解体。其中，阿尔巴尼亚剧变的主要特点是：对内破坏性大，对外依赖性大，致使社会动荡,转轨艰难。

## 一、阿尔巴尼亚转型改制现状

自上世纪 90 年代初以来,阿尔巴尼亚经历了较长时期的转型改制过程。如今,阿尔巴尼亚历届政府在政治、治安、经济、外交等方面不断采取措施,基本上扭转了动乱造成的社会总危机局面和混乱状态,逐步进入正轨。目前阿政局相对稳定,治安有所好转,经济缓慢回升,对外关系活跃。

### (一)政局相对稳定,但党派斗争激烈

和原东欧其他国家一样,阿尔巴尼亚向西方国家看齐,政治上实行三权分立和多党议会民主制,意识形态上允许各种世界观和思想流派并存。但与原东欧其他国家不同的是,阿尔巴尼亚采取的是"粗野和破坏式"的剧变形式,推行的是"一切从零开始的原始资本主义"制度。在剧变以来的 20 余年里,阿政局发生多次动荡,全国近百个政党中的 20 多个左中右翼主要政党之间,主要是中左翼的社会党和中右翼的民主党之间,不断较量而缺少磨合,甚至根本谈不上磨合,只有对抗。政治斗争不仅在议会进行,而且还经常出现于街头,乃至付诸武力。例如,中左翼的社会党 1997 年第二次执政以来,1998 年曾发生民主党发动的未遂政变。1999 年直接或间接参与科索沃战争。2000 年民主党借口社会党在地方选举中舞弊而进行了近两个月的抗议活动,并策动暴力事件。2006 年民主党在议会选举中获胜,并于 2009 年再次获胜而继续执政后,社会党发起的各种形式的抗议活动也是接连不断,直至 2011 年 3 月发生暴力冲突,造成四人死亡、数十人受伤的悲剧。2011 年 5 月,阿尔巴尼亚举行地方选举,其中首都地拉

那选举推迟两个月后才在欧盟压力下由最高司法机构作出裁决后了结。欧盟委员会负责扩大事务的委员斯特凡·菲勒强调，欧盟对阿尔巴尼亚目前的政治局势深感不安，阿尔巴尼亚失去达到欧盟确立的标准的可能。因此，阿尔巴尼亚入盟远未列入欧盟的议事日程。

阿尔巴尼亚政坛发生的上述事件表明，每当议会选举之后，凡是败选的党派都借口获胜党选举作弊而不承认选举结果，并掀起抗议活动，同时不排除暴力事件在选举过程中和选举后发生，最后只得靠欧盟和美国出面，并在外部压力和调停下，事件才能得到平息，问题才可能得到暂时解决。执政党则在"国际社会"的支持下，利用自己的地位和权力，基本上能够控制局势，保持国家的相对稳定。这似乎成为阿尔巴尼亚政坛上一个显著的特点和规律。

所幸的是，2013年6月23日的议会选举，也是自1991年转型改制以来的第八届多党议会选举，虽然在选举过程中也发生了一死一伤的不幸事件，但基本上得到西方社会（欧盟和美国）的认可。因为前几次选举大多出现暴力和严重舞弊行为，左右翼政党联盟之间互不承认选举结果。欧美国家认为，由于阿正在申请加入欧盟，能否举行自由公正的选举，是其获得入盟候选国资格的前提，也是对其加入欧盟的"关键考验"，而本届选举，阿总算获得了"及格"。

总之，阿尔巴尼亚基本上建立了多党议会制，但尚不成熟，短期内无法形成强有力的政府，与西方的民主选举和政党的正常轮换有相当大的差距。经验表明，无论是中左翼的社会党还是中右翼的民主党，在大选中都无法获得绝对多数而单独组阁执政；阿尔巴尼亚政坛基本上形成了以社会党为首的中左翼联合政府和以民主党为首的中右翼联合政府轮流执政的局面。

## （二）治安有所好转，但后患难以根除

恢复社会治安是各届联合政府上台伊始制定的主要目标，西方也把这作为在经济等方面为阿尔巴尼亚提供援助的首要条件。据阿媒体调查与统计，自1990年至2013年，阿尔巴尼亚全国共有6259人被枪杀，其中1997年最甚。这一年，阿尔巴尼亚发生了因假集资诱发的震惊世界的全国性武装动乱，造成3000人死亡，其中1542人是被枪杀的。动乱期间流散在民间的枪支达65万件，子弹15亿颗，手榴弹150万枚，炸药3600吨。阿尔巴尼亚当局曾专门通过了收缴武器法并限令定期收缴完毕，国际组织还在格拉姆什、爱尔巴桑和迪勃拉等区实施了"以援助换武器"计划。但收效不尽如人意，武器并未如数交还，造成无穷后患。迄今，枪杀事件时有发生，以枪杀为主的各种刑事案件层出不穷。特别令人关注的是，1999年发生的科索沃战争以及2001年发生的马其顿"安全危机"，科索沃的阿族非法武装"科索沃解放军"和马其顿的阿族非法武装"民族解放军"所使用的许多武器弹药都是阿尔巴尼亚1997年武装动乱期间从枪药库中"流失"后的"走私货"。

近年来，包括阿尔巴尼亚在内的西巴尔干地区已成为国际毒品走私的主要通道、人口偷渡的跳板、有组织犯罪分子（黑手党）活动的窝点，引起欧盟及其成员国，尤其是与阿一海之隔的意大利的严重不安。意大利警方不得不经常与阿警方联手打击跨国走私和偷渡活动。

2013年，社会党和一体化社会主义运动党联合政府颁布的施政纲领中，将恢复秩序与安全、重拳打击有组织犯罪列为"绝对优先"，以便恢复公众对阿尔巴尼亚的信任。纲领中强调，需要

建立秩序与安全，恢复警察形象。执政的头100天内，首先打击赌博、走私等小型犯罪活动，司法部门独立执法，政府不予干预。在300天内，将重拳打击有组织犯罪；深化司法改革，修改最高法律委员会、宪法法院的有关法律，修改刑法法典，解决前政治犯赔偿问题，重审土地行政管理规划，按照欧洲地区自治模式建立地区建制；改组警察系统，统一警察职能，实行"一国一警"制，减少刑事犯罪率，保证社会公正、民主和人的生命财产安全。

（三）经济缓慢回升，但未摘掉"欧洲贫穷国家"的帽子

1997年的全国武装动乱不仅使国家机构遭到破坏，国民经济的损失也极为严重。这一年的通货膨胀率高达42%。经过阿尔巴尼亚社会党联合政府四年的努力，度过了紧急求援阶段，而进入了在外援基础上低水平回升的阶段。国民经济开始出现缓慢回升的势头。

阿尔巴尼亚经济领域实现了私有化，按照市场经济运作，引进了外资。宏观经济状况总体稳定，国民经济在本世纪头八年保持了5%—6%的年增长。阿尔巴尼亚不具备真正像样的工业，只有意大利和希腊的一些合资或独资的服装、皮鞋、食品加工企业，一些矿业等"战略性部门"已租赁给西方国家，一些工业项目还只是纸上谈兵。但值得称道的是，建筑业、服务业、商业有了较大发展；由欧盟等国际组织提供资金修建的跨国公路或跨境公路正在施工；占GDP 53%的农业也有了一定的发展。

在西巴尔干地区，近年来阿尔巴尼亚的经济增长率一直是较高的。受2008年经济危机的影响，国内生产总值增长从2008年的7.5%下降到2009年的3.3%。从2009年至今，欧元区主权债务危机又增加了其经济发展的不确定性，特别是希腊和意大利两

个主要贸易伙伴，由于陷入危机而对其进口需求明显下降。这两个国家还是阿尔巴尼亚移民的两个主要目的地，阿尔巴尼亚约有1/3 的人口（100 万）在希腊和意大利打工，他们每年的汇款收入约占阿国内生产总值的 10% 以上。但欧债危机爆发以来，希腊和意大利政府相对收紧了来自阿尔巴尼亚的移民许可，导致移民数量下降。同时，阿尔巴尼亚移民在希腊和意大利两国主要从事建筑业、服务业和手工业，而这些行业受欧洲债务危机的冲击较大，严重影响到了他们的收入。

2011 年，阿尔巴尼亚的通货膨胀率为 3.5%，比 2010 年的 3.6% 有所下降。阿尔巴尼亚国家统计局公布的数据显示，2012 年 8 月通胀率为 2.8%，环比上升 0.1 个百分点，同比下降 0.3 个百分点。2011 年的经常账户赤字达到 17 亿美元，相当于国内生产总值的 13.3%，而 2010 年只有 11.9%。英国经济学家情报社预测阿经常账户赤字在 2012—2013 年将达到国内生产总值的 10.8%。

据阿尔巴尼亚财政部统计，2011 年其公共债务占国内生产总值的比重为 58.9%，比 2010 年上升了 0.8 个百分点，但比 2009 年下降了 0.4 个百分点。但到了 2013 年，其债务已达 68%，而拉马总理前不久称已超过 70%。阿尔巴尼亚财政部债务司司长德米拉伊表示，根据财政部制定的财政预算规划，预计到 2014 年，阿尔巴尼亚公共债务占国内生产总值的比重有望降至 58% 以下。

阿尔巴尼亚财政赤字情况较为严峻，2009 年占国内生产总值的比重达 7.4%，在大量削减公共开支后，2011 年财政赤字下降到 3.5%。

阿尔巴尼亚历届政府的主要政策目标是推动经济增长。政府运用货币政策工具以刺激经济。除了货币政策工具，阿还将促进经济增长寄希望于外国直接投资，不过其前景也并不乐观。阿尔巴尼亚的投资环境不佳：公共行政管理和司法体系不完善、腐败问题蔓延和基础设施差等。在此情况下，通过私有化吸引外国直接投资是政府的重要举措。削减财政赤字、抑制通货膨胀也是政府的重要经济政策目标。阿政府一直试图在刺激经济增长和维持紧缩政策之间保持平衡。民主党政府自2009年上台连任后，采取了相对谨慎的财政政策，避免出台大规模刺激计划而加深通货膨胀。政府在2011年基本完成公共投资项目都拉斯—库克斯公路建设后，就很少投资大型项目。

阿尔巴尼亚经济虽有所回升，但尚未摘掉"欧洲贫穷国家"的帽子：阿尔巴尼亚人均国民生产总值低于欧洲其他转轨国家。特别是近年来，由于世界金融危机和欧洲主权债务危机，国际货币基金组织（IMF）报告将阿尔巴尼亚列为最易受全球经济危机影响的26个国家之一，并对其年度经济增长预期不断下调。这些年来，阿尔巴尼亚经济状况低迷，侨汇收入减少，外来投资减缓，金融系统流动性不足，楼市经营发生困难，实体经济受到冲击，民众生活受到负面影响。但实际情况是，与其他国家相比，阿尔巴尼亚迄今还未发生真正的危机。IMF称，阿尔巴尼亚是全球少数几个经济没有衰退的国家之一，经济基本上保持了稳定，但实现经济增长有难度。

有鉴于此，社会党政府2013年上台后提出，要探索新的经济发展模式。新政府的施政纲领指出，历时22年的转型过渡期已经基本结束。迄今，阿尔巴尼亚主要的经济来源是靠移民经济（解决就业和侨汇）和外援经济（国际捐赠、软贷款）。这两项经济来源在短期或中期内将逐步减少，因此，要制定新的经济增长战略，进行真正的经济结构改革和调整。在今后15—20年内，要寻找新的经济增长来源，发展国内生产，采用高科技、新技术；实现产品多样性，优先发展制造业、能源、旅游、农业和食品加工业、公共服务业；大力吸引外资，为青年创造30万个就业机会，解决百万失业大军就业问题；执行新的财政政策和税收政策，减少公共债务，增加出口；降低中小企业和农业税收，2014年1月开始取消对小、微企业征税和药品增值税，个人所得税用累进税制代替目前的10%的平衡税制；实行全覆盖式医疗制度改革，实现全民免费医疗；教育经费要占GDP的5%，等等①。

## 二、"加盟入约"是阿尔巴尼亚的既定战略目标

亲美是阿尔巴尼亚外交的主调，阿尔巴尼亚所进行的一切外交行动均以美国马首是瞻；争取尽快加入北约和欧盟则是阿尔巴尼亚的既定战略目标。与其他发生剧变的东欧国家一样，阿尔巴尼亚当局在对外政策方面首先提出"回归欧洲"的口号，在政治、经济、安全等领域实行全面倒向西方的路线，把尽快加入北约和欧盟作为其归宿。

在转轨过渡期，阿尔巴尼亚领导人频繁出访欧盟国家和美国，并殷切地希望欧美要员来访，其目的是：保持政治上的紧密接触，引进西方政体；经济上加强合作，力图与欧盟一体化；军事上要求加入北约，以寻求安全保障。

得益于美国力挺，2009年4月，阿尔巴尼亚终于与克罗地亚一起，在北约布加勒斯特峰会上被吸纳为北约正式成员，阿尔巴尼亚当局称之为继科索沃独立之后"阿外交和安全政策中的最伟大的历史性事件"。

---

① Dokumenti i qeverisë 'rama'-lajme 10 Shtator 2013.

1999年科索沃战争期间,阿尔巴尼亚是以美国为首的北约部队的后勤支持基地。阿尔巴尼亚积极参与北约的国际行动,多次主动要求为北约提供军事基地,希望美国和北约力量驻扎,在阿本土建立反导系统。阿尔巴尼亚于本世纪初就参加了北约"成员国行动计划"。考虑到美国在北约中的主导地位,阿尔巴尼亚率先在2002年11月于北约布拉格峰会上向美国总统布什提出签署"美国—亚得里亚海宪章"的请求,希望在美国的帮助下,与克罗地亚和马其顿以"捆绑式"加入北约。宪章规定,美国承诺北约对三国"开放门户",支持三国入约进程;三国则根据北约标准,努力加强军事等各领域的改革,打击腐败和有组织犯罪,加强巴尔干地区的双边和多边合作,保持地区稳定。2008年,阿尔巴尼亚与克罗地亚一起收到入约邀请,2009年正式入约。

近期阿尔巴尼亚可望成为欧盟候选国,但入盟尚需时日。阿尔巴尼亚与欧盟从2003年1月开始就《稳定与联系协议》进行谈判,历时3年,于2006年6月正式签署了《稳定与联系协议》。这项协议被视为引导阿尔巴尼亚走向欧盟的路线图。2009年4月,阿总理贝里沙向欧盟正式递交加入欧盟申请书。当时的民调显示,96%的阿尔巴尼亚人支持阿尔巴尼亚同欧洲实现一体化(2011年下降到82%,但仍为西巴尔干地区入盟支持率之最)。2009年11月,欧盟委员会接受了阿尔巴尼亚加入欧盟的申请。

与阿尔巴尼亚力图尽快加入欧盟的热切不同,欧盟虽然也有意使这个穆斯林占人口大多数的国家尽快融入西方,以确保巴尔干地区的安全与稳定,但欧盟对阿政坛上的贪污腐败现象以及不时出现的社会动荡一直心存忧虑。阿尔巴尼亚自1990年以来举行的历次选举中都不同程度上出现了暴力骚乱活动和有关对选举舞弊的指责。特别是2009年的议会选举又再次受到暴力因素的干扰，导致国内局势动荡，政治危机不断升级。阿尔巴尼亚的每次选举都成为阿的"入盟大考"，而每次"大考"均以"不及格"告终。2010年，欧盟委员会在发布扩大进展报告的同时，不得不提出阿尔巴尼亚申请欧盟成员资格的政策评议，强调其必须在12个重点领域取得进展，主要包括：各党派进行政治对话，维护议会的正常功能，根据欧洲安全与合作组织的建议改革选举法，确保司法体系的独立性，打击有组织犯罪，尊重产权，保护人权和弱势群体，改善被拘押者的待遇等。

欧盟正在加大对阿尔巴尼亚内部事务的干预力度，例如，决定成立阿尔巴尼亚特别工作小组，以解决该国日益严重的政治危机。该小组直接由欧盟外交与安全政策高级代表阿什顿领导。欧盟2010—2012年对阿尔巴尼亚的三次评估报告的总的评价是：政局中的两大党派极端化，冲突不断，导致政府机构不能正常运行；阿尔巴尼亚未能完成欧盟提出的有关改革、司法、反腐、打击有组织犯罪等12项要求；阿尔巴尼亚目前入盟达标不是能力问题，而是缺乏政治意愿的问题。欧盟负责扩大事务的委员菲勒在2013年阿尔巴尼亚大选前提出，阿尔巴尼亚必须完成欧盟确定的12条要求，加强法治，强化反腐，修改刑法，打击有组织犯罪，才不至于连续多次失去候选国资格的机会。

2013年6月的阿尔巴尼亚议会选举首次获得欧盟的正面评价。欧盟委员会当年10月16日向欧洲议会提交报告，肯定了自2010年以来阿尔巴尼亚按照欧盟要求在一系列关键领域改革中取得切实进展，认为阿尔巴尼亚2013年议会选举在基本顺畅和有序的情况下完成，政府在调查惩治有组织犯罪和反腐败方面取得显著成效，建议考虑给予阿尔巴尼亚欧盟候选成员国资格，如果阿尔巴尼亚做出更多改善，可以开启入盟谈判。报告同时强调说，开启入盟谈判的前提是阿在行政改革、司法独立、反腐、打击有组织犯罪和保护人权等五方面作出更多实质性改善,但条件是必须与反对党密切合作、反腐、反有组织犯罪。阿尔巴尼亚政府总理拉马据此断定2013年12月阿尔巴尼亚能获得欧盟候选国资格,表示这一提议将鼓舞阿政府坚持及深化改革,并决心10年内正式入盟。然而事与愿违,2013年12月峰会上,德、法、英、荷、丹五国坚决反对接纳阿尔巴尼亚为欧盟候选国,而是建议推迟到2014年6月会议上再议,阿尔巴尼亚当局不情愿地接受了这一事实。据认为,欧盟中的大国,像德国、法国和英国一直以来对阿尔巴尼亚持有疑虑:一是认为阿尔巴尼亚政治阶层缺乏成熟性和严肃性,它们希望看到阿尔巴尼亚当局的反腐和反有组织犯罪取得具体成果;二是认为阿尔巴尼亚政治派别之间对入盟缺乏共识。欧盟官员认为,现在不是扩容的时机,而是要巩固欧盟本身,这意味着在未来10年内不会再有扩容。欧盟不想在入盟的具体时间上给西巴尔干国家制造虚假的幻想。据西方智库人士分析,欧盟的下一次扩容不是原来设想的2018年,而是2025年或者之后。舆论认为,由于阿尔巴尼亚在许多方面离入盟门槛还有相当距离,其入盟之路还相当遥远。①

纵观阿尔巴尼亚的转型改制进程,尽管充满荆棘、曲折,并出现两极分化、贫富悬殊、腐败成风、有组织犯罪猖獗等弊端,但国民经济毕竟取得了发展,人民生活水平还是有了一定改善,国家在各领域中的变化是巨大的,并得到国民的基本认可。阿尔巴尼亚的转型改制的道路,既是大势所趋,也是国民的选择。

---

① Zbardhet programi qeverisës, Rama: Shqiptarët votuan Rilindjen, ashtu do bëhet! bota sot, 4 tetor, 2013.

## 第四节 塞尔维亚入盟与科索沃问题

塞尔维亚2006年成为独立国家,但与欧盟的关系可以追溯到原南斯拉夫时期。整个20世纪90年代,塞尔维亚都处于战乱之中,并受到国际制裁,直到2000年以后才开始欧洲一体化进程,远远落后于其他中东欧国家。在一体化的道路上,塞尔维亚面临诸多难题,其中最为困难的当属科索沃问题。在欧盟的斡旋下,塞科双方2013年4月在布鲁塞尔草签协议,同意使关系正常化。2014年1月21日塞尔维亚和欧盟开始入盟谈判,尽管塞尔维亚政府给自己定下了到2020年正式成为欧盟成员国的目标,但科索沃的地位问题仍然是最大挑战。

### 一、塞尔维亚与欧盟关系的发展

塞尔维亚和欧洲共同体(欧盟)之间最初的联系始于南斯拉夫联邦时期。1970年,欧共体同南斯拉夫联邦签订了贸易协定,给予南联邦最惠国待遇,建立了欧共体—南斯拉夫联邦联合委员会。欧共体曾经表示,愿意接纳南联邦为其成员国,只要南联邦放弃共产党一党执政即可。1980年,欧共体同南联邦签订新的合作协定,给予南联邦新的优惠,并且扩大了双方合作的范围。①20世纪90年代初,随着东欧剧变,南联邦也趋于瓦解,斯洛文尼亚、克罗地亚、马其顿和波黑相继宣布独立,未独立的塞尔维

---

① 波黑和平协议签署后,南联盟获准在原南联邦同欧共体于1980年签订的协议基础上享受贸易优惠条件(但数月后,因局势变化而取消)。

亚共和国和黑山共和国组成南斯拉夫联盟共和国（简称南联盟）。南联盟成立后便陷入战争的泥沼中，被禁止参加各国际组织，受到政治、经济、军事等各个方面的全面制裁，欧盟也对其实行贸易禁运，双方关系在整个90年代没有显著进展。

而此时，波兰、匈牙利、捷克、斯洛文尼亚等国加入欧盟的战略已经进入了实施阶段。1997年欧盟提出所谓"地区立场"，要求除斯洛文尼亚以外的原南斯拉夫联邦的另外四个成员国（南联盟、克罗地亚、波黑、马其顿）和阿尔巴尼亚首先实现地区一体化，然后再与欧盟实现一体化，但该方案由于克罗地亚的强烈抵制而就此搁置。1999年科索沃战争的爆发使欧盟开始重新规划其巴尔干政策，试图向巴尔干国家昭示：同中东欧国家一样，它们也有希望加入欧盟。在此背景下，欧盟于1999年5月决定，在"地区立场"文件的基础上，为西巴尔干五国（阿尔巴尼亚、波黑、克罗地亚、马其顿和南联盟）启动"稳定与联系进程"，旨在与这些国家建立一种协议关系，来帮助和恢复该地区的稳定和经济发展。同时，加入"稳定与联系进程"的国家还拥有逐渐向欧盟靠拢以及最终加入欧盟的前景。这样，西巴尔干国家直到20世纪末才开始"延迟的一体化"[1]。南联盟由于受制裁[2]被暂时排除在"稳定与联系进程"之外。

2000年米洛舍维奇政权垮台促成南联盟外交政策转变，"回归欧洲"成为新的民主政权的优先战略目标。塞尔维亚时任总理

---

[1] Dr Dusko Lopandic, Reforma Evropske unije, Zapadni Balkan I Srbija, Beograd, Institut ekonomskih nauka, 2007.

[2] 由于科索沃地区局势恶化，1998年6月欧盟决定对塞尔维亚实行制裁，包括冻结南联盟政府在欧盟国家的资金和停止欧洲对南联盟投资，以及禁止南联盟民航飞机在欧盟成员国降落。1999年科索沃战争后欧盟宣布解除对黑山和科索沃省的制裁，却保留了对塞尔维亚的制裁。

金吉奇公开表示:"我们想成为欧洲大家庭平等的一员,我们的任务就是接受欧洲的价值观,为真正的欧洲一体化做准备。"① 欧盟随即与南联盟恢复外交关系,解除对南联盟制裁和决定提供经济援助,并签订了长期合作协议。2000年10月8日南联盟受邀参加欧盟首脑会议,进入"稳定与联系进程"。同年12月欧盟取消对南联盟商品的进口关税。

2002年在欧盟的协调下,南联盟更名为"塞尔维亚和黑山"②,结成松散的联邦国家,入盟仍然是塞黑的基本国策和共同目标。如何接纳这样一个结构形式特殊的国家成为欧盟面临的首要难题。塞尔维亚和黑山两个加盟共和国只在外交、国防等方面合作,各自实行不同的经济政策以及货币体系,而欧盟坚持塞尔维亚和黑山作为一个统一国家,只有具备统一的金融市场和税务体制标准,欧盟才能与其讨论加入欧盟的具体问题。经过一年多的努力,塞尔维亚和黑山两个共和国无法建立共同市场,因此2004年12月欧盟开始对塞黑实行"双轨制"政策,即政治上坚持塞黑作为一个统一的主权国家,需要不断完善与整合政治制度和法律法规,以统一标准协调双方在入盟问题上的政策;经济上欧盟不再坚持塞黑必须具备统一的金融市场与税务体制,并酌情对其制定不同标准,以便加快塞黑加入欧盟的进程。③

2005年10月10日塞黑与欧盟宣布正式启动签署《稳定与联

---

① Denisa Kostovicova, "Post-socialist Identity, Territoriality and European Integration: Serbia's Return to Europeafter Milošević", *GeoJournal*, Vol. 61, No. 1 (2004), pp. 23 - 30.

② 黑山共和国自米洛舍维奇执政时期开始谋求独立,2002年3月,在欧盟主持下,南联盟及塞尔维亚当局与黑山签署塞黑关系原则协议。协议规定,"南斯拉夫联盟共和国"改名为"塞尔维亚和黑山",作为一个国际法主体,在联合国拥有一个席位;允许塞黑双方保留各自经济体制、贸易及关税政策;三年内塞黑不得就改变国家地位问题进行全民公决,三年后双方有权退出共同国家。

③ 刘志海:《塞黑入盟走"双轨"》,载《人民日报》,2004年9月14日,第7版。

系协议》的谈判,这标志着塞黑入盟进程迈出了实质性一步。这样,欧盟与塞黑的协议谈判将在三个层面上进行:塞黑分别与欧盟谈判自己的经济问题,在此基础上再组建塞黑谈判小组,就外交、安全、签证制度及边境管理等问题与欧盟谈判。① 塞黑个别领导人曾乐观预言,塞黑与欧盟就《稳定与联系协议》的谈判将在九个月,甚至可能在六个月内完成。但事实是,由于黑山独立及塞尔维亚同海牙国际法庭合作不充分,谈判于 2006 年 5 月 3 日被取消,欧盟直至 2007 年 6 月才恢复同塞尔维亚②的谈判。2008年 4 月塞尔维亚与欧盟签署《稳定与联系协议》,标志着塞尔维亚入盟程序的正式启动。通过签订《稳定与联系协议》,塞尔维亚成为欧盟的联系国,同时确定了其潜在候选国的身份。2009 年年底塞尔维亚的入盟前景日趋明朗,欧盟解冻了与塞尔维亚的过渡贸易协定③,继而签证自由化生效,塞尔维亚同年 12 月提出入盟申请。2012 年 3 月 1 日欧洲理事会决定给予塞尔维亚候选国资格。2014 年 1 月 21 日欧盟启动同塞尔维亚的入盟谈判。

## 二、科索沃问题的产生及国际治理

科索沃是塞尔维亚共和国的一个自治省,其中阿尔巴尼亚族人口占 90%,塞尔维亚族和黑山族仅占 10%。由于民族矛盾深重,科索沃被外界称为"火药桶"和"集束炸弹"。自 20 世纪 80年代起,塞阿两族矛盾加剧,到 90 年代,它们的关系已发展为严

---

① 宋文富:《入盟谈判正式开始 塞黑迈出漫长坎坷路上第一步》,载《光明日报》,2005 年 10 月 12 日。
② 2006 年黑山举行全民公决宣布独立,塞尔维亚成为塞黑的法定继承国。
③ 在签署《稳定与联系协议》的同时,塞尔维亚与欧盟签订了过渡贸易协定,但因荷兰以塞尔维亚未与前南刑事法庭全面合作为由提出反对意见,欧盟决定暂不执行该协定。

重对抗直到武装冲突。1991年科索沃阿族举行"全民公决",随后宣布成立"科索沃共和国",选出了"总统"、"总理"和"议会"。1995年11月波黑和平协议草签以后,科索沃危机再度公开激化。第二年年初阿族极端组织"科索沃解放军"出现,针对塞族警察和平民的恐怖活动不断升级,促使国际社会进行直接军事干预,使科索沃问题国际化,试图借助外力获取独立。1999年3月未经联合国授权,北约开始了对南联盟78天的轰炸。6月10日,联合国安理会通过了政治解决科索沃问题的第1244号决议,重申南联盟对科索沃地区享有主权,要求所有联合国成员国充分尊重南联盟的主权与领土完整,同时实现科索沃的"实质性自治"①。南联盟自此丧失了对科索沃的实际控制权。

第1244号决议使科索沃成为联合国的托管地,在联合国秘书长驻科索沃特别代表公布的《科索沃临时自治宪法框架》下,科索沃选举产生了议会、总统、总理,并拥有独立的司法体系,更加具备国家的特性和独立性。

随之,国际社会关于科索沃地位问题的讨论渐渐提上日程。2002年年初,时任联合国秘书长驻科索沃特别代表的米夏埃尔·施泰纳首次提出"先标准后地位"政策,即在进行有关地位问题的谈判开始之前,实施一些重要的发展标准(如建立有效运转的民主和法制国家结构、实现科索沃全体公民自由的权利、难民返回家园、与贝尔格莱德对话、设立科索沃保护团)。② 2003年年底施泰纳的接班人、联合国秘书长驻科索沃特别代表哈里·霍尔克

---

① 见联合国安理会1244号决议第10条和第11条,联合国网站,https://www.un.org/zh/sc/documents/resolutions/99/s1244.htm。

② [奥]赫尔穆特·克拉默、维德兰·日希奇:《科索沃问题》,苑建华等译,中央编译出版社2007年版,第154页。

里进一步完善了"先标准后地位"政策，提出科索沃治理的新构想，即"科索沃标准"①。2004年3月科索沃爆发了针对塞族的大规模流血事件，这一事件表明科索沃阿族已经失去耐性，转而力求通过暴力冲突达到独立的目的。如果科索沃地位问题不解决，地区稳定就会受到威胁。国际社会意识到之前的"先标准后地位"政策行不通，开始考虑优先解决科索沃地位问题。

2006年2月，塞科在联合国特使阿赫蒂萨里的主持下就科索沃未来地位问题开始谈判，但收获甚微。2007年3月，阿赫蒂萨里就塞科谈判结果向联合国报告，认为谈判双方没有达成一致的可能，并提出《科索沃地位解决方案全面提案》，建议允许科索沃有条件独立。此建议得到了美国、欧盟等西方国家的赞成，但遭到塞尔维亚和俄罗斯的反对。2007年9月，美国、欧盟和俄罗斯"三驾马车"推动塞尔维亚与科索沃继续进行谈判，然而也以失败告终。在这种情况下，科索沃独立已势在必行。2008年2月17日，科索沃议会通过《科索沃独立宣言》，宣布科索沃为独立的主权国家。

科索沃单方面宣布独立不仅使塞科关系陷入更为复杂的局面，而且使欧盟面临新的考验和难题。科索沃是欧盟的后院，因此科索沃的稳定与欧盟密切相关，同时欧盟的科索沃政策也对科索沃的未来走向产生重要影响。2006年以来，随着科索沃最终地位谈判的展开和《科索沃地位解决方案全面提案》的提出，欧盟力图取代联合国驻科索沃临时行政使团成为科索沃新的监管者。

---

① 科索沃标准包括：（1）有效运转的民主机构；（2）法制国家政体；（3）科索沃各种族自由流动、自由使用其语言；（4）难民回返家园；（5）改善经济状况、向欧洲标准靠拢；（6）解决财产问题；（7）与塞尔维亚和该地区国家对话；（8）改革科索沃保安团。

科索沃单方面宣布独立的前两天，欧盟向科索沃派遣了由警察、法官等文职人员组成的法律使团（EULEX），旨在帮助科索沃建设警察和司法部门。科索沃独立后，欧盟各国存在意见分歧，包括英国和德国在内的大多数欧盟国家支持科索沃独立，但塞浦路斯等国则坚持科索沃地位问题应由联合国通过决议来决定，表示将不会承认一个单方面宣布独立的科索沃国家。意大利则主张，欧盟通过加快与塞尔维亚入盟谈判的方式使其不再反对科索沃独立。欧盟各国的分歧反映出欧盟对科索沃政策的模糊和不确定性。但无论如何，欧盟在科索沃问题上的态度始终是想促使该地区实现稳定，以保持整个欧洲地区和平，为此欧盟希望通过促进科索沃和塞尔维亚积极努力加入欧盟，使科索沃问题最终能在欧洲一体化的框架内得以解决。

## 三、科索沃问题对塞尔维亚入盟的影响

科索沃单方面宣布独立后，同科索沃的关系问题成为塞尔维亚入盟进程中不可回避的关键因素。早在2010年，尽管欧盟的官方立场并没有将两者挂钩，但是有欧盟官员暗示说："科索沃的独立地位不可改变。地区合作是入盟的关键前提，而且我相信，科索沃地位问题与塞尔维亚的入盟愿望之间存在着某种联系。"[①] 2011年塞尔维亚逮捕并引渡波黑内战时期塞族战犯姆拉迪奇，"清除了入盟道路上的最大障碍"，塞尔维亚一度被认为能够在当年年底前取得欧盟候选国资格。但同年8月，德国总理默克尔访问贝尔格莱德，明确提出了塞尔维亚加入欧盟的前提条件，其中最核心的就是解决科索沃问题，也就是说塞尔维亚必须在科索

---

① Zeljko Pantelic, Serbia's EU future linked to attitude on Kosovo, 05.05.2010.

和欧盟中选择其一。① 作为欧盟最核心的成员国之一，德国在塞尔维亚入盟问题上的意见很大程度上代表了欧盟的意见。欧盟委员会负责扩大事务的委员斯特凡·菲勒随后也表示，科索沃问题是塞尔维亚入盟道路上最大的障碍，"塞尔维亚同科索沃的关系需要明显和持续的进展，这将确保双方可能继续其一体化之路，而避免相互阻挠"。

在多方压力和欧盟调解之下，2011年3月塞尔维亚和科索沃启动了时续时断的直接对话。欧盟外交与安全政策高级代表阿什顿在对话伊始就强调，塞科对话不是选择而是必须，对入盟具有决定性意义。② 经过一年的艰苦努力，第一阶段直接"技术对话"于2012年2月底宣告结束，双方就出生证明及户籍、土地证明及征税、大学文凭、人员自由往来、海关印章及汽车牌照、综合管理边境和过境口岸、地区合作等事项达成七项协议。其中最重要的当属地区合作协议。该协议规定，科索沃能以"科索沃*"③，而不是"科索沃共和国"的称谓出席地区性会议，在会上发言并签署协议。作为回报，塞尔维亚当年3月获得了候选国资格。在欧盟看来，"技术对话"只是第一步，塞科关系"明显并且持续改善"④ 才是他们希望的结果。2012年10月，欧盟委员会发布了2012年度扩大进展报告。在科索沃问题上，欧委会强调塞科关系

---

① Jordi Vaquer i Fanés, Cristian Ghinea, *Regaining Agency：How to Help Serbia and Kosovo Move towards the EU？A Strategic Review of Non – recognition of Kosovo*, Policy Brief, March, 2012.

② 王洪起：《美欧力压塞科政治对话跨越"北部门"实现关系正常化》，国务院发展研究中心欧亚社会发展研究所网站（http://www.easdri.org.cn/_d276151857.htm），2003年5月。

③ *表示对科索沃的说明：此称谓不影响对科索沃地位的立场，符合联合国第1244号决议和海牙国际法院关于科索沃独立宣言的咨询意见。

④ 见 http://ec.europa.eu/enlargement/countries/strategy-and-progress-report/index_en.htm。

需要进一步改善才能在各自的入盟道路上取得进展，要求塞尔维亚遵守同科索沃开始政治对话的承诺并保证不会阻止科索沃入盟，报告未建议欧盟开启与塞尔维亚的入盟谈判。该报告发布九天后塞科双方开始第二阶段对话，对话级别明显提高，由阿什顿亲自主持，双方总理参加，逐渐将讨论范围扩展至不同领域，如迁徙自由、大学文凭、区域代表性、双方贸易和海关协定优惠等事项。2013年2月6日，塞尔维亚总统托米斯拉夫·尼科利奇和科索沃总统阿蒂费特·亚希雅加会面，这也是2008年科索沃宣布独立后首次双方总统直接进行会谈，而在这次会谈中双方除了同意彼此与欧盟皆保持一定互动关系外，也同意派遣联络官前往对方首都以方便之后进行交流。后来谈判转入如何实现塞科"关系正常化"，即如何解决科索沃北部塞族人的实质问题上。在涉及主权与安全的核心利益问题上，双方分歧巨大，谈判陷入僵局，分歧目前主要集中在给予科索沃北方塞族聚居区多大自治权的问题上。科索沃北部大约居住着5万塞族居民，占当地人口的90%，他们拒绝承认科索沃当局，反对把北部地区从塞尔维亚割让给科索沃。北部地区拥有塞尔维亚当局的平行行政机构、医院和学校，所有经费由塞尔维亚资助。塞尔维亚在谈判中坚持，由于科索沃未能确保北部塞族居民的安全与人权，塞族自治区必须拥有更大的自治权，包括拥有警察与司法权。但科索沃当局认为这将是国中之国，有损主权，因此拒绝接受塞尔维亚的要求。

眼看谈判毫无进展，欧盟继续"恩威并施"。2013年3月，欧盟高级代表阿什顿、欧盟负责扩大事务专员菲勒先后访塞，一方面指出塞尔维亚加入欧盟是布鲁塞尔和贝尔格莱德共同的目的，另一方面警告说："塞尔维亚6月能否取得入盟谈判的日期取决于和科索沃对话的进展"。如果塞尔维亚和科索沃在4月22

日之前未能达成协议，塞尔维亚入盟进程可能将无限期推迟。经过妥协与让步，2013年4月19日塞科双方草签关系正常化协定，也称《布鲁塞尔协定》。根据该协定，将在科索沃北部建立塞族市政共同体，拥有自己的议会、具有政府性质的委员会，组建实际上由塞族人为主体的警察部队，推选塞族人担任警察指挥官，设立地区法院，并对教育、文化等事务进行充分监督。此外，北约将负责担保科索沃未来成立的军队不能进入科索沃北部地区。①

《布鲁塞尔协定》受到国际社会特别是欧盟的高度赞扬，称"这是继往开来的一步，双方都在向欧盟靠拢"。一方面，《布鲁塞尔协定》全程由欧盟主导和协调，体现了它在西巴尔干地区的影响力，是其外交政策的重大胜利。另一方面，协定的达成帮助塞科双方在欧洲一体化进程中各进一步，塞尔维亚如愿以偿获得入盟谈判启动日期，而科索沃也被建议可以同欧盟开启《稳定与联系协议》谈判。但从长期来看，科索沃问题仍将是塞尔维亚在入盟谈判中需要面对的主要挑战。

首先，《布鲁塞尔协定》在塞尔维亚和科索沃国内均遭到反对，民众对欧盟的权威性和国际道义产生怀疑。塞尔维亚一些政党反对签署该协定，指责政府为了谋求加入欧盟而出卖国家利益，间接承认科索沃"主权"。在议会表决当天，还有几百名塞尔维亚民众聚集在议会大楼前，反对议会通过这项协议。而在科索沃，总理塔契被谴责不尊重宪法，解体科索沃，阿族极端分子还宣称宁愿不要欧盟和在联合国的资格也不能接受该协定。

其次，《布鲁塞尔协定》没有得到"当事人"——科索沃北

---

① Tekst Predloga Sporazuma Beograda i Prištine, http://glassrbije.org/%C4%8Dlanak/tekst-predloga-sporazuma-beograda-i-pri%C5%A1tine, 2013.4.19.

部塞族居民的认同。在塞科双方草签了协定后，科索沃北部四个塞族区议会议员举行联席会议，称将拒绝接受该协定，也不会参与它的执行，抵制参加塞科双方为执行和落实该协定而成立的工作组。他们要求宣布全民公决，就科索沃是否应该留在塞尔维亚和让塞尔维亚入盟进行表决。他们表示，根据协定，塞族警察和司法机构将被纳入科索沃当局法律框架，同塞尔维亚国家机构已无任何关联，这是绝对无法接受的。就在欧盟作出同塞尔维亚开始入盟谈判决定的几天后，科索沃北部塞族人成立了科索沃自治省议会，违背了《布鲁塞尔协定》关于取消科索沃平行结构的决定。

再次，科索沃问题在入盟谈判中仍然是悬在塞尔维亚头上的达摩克利斯之剑。欧盟在2013年关于塞尔维亚入盟的报告中指出，继续与科索沃的关系正常化，实现可见的和可持续的进展，包括对迄今为止达成的协议的执行情况，仍将十分重要。① 欧盟在同塞尔维亚的入盟谈判中，首先启动的是包括与科索沃关系正常化内容的第35章。欧盟规定，如果这一章节谈判没有取得进展，将会推迟其余谈判章节的开始。塞尔维亚目前的最大难题是，一方面由于科索沃塞族居民反对，以及塞尔维亚与科索沃对协定内容的解读不同，该协定执行起来必然难度很大，如果该协定不能顺利实施，那么入盟依旧是水中月镜中花；另一方面，欧盟始终未对"正常化"作出明确的解释，这也成为欧塞双方在具体谈判中需要具体协调和解决的问题，随着谈判的进行欧盟是否会提出新的条件，甚至迫使塞尔维亚承认科索沃也未可知。

---

① Commission Staff Working Document, Serbia 2013 Progress Report, Enlargement Strategy and Main Challenges 2013–2014, Brussels, 16, 10, 2013.

最后，《布鲁塞尔协定》并未彻底解决科索沃问题。这个协定签订后不久就有评论指出，仓促缔结协定可能会使新问题再现而不是旧问题得到解决，协定充其量只是将塞科之间的问题搁置，从而使欧盟和美国可以腾出时间和精力来处理其他问题。[①] 科索沃的目标是获得完全意义上的独立，取得联合国席位，而塞尔维亚的底线则是"永远不承认科索沃独立"，双方在原则问题上互不相让，没有妥协的余地，未来塞科关系的走向仍然扑朔迷离。

## 第五节　波黑融入欧洲的道路艰难且遥远

波斯尼亚—黑塞哥维那共和国（简称波黑）面积51129平方公里，位于巴尔干半岛西部，形状似一个倒三角形，同塞尔维亚、黑山和克罗地亚交界，并有22公里长的亚得里亚海岸线。据2010年统计，波黑人口为380万，但他们在人种和宗教信仰方面相当复杂。其中，波斯尼亚人占48%，塞尔维亚人占37.1%，克罗地亚人占14.3%；约40%的居民为伊斯兰教徒，东正教徒占31%，天主教徒占15%，其他宗教信徒占14%[②]。

波黑是"一个国家、两个实体和三个民族"的国家体制。它存在已近20年，国际社会利用人为建立的机制、手段和资金在支

---

[①] Faton Tony Bislimi, "The Politics of Compromise Is Compromising Kosovo's Future", April 22, 2013, http://www.euractiv.com/serbia/politics-compromise-compromising-analysis - 519264. 转引自徐刚：《塞尔维亚与科索沃谈判：背景、进程与展望》，载《俄罗斯研究》，2013年第5期。

[②] Венелин Цачевски, "България и Балканите в началото на XXI век, София, "Изток-Запад", 2011, с. 24.

撑这个国家的民主化进程。1995年以来北约和欧盟的维和部队和欧盟高级特派员以及大量的外国援助未能使其构建真正的民主国家,也未能使波黑化解种族矛盾,发展民族经济。波黑依然是巴尔干地区最落后的国家。

## 一、构建民主体制任重道远

1992年4月初,波黑宣布独立,脱离原南斯拉夫。接着,在原南斯拉夫解体过程中爆发了持续40个月之久的波黑战争[①]。这场兄弟残杀的内战成为第二次世界大战后在欧洲范围内持续时间最长和规模最大的一场战争。根据国际委员会和国际红十字会的调查统计,约20万人死于战乱,近200万人被迫流离失所。战争还给原南斯拉夫地区和巴尔干邻国造成数百亿美元的经济损失。

直到1995年10月31日,波黑交战三方领导人米洛舍维奇、图季曼和伊泽特贝戈维奇先后抵达美国俄亥俄州代顿,在美国国务卿克里斯托弗主持下举行和谈预备会议。经过三周的反复谈判,会议于11月21日落下帷幕。同日,有关三方在代顿草签了一项结束冲突、实现全面和平的协议。这项协议的主要内容包括:波黑将保持一个统一、主权和独立国家的地位,但由穆斯林族—克罗地亚族联邦和塞族共和国两个部分组成,各控制51%和49%的领土;南北两部分被一条宽4公里和长1030公里的非军事区分界线隔开;波黑的中央政府将由经选举产生的议会、主席团以及宪法法院组成;三方应该尊重人权和保障难民返回家园;协议还规定受到国际法庭通缉的前南斯拉夫战争罪犯一律不得担任

---

① 有关波黑内战详见马细谱:《巴尔干纷争》,北京大学出版社1999年版,第368—412页。

第七章 西巴尔干国家入盟前途坎坷

国家公职；波黑首都萨拉热窝将保持统一，留在穆克联邦之内；有关战犯将不得参与波黑的政治事务。①

11月22日，联合国安理会作出决定，鉴于波黑和平协议已经达成，将暂停对南斯拉夫联盟共和国的经济制裁。与此同时，联合国安理会还投票决定逐步解除自1991年以来对原南斯拉夫各共和国实施的武器禁运。次日，卡拉季奇等波黑塞族领导人同塞尔维亚总统米洛舍维奇举行会谈，表示接受代顿和平协议，主张通过协商解决仍存在异议的问题。

12月14日，解决波黑冲突的波黑和平协议在巴黎正式签字②，饱经战争创伤的波黑土地上初露和平的曙光。这场骨肉相煎的战争终于结束。然而，最终化干戈为玉帛，还需要波黑冲突各方和国际社会继续作出努力。③ 尽管代顿协议存在不足，是一个"和平的苦果"，但它在当时是一种"最好的结果"④。国际社会普遍欢迎原南斯拉夫地区三方签署波黑和平协议。如果波黑三族真能捐弃前嫌，大国真能致力于波黑和平，那么和平之神降临波黑便有一线希望。

1995年，阿利雅·伊泽特贝戈维奇作为穆斯林族代表组织中央政府后，波黑联邦政府根据国际社会的要求，一方面倡导建立一个多种族的多元文化的国家，但另一方面伊斯兰化过程也日益明显，民主化进程可谓一波三折。穆族在波黑学校里开设了伊斯

---

① Миша Глени, *Балканите 1804—1999*, *Национализъм, войни и велините сили*, София, Рива, 2004, с. 596. 关于战犯问题，起初被海牙法庭通缉的52人中，塞族45人、克族7人、穆族没有。

② 有关代顿协议的更多情况请参见 *Документи: Дейтон—Париз*, Banja-Лука, 1996。

③ 有关波黑内战详见马细谱：《巴尔干纷争》，北京大学出版社1999年版，第368—412页。

④ Джеймес Пардю, *Разпадането на Югославия*, Балкани, Кн. 1/2012, с. 91.

兰宗教课程，在提拔和任用政府官员时优先录用穆斯林，甚至警察和军队也开始伊斯兰化，他们的衣服上佩带宗教标志，等等。这一切导致塞族和克族的不满，以退出政府进行抗议。1995 年 6 月，主张多元文化的西拉季奇总理提出了辞职。

代顿协议规定波黑国家属联邦制共和国，由三族直接选举产生的三位领导人组成集体领导的主席团①，中央政府和享有高度自治的两个联邦单位共同管理国家。组成波黑中央政府的两个实体是穆克联邦和塞族共和国。中央一级将选举中央主席团和议会，而两个实体则分别选举各自的议会和总统。组成中央主席团的三名代表分别从穆斯林、塞族和克族中选出，其中得票最多者担任第一任中央主席团主席（即总统），以后由三个民族的代表轮流担任，任期为八个月。中央议会分为代表院和人民院。组成代表院的 42 名代表中 1/3 来自塞族共和国，另外 2/3 来自穆克联邦，通过选举产生。而人民院的 15 名议员（三个民族各有五名）则分别由塞族议会和穆克联邦议会委派。中央议会将选出来自不同民族的三名代表，轮流担任议会主席和两名副主席职务。政府总理则由主席团推荐和议会的代表院选举确认。同样，根据宪法，在波黑中央政府部长中，穆斯林族、克罗地亚族和塞尔维亚族各占 1/3。中央政府负责波黑的对外政策、外贸、海关、货币、国际法、交通运输、财政、准备大选等事务，其他国家事务由穆克联邦和塞族共和国自行管理。

表面看来，波黑的国家政治体制反映了波黑三个民族的利益，体现了平等和公正，但是，这种脆弱、复杂和过于分化的政

---

① 第一任波黑主席团的三位成员是：巴克尔·伊泽特贝戈维奇（代表波斯尼亚穆斯林）、内波伊沙·拉德马诺维奇（代表塞族）和热尔科·科姆舍奇（代表克族）。

治设计，原本是希望通过"分化权力"来制衡可能出现的"大塞尔维亚"或"大克罗地亚"等民族主义倾向，但实际上却有碍于国家的统一领导和管理，在具体运作过程中，由于中央权力比较薄弱，实体权力较大，致使中央制定的一些积极改革的政策难以推行。这种混合型政府从一开始便处于矛盾的旋涡之中，运转不灵。1996年1月，波黑共和国第一届政府成立，哈桑·穆拉托维奇被任命为总理，是一个中间派政府。由于波黑塞族拒绝参加政府，所以这届政府又是一个不完整的政府，只有五名部长和一名不管部长。第一次组阁就遭遇危机。

1996年9月，波黑举行内战结束以来的第一次大选，组成新的中央权力机构。9月14日，波黑200多万选民第一次参加了全国性投票，推选他们各自的政治代表。为使这次选举顺利进行，北约维和部队动用了2.3万人以及大批坦克和装甲车，守卫在投票站和主要路口，直升机也不时在空中盘旋，执行监护任务。

大选前夕和选举中，波黑三大政党——穆斯林民主行动党、塞族民主党和克族民主共同体，都坚持强硬的民族主义立场，使出了浑身解数，以求在大选中赢得人心，显示自己的力量。9月25日公布了选举结果：穆斯林民主行动党候选人伊泽特贝戈维奇在中央主席团首任主席的角逐中取得了胜利，获得62.9万张选票；塞族民主党的候选人克拉伊什尼克以50.1万张选票当选为中央主席团的塞族代表；而中央主席团的另一个席位则被当时的穆克联邦总统、克罗地亚民主共同体候选人祖巴克以24.5万张选票夺得。

然而，代顿协议带来的是"外部强制色彩"的和平，走出战争阴霾的和平进程还极为脆弱。波黑的统一和稳定必须以国际社会在这个国家的政治、经济和军事存在为前提，以北约为主的国际维和部队就是一个重要因素。到1996年春天，驻在波黑的国际维和部队已达 66500 人,其中北约成员国 58500 人,非北约成员国 8000 人。① 国际维和部队分布在波黑的三个区:北部主要以美军为主,西南部为英军控制区,东南部为法军行动区。国际维和部队在波黑的驻扎期限一再延长,这说明波黑的和平是不稳固的,必须有外国的军事力量存在。

1998 年 9 月 12—13 日,波黑举行了第二次大选,穆族领导人伊泽特贝戈维奇再次当选为波黑中央主席团主席。2000 年 10 月,波黑中央主席团主席伊泽特贝戈维奇宣布提前两年辞去波黑最高领导职务。在他担任波黑国家最高领导人期间,波黑的重建工作逐步展开,经济情况略有好转,难民遣返计划得到艰难落实。另外,波黑三族相处较为平静,建立统一国家和统一市场的努力也获得国际社会的认可。

由于伊泽特贝戈维奇辞职,波黑于 2000 年 12 月 11 日举行了第三次大选。波黑全国约有 250 万选民参加投票,投票率高达 70% 左右。波黑 44 个政党、1 个竞选联盟和独立候选人约 6000 人参加了各级议会席位的角逐。选举结果为:以穆族为主的波黑社会民主党在波黑议会代表院 42 个席位中占有 9 席,穆族民主行动党拥有 8 席,塞族民主党占 6 席,波黑党占 5 席,克族民主共同体占 5 席,其他 8 个小党瓜分了剩下的 9 个席位。在拥有 140 个议席的穆克联邦议会代表院中,民主行动党占 38 席,社会民主党占 37 席,克族民主共同体占 25 席,波黑党占 21 席,其余 19 个席位被 13 个小党占有。在波黑塞族共和国议会中,塞尔维亚民主党占 31 席,独立社会民主党占 11 席,塞族民主进步党占 11

---

① Мария Чавдарова, *Балкански страни—политика, икономика, международни връзки*, София, Паралигма, 1999, с. 51.

席。但国家的权力基本上垄断在波斯尼亚穆斯林族的民主行动党手中，三个民族的民族主义情绪表现强烈。

2006年10月1日，波黑举行了中央主席团、议会代表院以及塞族共和国和穆克联邦的地方选举。这次全国性大选顺利进行，于11月组成新一届中央主席团，穆族的西拉伊季奇、塞族的拉德马诺维奇和克族的科姆希奇就任新一届主席团成员。三人轮流担任轮值主席，仍然是八个月为一任期。这年波黑的政治进程缓慢，中央政府没有权威，同欧洲一体化的进程严重受阻。波黑两部分的政党各自为政，不能达成统一的加入欧盟的立场，而这正是与欧盟签订稳定与联系协议的一个重要前提。

2007年，波黑政局一直不大稳定。这年1月波黑塞族社会民主联盟成员尼科拉·什皮里奇当选为波黑政府总理。他号召波黑各族人民消除分歧，实现和解，恢复经济，朝着加入欧盟和北约的方向前进。同年7月斯洛文尼亚职业外交家米·莱恰克就任国际社会驻波黑高级代表，并推出一系列改革波黑国家机构职能的措施。塞族认为，新的改革措施主要是针对他们的，于是开始进行抵制。11月什皮里奇宣布辞去总理职务，政府出现危机。9月塞族共和国总统耶里奇病逝，独立社会民主联盟领导人拉伊科·库兹马诺维奇当选为塞族共和国新一届总统。

直到2008年6月，在欧盟特别代表的协调和施压下，波黑才建立统一的管理机构，但警察部门依然没有统一。2009年秋，欧盟和美国出面促使双方就宪法改革达成谅解，不过很快方案又落空。波黑塞族首领威胁就脱离波黑联邦国家举行全民公决。

2010年10月波黑选举后，已经没有中央政府，国家瘫痪至2011年年底。这时的波黑不仅没有统一的中央政府，而且离心倾向在加剧。早在2010年春季，波黑组织了一次社会调查，结果显示：80%的波黑塞族人赞成塞族共和国分离出波黑，并加入塞尔维亚共和国；70%的波黑克族人愿意留在现在这个共同国家，但要求跟其他两族一样作为一个单独的实体；而82%的波黑波斯尼亚人（即穆斯林）主张维护波黑中央政府，取消三族的两个政治实体①。这无疑影响波黑国内政局的发展和与欧盟的正常关系。

自代顿协议签署以来，波黑局势基本稳定，协议逐步得到了实施。在三万多名维和部队和联合国警察部队驻守以及众多国际机构的监督下，波黑各方没有发生直接冲突。但鉴于各方在根本问题上的分歧迄今尚未消除，在涉及三方民族利益问题上仍各持己见，和平稳定的根基是不牢固的。在分裂还是统一，对立还是合作等问题上，波黑始终未找到解决问题的根本办法。

## 二、恢复和重建波黑经济任务艰巨

内战后波黑经济已经全面崩溃：工业企业完全停止生产，农用土地一片荒芜，牲畜大量死亡，交通运输瘫痪，银行和财政系统遭到彻底破坏，公共建筑和私人住房已断井颓垣。波黑全国确实已经破烂不堪，满目疮痍，重建波黑经济的任务十分艰难。

专家们预计，重建费用在头5年内大约需要150亿—200亿美元。为了落实代顿协议，世界银行许诺拨款37亿美元，帮助波黑进行桥梁、电站、机场等设施的紧急重建工作，欧盟表示，将向波黑提供10亿美元的经济援助。

恢复波黑经济和向波黑经济提供援助是保障代顿协议实施的必要条件。各族控制区如果不能完成恢复经济的任务和使各族人

---

① Венелин Цачевски, *България и Балканите в началото на XXI век*, София, "Изток-Запад", 2011, с. 182.

民过上安全和稳定的正常生活,如果各控制区生活水平相差太大,那就可能引发新的冲突。美国和欧盟在这个问题上从一开始就互相指责和推诿,资金迟迟不能到位。波黑重建所需的大部分资金来自欧洲,美国最感兴趣的是重振穆克联邦的军队,使其能与塞族军队抗衡。欧盟则认为,由于战乱和破坏,波黑地区已经民不聊生,波黑当务之急是重建家园,而不是加强军事实力,"钱应当用在关键的地方"。

据有的学者统计,在1995—1998年期间,每年大约有15亿美元的国际援助,用于弥补波黑的战争损失和偿还外债。而且,国际财政组织"夸大了"援助数字和"人为地美化了"这种援助对波黑经济所产生的作用。①

同时,西方大国在提供经济援助时,采取双重标准。在分配资金方面,对穆克联邦和塞族共和国采取了完全不同的态度。世界银行公布的数字披露,在签订代顿协议后的头4年,预计分别向穆克联邦和塞族共和国提供援助36.9亿美元和14亿美元。但在头9个月,给了穆克联邦4.32亿美元,而只给了塞族共和国700万美元。协议签字后的头两年,穆克联邦和塞族共和国两个实体得到的经援比例为97∶3。② 出现这一歧视性现象的原因是:(1)波黑塞族不愿意接受附加政治条件的国际援助;(2)援助提供国对塞族共和国抱有成见,认为它是波黑冲突的罪魁祸首;(3)美国和德国把提供重建资金与解除塞族领导人职务和惩办"战争罪犯"等问题联系在一起。

---

① Мария Чавдарова, *Балкански страни—политика, икономика, международни връзки*, София, Паралигма, 1999, с. 51.
② Соня Хинкова, *Югослаиският случай—етнически конфликти в Югоизточна Европа*, София, ИК "Критика и Хуманизъм", 1998, с. 111–112.

表 12　波黑 2004—2007 年主要社会经济指标

| 指标 | | 2004 年 | | 2005 年 | | 2006 年 | | 2007 年* | |
|---|---|---|---|---|---|---|---|---|---|
| | | 绝对值 | 同上年相比（%） | 绝对值 | 同上年相比（%） | 绝对值 | 同上年相比（%） | 绝对值 | 同上年相比（%） |
| GDP（10 亿美元） | | 9.3 | 106.1 | 10.0 | 105.0 | 12.3* | 106.2 | 14.2 | 105.5 |
| 人均 GDP（美元） | | 2385 | — | 2564 | — | — | — | — | — |
| 通货膨胀率（%） | | — | 0.4 | — | 3.7 | — | 7.5 | — | 1.4 |
| 对外贸易 | 总额（亿美元） | 87.43 | — | 101.35 | — | 110.62 | — | 138.11 | — |
| | 出口（亿美元） | 20.87 | — | 25.9 | — | 33.82 | — | 40.58 | — |
| | 进口（亿美元） | 66.56 | — | 75.45 | — | 76.8 | — | 97.53 | — |
| | 顺逆差（亿美元） | -45.69 | — | -49.55 | — | -42.98 | — | -56.95 | — |
| 经常账户余额（亿美元） | | -17.94 | — | -21.16 | — | -13.22 | — | -22.1 | — |
| 国际储备（亿美元） | | 24.08 | — | 25.31 | — | 33.72 | — | 45 | — |
| 外债（10 亿美元） | | 5.2 | — | 5.6 | — | 6.6* | — | 7.1 | — |
| 汇率（1 美元 = 年底数据） | | 1.58 | — | 1.57 | — | 1.56 | — | 1.44 | — |

注：* 为估计数据。

资料来源：《2008 年俄罗斯东欧中亚黄皮书》，第 302 页。

2000 年起，波黑按照欧盟的要求和标准进行经济改革和推行市场经济。这年制定了私有化法、吸引外资法、关税法、国家货币法和创立中央银行等法律。制定这些法律的目的是为了进一步恢复和发展国民经济，也是为了获得外部援助并为如何分配这些援助资金提供依据。

2006 年，波黑将全国统一征收的增值税确定为 17%，在向欧盟的税制靠拢。为了加快经济发展，波黑中央政府开始重新开发、勘探和开采境内前南斯拉夫时期已经探明的两个储量较大的油田。同时，波黑几家较大的电信公司开始实行私有化，以吸引外资和国外先进的通讯技术。政府试图利用私有化获得的资金来改进基础设施和道路建设。2006年波黑GDP增长5.5%。由于政局不是很稳定和党派纷争激烈，波黑的外来投资较少，经济发展仍处于低水平。

2009年起，波黑经济发展速度受到世界金融危机的影响开始下滑，从2008年的5.7%降至2009年的2.7%。[1] 同年的国内生产总值只相当于欧盟27个成员国平均水平的30%。

2000—2010年期间，波黑国内生产总值年均增长率为4.2%。2010年波黑的GDP总产值按购买力平价计算为302亿美元，同年按购买力平价计算人均GDP为7800美元，这在巴尔干国家中是最低的（低于阿尔巴尼亚和科索沃）。波黑的农业占GDP的6.5%，该部门占全国劳动人口的20.5%；工业占GDP的28.4%，占劳动人口的32.6%；服务业占GDP的65%，占劳动人口的47%。2010年波黑的失业率高达27.2%，同年的外国直接投资约2亿欧元（约2.7亿美元），这年的平均月工资为621欧元[2]。波黑外债达到80亿美元，占GDP的22.9%，国内债务占GDP的39%，失业率高达25%—47.5%[3]。波黑是向西欧走私海洛因的重要通道之一。波黑2013年经济增长仅为0.8%，是本地区国家中增长速度最慢的国家。

恢复和发展波黑经济在很大程度上依赖国外的财政和人道主

---

[1] 见http://ec.europa.eu/enlargement。

[2] Венелин Цачевски, *България и Балканите в началото на XXI век*, София: "Изток-Запад", 2011, с. 25.

[3] Стефан Карастоянов, *Регионална и политическа география на балканските страни*, част първа, Университеско издателство "Св. Климент Охридски", София 2011, с.147. 此处失业率因为统计渠道不同有较大的差异。2013年的失业率达到44%。

义援助,尤其是欧盟、美国、世界银行、伦敦俱乐部的援助。许多权威的国际组织和研究机构认为,如果没有外部的大量援助,波黑至今还不能独立发展自己的经济。

波黑同欧盟的贸易和经济合作一直对它的经济发展和推动改革起着十分重要的作用。2010年波黑的出口为48亿美元,主要出口品是金属、纺织品和木材;同年的进口高达92亿美元,主要是机械、能源设备、化工产品和食品。波黑的最大贸易伙伴是欧盟,尤其是克罗地亚、斯洛文尼亚、意大利和德国。2000—2010年期间,波黑对欧盟的出口增加了近两倍,2010年达到20亿欧元,约占波黑整个出口额的88.5%;2010年波黑从欧盟的进口已达到31亿欧元,约占波黑整个进口额的60%。到2010年波黑所获得的欧盟直接投资增长了10倍,达到40亿欧元,超过了波黑所获得的外国直接投资总额的一半(见表13)。另外,在2000—2007年期间,波黑共得到了欧盟5亿欧元的援助,到2013年欧盟给予波黑的财政援助总计将接近5.5亿欧元。[①]

表13 波黑与欧盟的经济合作

|  | 2002年 | 2005年 | 2008年 | 2009年 | 2010年 |
| --- | --- | --- | --- | --- | --- |
| 出口(10亿欧元) | 0.66 | 1.3 | 1.9 | 1.5 | 2.0 |
| 欧盟占波黑出口额的比重(%) | 74.5 | 69.2 | 72.3 | 71.8 | 88.5 |
| 波黑占欧盟进口额的比重(%) | 0.08 | 0.1 | 0.1 | 0.1 | 0.1 |
| 进口(10亿欧元) | 2.5 | 2.9 | 3.7 | 2.9 | 3.1 |

---

① Венелин Цачевски, *България и Балканите в началото на XXI век*, София: "Изток – Запад", 2011, с. 446.

(续表)

| | 2002年 | 2005年 | 2008年 | 2009年 | 2010年 |
|---|---|---|---|---|---|
| 欧盟占波黑进口额的比重（%） | 70.0 | 68.1 | 62.2 | 67.5 | 60.0 |
| 波黑占欧盟出口额的比重（%） | 0.25 | 0.3 | 0.3 | 0.3 | 0.2 |
| 欧盟对波黑的直接投资（10亿欧元） | 0.4 | 1.2 | 3.5 | 3.8 | 4.0 |

资料来源：European Commission, External Trade Statistics, 2011。

### 三、波黑入盟道路遥远

在联合国维和部队和国际机构存在的前提下，波黑的独立已得到国际社会承认。波黑在1992年5月22日成为联合国成员国，已参加联合国和其他国际组织的活动。

尽管波黑外交的中心任务是加盟入约，重点发展与美国和欧盟的关系，但是，波黑近十几年来一直处于政治僵局中，很难实现这个政治抱负。其主要问题在于波黑的政治体系非常复杂，不够稳定，尚不符合入约加盟的最低标准。

2006年11月，北约在里加会议上决定接受塞尔维亚、黑山和波黑加入"和平伙伴"计划，开始了参加北约的谈判。在2008年7月的布加勒斯特会议上，北约决定将波黑和黑山纳入特别伙伴行动计划（IPAP）。根据该计划，北约向波黑提出的要求是尊重人权和少数民族权利、开展反对贪污腐败的有效斗争、实施国防改革、对武装力量和武器交易进行民主监督、参与共同的军事行动等。2010年4月，波黑正式加入北约的伙伴行动计划，但北约提出另一个条件：波黑必须实现政局的民主化和稳定。这被视为波黑向成为北约未来成员国迈出了第一步。

北约秘书长拉斯穆森在 2012 年 5 月芝加哥峰会前夕称,波黑入约取决于它本身的条件,要求波黑采取措施,以便达标。美国则希望波黑在 2014 年的北约峰会上能够入约。但多数专家预测,到 2015 年前北约不会吸收西巴尔干国家马其顿、黑山和波黑加入北约。①

早在 1998 年欧盟就通过了与波黑建立"特殊关系"的声明,随后成立了共同咨询小组,负责同波黑进行政治对话,为波黑的改革提供专家援助。与巴尔干其他国家相比,波黑参加欧盟的稳定与联系进程是最晚的。2003 年 11 月,欧盟委员公布关于波黑准备签订《稳定与联系协议》谈判的情况,称波黑结束战乱以来在实现国家稳定、难民返回家园、恢复基础设施、种族之间开展对话、进行民主选举等方面取得了明显的进展。但与此同时,欧盟的报告也列举了 16 个问题,需要在 2004 年优先得到解决,认为这是波黑成为欧盟伙伴的"基础"。

2004 年 12 月初,欧盟的维和部队正式取代北约(联合国)的维和部队,在波黑执行维和任务。欧盟维和人员的任务是防止波黑三族发生武装冲突,帮助波黑军队和国防改革,同有组织的犯罪作斗争,继续协助抓捕海牙法庭通缉的战犯,清除地雷,并帮助当地警察执行任务,等等。这都有利于波黑实现和平稳定和社会经济发展,有利于波黑集中精力加速入盟步伐。

2005 年 10 月,欧盟委员会的年度报告确认,波黑已经取得"实质性进步",可以开始就加入《稳定与联系协议》开启谈判。2006 年 1 月,波黑同欧盟就签订《稳定与联系协议》进行接触。

---

① Йордан Баев, "НАТО на Балканите", *Балканите през първото десетилетие на 21 ве*, София, Парадигма, 2012, с. 82.

欧盟和波黑都希望在2007年年底结束谈判，正式签订《稳定与联系协议》。同时，国际社会派驻波黑的代表署也希望尽快结束监督使命，使波黑成为一个没有外来监督的正常国家。然而，这两种设想都未能如期实现。从这时起，欧盟对波黑的政策集中在三个问题上：政治上与波黑开展多轮政治对话，争取波黑早日签订《稳定与联系协议》；经济上除继续直接援助波黑外，帮助波黑按欧盟的标准改革经济体制，制定专门的合作计划；安全方面帮助波黑建立和健全统一的警察队伍。

2007年12月4日，欧盟正式启动了与波黑签订《稳定与联系协议》谈判，其条件是波黑穆斯林、克罗地亚族和塞尔维亚族主要政党领导人必须尽快就波黑警察改革问题达成一致，即把两支按民族划分的警察部队合二为一，组建一支多民族的职业化的警察部队，使之符合欧盟向波黑入盟提出的要求。欧盟还要求在签约之前，波黑应该改革公共行政和媒体，还要与海牙审判原南斯拉夫战犯国际法庭全面合作。显然，对于这些要求波黑在短期内很难满足欧盟的标准。

2008年6月16日，波黑终于与欧盟签订了《稳定与联系协议》。当天，波黑还与欧盟缔结了临时贸易协议，在入盟道路上迈出了重要一步。当时的波黑总理什皮里奇甚至天真地认为，是年年底波黑就可以向欧盟递交入盟申请。但欧盟在2008年11月的年度报告中指出，波黑国内局势因2008年科索沃宣告独立而出现危机，塞族共和国欲效仿科索沃脱离波黑联邦制国家。而且，波黑三族政治领导人没有就国家发展和与欧盟的关系达成共识，以及关键性的改革进展缓慢。

欧盟在2009年和2010年的年度报告中，对波黑的评价几乎没有太大的变化，甚至批评多于鼓励和肯定。欧盟认为，波黑

2010年10月议会选举总的看来是符合国际标准的,但对一些关键性领域的改革进展缓慢。欧盟的报告建议加速履行临时贸易协议,提高国家机关的办事效率和领导作用,通过和实施一批重要法律,根据欧盟的人权公约修改宪法的有关条款等。不过,这年波黑公民获得了免签证进入申根区的待遇。

欧盟委员会2011年6月关于波黑改革情况的报告称,波黑选举已经过去九个月,但一直未能组织起新的中央政府;政治改革进展缓慢,复杂的决策程序妨碍机构改革并使国家能力弱化;需建立执行和立法机构,强化与欧盟有关机构间的协调机制;经济有所恢复,但发展不快,而且主要是靠外部需求拉动经济,失业率居高不下,腐败仍很严重和普遍。

2011年2月,欧盟成员国法国最后一个批准了同波黑的《稳定与联系协议》。是年6月,负责欧盟东扩事务的专员菲勒访问了波黑。他指出,波黑已经在西巴尔干国家稳定与联系进程的框架内与欧盟对话,讨论司法体制改革问题。他希望波黑不要错过这个机会。欧盟委员会主席巴罗佐同年11月在波黑访问期间重申了帮助波黑加入欧盟的承诺,表示欧盟已准备好帮助波黑加快入盟步伐。但他同时强调,波黑也应尽到自己的责任。他呼吁波黑各方政治领导人展现出更强的政治责任感并作出更多妥协,并再次阐明了波黑入盟的近期和远期条件。波黑主席团轮值主席拉德曼诺维奇说,支持加入欧盟进程是目前波黑各方仅有的几个共识之一,尽管步伐缓慢,但国家还是在朝着这个目标迈进。

欧盟《2012年度扩大战略报告》认为,波黑在达到政治标准方面取得有限进步,在履行欧盟法律方面有些进展。但欧盟委员会仍然批评波黑在组成政府和制定符合欧盟要求的宪法方面无法取得一致,经济脆弱,失业率高。2012年12月的欧盟会议同样认为，波黑没有对宪法作出必要的修改。菲勒表示，波黑没有能够实现承诺，入盟进程停滞。

波黑的入盟前景取决于国家的发展，取决于它是否能够成为一个统一的国家继续进行必要的改革，以履行入盟的承诺。欧盟表示，决不会接纳分裂的波黑加入其组织。所以，在可以预见的未来，波黑同欧盟的关系，像其国内局势一样，仍处于"潜伏的、被冻结的冲突之中"，只能是"潜在的候选国"。波黑很可能是西巴尔干最后一个加入欧盟的国家。

## 四、波黑仍然是巴尔干地区的一个不稳定因素

波黑面临理顺复杂的政治结构问题，如波黑有两种文字、三个民族、三族共治模式，内部矛盾复杂，政府运作不灵活等。所以，人们至今还在怀疑，"作为1995年代顿和平协议产物的共同国家是否具有生命力，是否还在发挥作用？"[①] 国际分析人士认为，这里既有种族的、宗教的、文化的因素，也有内部和外部的原因。

第一，从历史上讲，波黑从来就不是一个独立的主权国家，历来被邻国或列强所侵占或瓜分，并反复易主，只是到了第二次世界大战后，波黑才成为南斯拉夫联邦的一个共和国，波黑穆斯林才被承认为南联邦的一个民族。所以，从长远来看，波黑塞族和克族都不会甘心成为多民族波黑的一部分永久共居在一起。塞尔维亚族和克罗地亚族一直想分割波黑。另外，在波黑各方面都居优势的波黑穆斯林（波斯尼亚族）也不会长期同克族在一个联邦中共居。因此，冲突三方化干戈为玉帛，真正共同生活在一个统一的国

---

① Балканите през първото десетилетие на 21 век, София, Парадигма, 2012, с. 16.

家内，这只是一个美好的愿望，只是美欧大国设计的一个方案。三族共居只是徒具形式，共同管理国家也只是良好愿望。

第二，波黑实际上形成了两个实体和三个控制区的分治局面。穆克联邦占据全国51%的领土和67.5%的人口，其中波斯尼亚人约占70%，克罗地亚人占28%，塞族占1.5%。行政上划分为10个州（县）：波斯尼亚人占五个州，克罗地亚人占三个州，其他两个州为各族居民共居区。塞族共和国约占全国49%的领土和32.5%的人口。塞族占该共和国人口的88%，波斯尼亚人约占8%，克罗地亚人占4%。塞族共和国行政上划分为63个区。在维和部队和国际机构存在的条件下，波黑才有可能使这种格局得以保持。但是，多国部队在波黑起着双重作用：一方面，严格分隔和控制着穆克联邦和塞族共和国的分界线；另一方面，长此下去也就使这些自我封闭的领土孤立和分割的状况合法化。有人把波黑比喻为"小南斯拉夫"。大南斯拉夫瓦解了，小南斯拉夫也难以存在下去。

第三，代顿协议的一些条款落实起来遇到强大阻力，民族之间的矛盾和冲突常有发生。如穆、克两族就波黑第二大城市莫斯塔尔的市政组成和区域划分互相攻击，出现一分为二的局面；穆克联邦与塞族共和国的边界线长达1100公里，是1995年冲突结束时遗留的各自控制线，穆克联邦占据波黑的中部地区，而塞族共和国占据北部地区，但被穆克联邦将这个共和国分割为东西两部分。还有，穆族控制萨拉热窝后，塞族居民消极抵抗和逃离；遣返难民的计划短期内难以实现，他们对重返异族控制的家乡觉得没有安全感；海牙国际法庭起诉的战争嫌疑犯大部是塞族领导人，缉拿他们引起塞族的强烈不满，等等。

第四，波黑的局势发展受制于周邻国家和巴尔干地区的形势。科索沃单方面宣布独立后,波黑在承认科索沃问题上处境相当尴尬,左右为难。塞族共和国称科索沃独立是"危险的先例","我们也有权举行全民公决,确定自己的立场",言下之意,若波黑中央政府承认科索沃,他们也会谋求独立,脱离波黑联邦。克族则表态说,如果塞族脱离波黑,那克族将与克罗地亚合并。所以,波黑至今仍是一个貌合神离、同床异梦的混合体。它的生存在很大程度上受制于外部环境。

### 五、波黑发展前景令人担忧

总的说来,波黑的前景仍令人担忧,国际社会在此间发挥着重要的作用。由西方国家组成的一个机构负责监督和平协议的落实,并任命了一个所谓的高级代表作为国际社会驻波黑的负责人,他(她)可以解雇官员和实施法律。因此,在欧盟维和部队和国际机构存在的条件下,波黑还可以沿着多民族多元文化的道路走下去。如果上述外部条件不再存在,波黑的前景仍然难测,因为穆族、塞族和克族积怨甚深,很难共同生存和共同治理国家。所以,许多研究和观察巴尔干问题的专家指出,波黑仍然是充满了矛盾的国家、完全"依赖外部帮助的国家",是"冷战"后欧洲第一个最大悲剧的国家,是一个被"保护国"或"假保护国"[①]。

欧盟多次声明,西巴尔干国家的未来是融入欧洲一体化进程。但签订代顿协议近20年来,波黑所走过的道路却崎岖不平,国家"欧洲化"的愿望近期内很难实现。波黑距离维护多民族国

---

① Надя Бояджиева, "Международната общност и европейската перспектиав на Босна и Херцеговина", *Балканите през първото десетидение на 21 век*, София, Парадигма, 2012, с. 156.

家的和平、保持国内的安全与稳定和为加盟入约创造必要的条件相当遥远。波黑仍是巴尔干地区最不稳定的国家。塞族与穆克联邦之间的种族冲突依然存在，国家的经济形势严峻，至今没有行之有效的行政机构、司法不健全、没有正常的经济活动，是原南斯拉夫地区最落后的国家。

波黑还不具备入盟的条件，它仍是该地区最落后、最不稳定的国家，是"欧盟安全的潜在威胁"，它的入盟道路非常遥远。

2014年2月5日，波黑第三大城市图兹拉发生大规模抗议活动，随后蔓延至穆克联邦的多个城市。这是波黑内战结束以来最大的一次社会动荡。2月9日，包括萨拉热窝在内的多个城市再次发生较大规模示威，伴随以打砸抢烧事件，警察动用了橡皮子弹和声光手榴弹，并鸣枪警告。双方发生暴力冲突，造成几百人受伤。

欧盟在2月10日举行的外长会议上专门讨论了波黑局势。欧盟外交与安全政策高级代表阿什顿呼吁波黑应尽全力防止抗议活动进一步升级，强调波黑执政者需要努力回应人民诉求，解决经济和民生问题。国际社会驻波黑高级代表因兹科则发出警告说，如果波黑局势持续恶化，将考虑动用欧盟驻波黑的维和部队。与此同时，他呼吁波黑政治领导人要倾听人民的声音，作出建设性的反应，通过对话解决问题，避免发生暴力，事态扩大。

# 后 记

呈现在读者面前的这部作品是集体研究的成果。作者及其单位和写作章节按书中出现的顺序排列如下:

马细谱:中国社会科学院世界历史研究所研究员,国务院发展研究中心欧亚社会发展研究所欧洲室主任;序言、第七章第一节和第五节。

李少捷:国务院发展研究中心欧亚社会发展研究所研究员;序言、第二章第三节。

朱晓中:中国社会科学院俄罗斯东欧中亚研究所研究员,国务院发展研究中心欧亚社会发展研究所特约研究员;第一章第一节。

高歌:博士,中国社会科学院俄罗斯东欧中亚研究所研究员;第一章第二节。

黄立茀:中国社会科学院世界历史研究所研究员;第一章第三节。

周东耀:新华社高级编辑,国务院发展研究中心欧亚社会发展研究所特约研究员,新华社世界问题研究中心研究员;第一章第四节、第三章第一节和第五章第四节。

王洪起：新华社高级编辑，新华社世界问题研究中心研究员，国务院发展研究中心欧亚社会发展研究所特约研究员，中联部当代世界研究中心特约研究员；第二章第五节、第七章第二节和第三节。

项佐涛：北京大学国际关系学院讲师；第二章第一节。

徐刚：中国社会科学院俄罗斯东欧中亚研究所博士后；第二章第二节。

邓克堂：国务院发展研究中心欧亚社会发展研究所研究员；第二章第四节。

苗华寿：国务院发展研究中心欧亚社会发展研究所研究员；第三章第二节和第四章第三节。

吴明新：曾任商务部欧洲司副司长，并先后出任中国驻保加利亚、罗马尼亚、荷兰使馆经济商务参赞；第三章第三节。

刘敏茹：副研究员，中共中央编译局马克思主义研究部世界政党政治研究处；第四章第一节。

鞠维伟：历史学博士，中国社会科学院欧洲研究所博士后；刘作奎：副研究员，中国社会科学院欧洲研究所中东欧室副主任；第四章第二节。

姜琍：中国社会科学院俄罗斯东欧中亚研究所副研究员；第五章第一节。

丁宜：新华社国际部编辑；第五章第二节。

阚思静：中国社会科学院世界历史研究所研究员；第五章第三节。

赵雪林：金融学硕士，中联部一等联络秘书；第六章第一节。

刘勇：博士，中国青年政治学院青少年工作系教授；第六章

第二节。

　　左娅：中国社会科学院俄罗斯东欧中亚研究所助理研究员；第七章第四节。

　　本书即将付梓之际，我们要感谢国务院发展研究中心欧亚社会发展研究所对本书出版的大力支持。我们也向中央编译出版社领导和责任编辑的辛勤劳动致以诚挚的谢忱！

## 【延伸阅读】

作　　者：【德】汉斯·莫德罗
书　　号：ISBN 978-7-5117-1511-1
定　　价：45.00 元
字　　数：173 千字
出版时间：2012 年 12 月

莫德罗系民主德国最后一任总理，苏联解体、民主德国终结，这一切他皆亲历亲闻。痛定思痛，他对于社会主义国家的改革与未来走向有了大胆设想，认为当今资本主义并没有胜利，而只是保存下来了，社会主义国家应该也能够通过自己的改革而强大。

本书所有内容均为作者的所见所闻所感，首次全面披露了当时多国高层领导决策、交锋的重大内幕，可谓最能真实、深刻地再现苏东剧变始末的力作！

作　　者：【德】汉斯-约阿希姆·马茨
书　　号：ISBN 978-7-5117-1766-5
定　　价：49.00 元
字　　数：184 千字
出版时间：2013 年 11 月

本书是一位民主德国心理治疗医师对民主德国民众心理故事的记述，详尽地分析了民主德国压力性体制对民众造成的心理后果、产生的社会角色代偿行为、转折期民主德国民众的心理，以及两德统一所带来的心理问题。他的分析建立在数千个病人心理治疗的基础上。作者强调，转型期的人们需要的不仅是制度的变革、物质的富足、环境的宽松，更重要的是"心理革命"，并提倡一种鼓励健康生活的"治疗文化"。

作　　者：述弢
书　　号：ISBN 978-7-5117-2062-7
定　　价：68.00 元
字　　数：217 千字
出版时间：2014 年 3 月

　　我们的邻邦、曾经坚如磐石的第一个社会主义国家——苏联，于 1991 年以和平的方式解体。这一变故有如晴天霹雳，令世人目瞪口呆。其实冰冻三尺，非一日之寒。本书所收文章，从多方面、多角度介绍苏联的政治经济情况，其中关于农业集体化、苏联政治演变等方面的文章，更对苏联解体的原因等问题进行了初步探讨。

作　　者：【德】叶·普里马科夫
书　　号：ISBN 978-7-5117-1410-7
定　　价：29.00 元
字　　数：120 千字
出版时间：2012 年 10 月

　　本书是普里马科夫最新的一部力作，涉及苏联解体前后在政治、经济和外交领域发生的一些重要事件以及影响。书中还谈到在社会主义经济建设中，中国所取得的成功和值得借鉴的地方。

## 图书在版编目(CIP)数据

中东欧转轨 25 年观察与思考 / 马细谱,李少捷主编.
—北京:中央编译出版社,2014.8
ISBN 978-7-5117-2221-8

I.①中… II.①马… ②李… III.①体制改革-研究-中欧 ②体制改革-研究-东欧 IV.①D750.21

中国版本图书馆 CIP 数据核字(2014)第 145320 号

### 中东欧转轨 25 年观察与思考

出 版 人:刘明清
出版统筹:贾宇琰
责任编辑:李小燕
责任印制:尹 珺
出版发行:中央编译出版社
地　　址:北京西城区车公庄大街乙 5 号鸿儒大厦 B 座(100044)
电　　话:(010)52612345(总编室)　(010)52612340(编辑室)
　　　　　(010)52612316(发行部)　(010)52612317(网络销售)
　　　　　(010)52612346(馆配部)　(010)66509618(读者服务部)
传　　真:(010)66515838
经　　销:全国新华书店
印　　刷:北京中兴印刷有限公司
开　　本:787 毫米×1092 毫米　1/16
字　　数:268 千字
印　　张:23
版　　次:2014 年 8 月第 1 版第 1 次印刷
定　　价:78.00 元

网　　址:www.cctphome.com　　邮　　箱:cctp@cctphome.com
新浪微博:@中央编译出版社　　微　　信:中央编译出版社(ID: cctphome)
淘宝店铺:中央编译出版社直销店(http://shop108367160.taobao.com)

本社常年法律顾问:北京市吴栾赵阎律师事务所律师　闫军　梁勤
凡有印装质量问题,本社负责调换,电话:(010)66509618